Tratando con Situaciones Difíciles

TRATANDO CON SITUACIONES DIFÍCILES

EN EL TRABAJO Y EN LA CASA

Edición revisada

ROBERTA CAVA

Copyright © 2018 por Roberta Cava

Todos los derechos reservados. Ninguna parte de este trabajo cubierto por los derechos de autor aquí en adelante puede ser reproducida o utilizada en cualquier forma o por cualquier medio - gráfico, electrónico o mecánico, incluyendo fotocopia, grabación o almacenamiento de información y sistemas de recuperación - sin el permiso previo por escrito del editor.

Tratando con Situaciones Difíciles
En el Trabajo y en la Casa
Edición revisada
Roberta Cava

Publicado por Cava Consulting
info@dealingwithdifficultpeople.info
Descubrir otros títulos por Roberta Cava en
www.dealingwithdifficultpeople.info

Biblioteca Nacional de Australia
Datos de catalogación en publicación:

ISBN: 978-0-6481522-3-1

LIBROS DE ROBERTA CAVA

No ficción

Tratando con gente difícil
(23 editoriales, en 17 idiomas)
Tratando con situaciones difíciles: en el trabajo y en la casa
Tratando con cónyuges y niños difíciles
Tratando con parientes difíciles y en leyes
Tratando con frente a la violencia doméstica y el abuso infantil
Tratando con intimidación en escolar
Lidiar con la intimidación en el lugar de trabajo
Intimidación en aldeas de retiro
Solo di no
Mantenga a nuestros niños seguros
¿Qué voy a hacer con el resto de mi vida?
Antes de atar el nudo
Cómo las mujeres pueden avanzar en los negocios
Habilidades de supervivencia para supervisores y gerentes
¡Recursos humanos en su mejor momento!
Políticas y procedimientos de recursos humanos
Manual del Empleado
Fácil de contratar, difícil de eliminar
Tiempo y estrés: hoy asesinos silenciosos
Toma el control de tu futuro - Haz que las cosas sucedan
¡El vientre ríe para todos! - Volúmenes 1 a 6
¡Sabiduría del mundo! ¡Cosas felices, tristes y sabias en la vida!

Ficción

Ese algo especial
Algo falta
Trilogía: La vida se complica
La vida continua
La vida se pone mejor

TRATANDO CON SITUACIONES DIFÍCILES
En el trabajo y en la casa
Tabla de contenido

Introducción	*1*

Parte 1 – en el trabajo

Capítulo 1: Situaciones difíciles – El jefe	*3*
Capítulo 2: Situaciones difíciles - Subordinados	*29*
Capítulo 3: Situaciones difíciles -Colegas y otros	*71*
Capítulo 4: Situaciones difíciles – Desgraciado en el trabajo	*107*

Parte 2 – en la casa

Capítulo 5: Situaciones difíciles - parejas	*123*
Capítulo 6: Situaciones difíciles - esposas	*139*
Capítulo 7: Situaciones difíciles - maridos	*159*
Capítulo 8: Situaciones difíciles - niños	*179*
Capítulo 9: Situaciones difíciles – Seniors	*213*
Conclusión	*237*

INTRODUCCIÓN

Este libro es una compilación de muchos de los periódicos y artículos de revistas que he escrito sobre los años para ayudar a otros a lidiar con personas difíciles y situaciones. Si tienes que lidiar con airada, grosera, impaciente, personas emocionales, persistente o agresivo en su negocio o vida familiar - usted probablemente los encontrará en este libro.

¿Has comenzado tu mañana a sentirte feliz con el mundo, pero encuentras que tu día va rápidamente cuesta abajo debido a las situaciones difíciles que encuentras? ¿Dejas que otras personas o situaciones controlen qué tipo de día tienes? ¿Se siente a menudo como si no está en control durante situaciones difíciles? Son las pequeñas molestias que pueden arruinar tu día, así que, si puedes manejarlas constructivamente, ciertamente estarás por delante del juego. Aprender a lidiar con personas difíciles implica aprender a manejar su lado de una transacción de dos vías. Esto le da a la otra persona la oportunidad de trabajar con usted para resolver lo que está haciendo que él o ella difícil. Aunque usted puede hacer varios intentos para cambiar el comportamiento difícil de otros - sus posibilidades de hacer una diferencia dependen de la receptividad de su gente difícil de cambiar. Sin embargo, lo que usted tiene control sobre, es su reacción al comportamiento difícil de otros.

Personas difíciles son los que tratan de:
- Hacernos perder nuestra calma;
- Obligarnos a hacer cosas que no queremos hacer;
- Evitar que hagamos lo que queremos o necesitamos hacer;
- Usan a menudo la coerción, la manipulación u otros métodos socavados para conseguir su manera;
- Nos hacen sentir culpables si no cumplimos con sus deseos;
- Hacernos sentir ansiosos, trastornados, frustrados, enojados, deprimidos, celosos, inferiores, derrotados, tristes o cualquier otro sentimiento negativo;
- Hacer que hagamos su parte del trabajo.

Las personas vienen en todas las formas y tamaños y también muestran muchos tipos de comportamiento. Los cinco tipos principales de comportamiento son: pasivo, pasivo-resistente, asertivo, indirecto agresivo y agresivo.

Tratando con Situaciones Difíciles

La mayoría de la gente usa tácticas racionales, incluyendo la lógica y la negociación para demostrar que están dispuestos a cumplir o comprometerse a encontrar la mejor solución a las diferencias. Ellos negocian renunciando un poco, si la otra persona está de acuerdo en hacer lo mismo. Muchos encuentran que la manipulación positiva y negativa es efectiva para influenciar a otros a hacer lo que quieren. La manipulación positiva es buena; porque ayuda a otros a mejorar sus vidas. Esta manipulación incluye dar alabanza, reconocimiento y aliento y es bienvenida.

Las personas que juegan juegos, sin embargo, utilizan la manipulación negativa para adquirir lo que quieren, mediante el uso pasivo resistente, agresivo indirecto, agresivo, o comportamiento pasivo / agresivo. Sus juegos negativos son manipuladores y deshonestos y utilizan la comunicación indirecta y poco clara. Muchos de los que juegan, ni siquiera son conscientes de que lo están haciendo y no pueden entender las reacciones negativas de otros. Aunque algunos pueden lograr un sentido temporal de poder, si son atrapados jugando juegos, la confianza de otros en ellos desaparece.

¿Qué tácticas usas cuando intentas persuadir a alguien para que haga algo? ¿Intenta manipular a otros usando manipulación negativa? ¿Podrían otros objetar a esta manipulación y resultar en muchas de las situaciones difíciles que enfrentan? Al leer los ejemplos de este libro pregúntese si también podría ser culpable de cualquiera de las situaciones que causan tal pena a los demás.

A lo largo de este libro, describo técnicas que funcionan. ¿Cómo sé que funcionan? Debido a que más de 55.000 participantes de todo el mundo han asistido a mis seminarios sobre cómo tratar con personas difíciles.

El contenido de este libro no debe interpretarse como un consejo profesional. En algunos casos, he citado leyes, pero los lectores siempre deben revisar sus leyes federales y estatales para asegurarse de que están actuando de acuerdo con las leyes en sus áreas. Cualquier decisión tomada por el lector como resultado de la lectura de este libro, es responsabilidad exclusiva del lector.

CAPÍTULO 1

SITUACIONES DIFÍCILES - EL "JEFE"

¡Supervisores del infierno!

¿Quién causa más problemas y son las personas más difíciles de tratar en el lugar de trabajo? ¿Son clientes, colegas, subordinados o *"el jefe"*?

Cuando empecé a ofrecer mis seminarios *"Cómo tratar con Personas Difíciles"* asumí que los clientes *"fuera de la pared"* serían el grupo más difícil de tratar en el lugar de trabajo. Mi segunda suposición - fue difícil colegas. Yo estaba equivocado al hacer esas suposiciones. Mi investigación ha demostrado (confirmado por los más de 55.000 participantes de mis seminarios) que las personas más difíciles que enfrentan los que trabajan no son clientes, colegas o subordinados, ¡pero abrumadoramente, los supervisores o gerentes de los empleados!

¿Por qué es este el caso? Debido a que los que son responsables de la realización de tareas por otros, no han obtenido formación adecuada de supervisión. A pesar de que estas personas tienen títulos tales como: supervisor, capataz, gerente, superintendente, jefe de departamento, vicepresidente o incluso C.E.O. la mayoría no han recibido la formación básica necesaria para poder supervisar con éxito a otros. Algunos creen que, si tienen un grado de BA o de MBA, han recibido la formación adecuada. Sin embargo, la formación básica de supervisión no es parte de la mayoría de los programas de licenciatura o MBA.

Estos supervisores difíciles (yo uso la palabra supervisor - pero esto incluye todos los títulos anteriores) cometen errores como:

- Discipline al personal antes de los compañeros de trabajo o clientes.
- Acoso al personal (ya sea a través de intimidación o acoso sexual).
- Tienen rabietas.
- Son temperamentales - tienen un comportamiento impredecible.
- Etiquetar el comportamiento del personal (estúpido, tonto) o hacer comentarios sarcásticos, en lugar de tratar de corregir el comportamiento real del miembro del personal.
- No valorar o respetar las opiniones de otros (especialmente de los subordinados).
- No provea la capacitación necesaria para llenar la brecha entre los requisitos del trabajo y las habilidades del empleado.
- No están disponibles cuando el personal necesita ayuda.

- No dé reconocimiento por un trabajo bien hecho. En lugar de concentrarse en el 98 por ciento que el personal hace bien, se concentran en el dos por ciento que hacen incorrectamente.
- No respalde al personal cuando se trata de las quejas de los clientes. (El cliente se queja y en vez de respaldar a su personal, compadece al cliente y no le da al empleado la oportunidad de defender su lado de la historia).
- No proporcione una descripción actualizada del puesto con indicadores clave de desempeño (KPI) y estándares de desempeño para las tareas realizadas para lograr esos KPI.
- Realizar evaluaciones de desempeño en el personal sin una descripción de trabajo apropiada sobre la cual basar su evaluación. (Si los miembros del personal no saben lo que se espera de ellos y tampoco el supervisor - ¿cómo los supervisores tienen la audacia de intentar una evaluación de cómo los empleados desempeñaron sus funciones?)
- Utilice el mismo estilo de liderazgo en todos los miembros del personal, aunque se requiera un estilo de liderazgo diferente. (Algunos necesitan instrucciones paso a paso - otros sólo necesitan un esquema de lo que se requiere para completar la tarea - Teoría "X" vs Teoría "Y" estilos de gestión).
- Tener un conjunto de reglas de la empresa para el personal - otro para ellos mismos (hacer lo que digo - no hacer lo que hago). Doblan las reglas cuando los clientes pasan por encima del jefe del personal de primera línea, causando vergüenza para el miembro del personal.
- No proporcione manuales de políticas y procedimientos ni manuales de empleados que describan las reglas y regulaciones de la compañía para todo el personal.
- Tener mala ética de trabajo.
- No hacer nada para mejorar el interés del empleado en sus trabajos (falta de desarrollo).
- No escucha las sugerencias del personal sobre mejores maneras de completar las tareas.
- Tener una actitud negativa de *"Eso nunca funcionará"* hacia los cambios sugeridos por personal.
- Son perfeccionistas y esperan que todo se haga perfectamente.
- Son adictos al trabajo y esperan que su personal sea el mismo.
- Usar un estilo de gestión autoritario, que sólo resulta en resistencia del personal.

Tratando con Situaciones Difíciles

No intervenga para resolver los conflictos de personalidad entre el personal.

Abusa de su posición de poder.

No puede manejar los problemas cuando es promovido a una posición donde están supervisando a sus ex pares.

La alta dirección no ha dado a estos supervisores la responsabilidad de cumplir con sus deberes apropiadamente (por ejemplo: delegar y revisar el trabajo del personal, realizar evaluaciones de desempeño, disciplinar a los empleados según sea necesario y posiblemente contratar personal).

Si el comportamiento del miembro del personal requiere corrección, el supervisor o ignora el problema (esperando que desaparezca) o estropea la entrevista disciplinaria que resulta en represalia - en lugar de un cambio necesario en el comportamiento del empleado.

Mostrar el favoritismo a los *"empleados de mascotas"* (socializa con sólo uno o dos miembros del personal) o mostrar prejuicios (relacionados con el género o la raza) hacia los miembros del personal.

Los pobres modelos de rol para el personal - no ganan respeto.

Pobres gestores de tiempo y se convierten en un cuello de botella para la productividad de otros empleados. El personal no tiene suficiente para hacer, o se mantienen en un pánico para completar asignaciones de último minuto.

Permitir el nepotismo con todos sus problemas únicos.

No cumpla las promesas.

Demasiado inmaduro para un rol de supervisión - use el mal juicio al tomar decisiones.

No dirá *"No"* a las solicitudes, por lo que el personal se sobrecargará con tareas.

Traiga problemas personales al lugar de trabajo.

Promovido demasiado pronto - no recibió la formación adecuada para cumplir con las obligaciones de un puesto de supervisión / gestión.

If this describes the actions of your supervisors or managers, seriously consider giving them the necessary tools they need to do their job properly. Will this take too long and cost too much? No - learning the basics of supervision will not involve as much time as you could expect - and look at the rewards - a highly motivated, productive, and highly effective personal environment!

Here are some examples of these problems mentioned earlier:

Disciplinas en público

'Mi jefe tiene la costumbre de disciplinar a su personal frente a los clientes y compañeros de trabajo. Esto me sucedió la semana pasada y todavía estoy hirviendo. Está afectando mi trabajo y no puedo cambiar lo que siento hasta que hago algo al respecto. Pero ¿qué hago para asegurarme de que no vuelva a suceder?'

Este es un ejemplo de intimidación así que, antes de hacer cualquier cosa acerca de esta situación; prepárese para la eventualidad de que las cosas podrían empeorar antes de que mejoren. Consulte las políticas de su empresa y los manuales de procedimientos para saber cómo se maneja el acoso en su empresa. Documente lo que le pasó a usted y cuando sucedió. Hable en privado con su supervisor usando la técnica de retroalimentación, explicando cómo el comportamiento le ha afectado.

Diga: *'Tengo un problema y necesito su ayuda para resolverlo. Me gustaría hablar con usted sobre algo que está afectando mi productividad. La semana pasada, frente a clientes y colegas, fui disciplinado por usted por algo que había hecho incorrectamente. Me pareció que esta acción era muy desmoralizante y vergonzoso. Me gustaría pedir que si necesitas corregir mi comportamiento en el futuro, que lo hagas en privado, donde tus comentarios no serán oídos.'* Luego, muéstrele la política de la empresa relacionada con el acoso escolar.

Los tres pasos en el proceso de retroalimentación son los siguientes:

Realimentación Proceso

a) Describa el problema o la situación a la persona que causa la dificultad. Dar ejemplos.
b) Definir los sentimientos o reacciones que el comportamiento le causa (tristeza, ira, ansiedad, dolor o malestar).
c) Sugiera una solución o pídales que proporcionen una.

El problema: 'La semana pasada me disciplinó frente a los clientes y mis colegas.'

Sus sentimientos o reacciones: 'Encontré esto muy desmoralizante y embarazoso.'

La solución: 'Si necesitas corregir mi comportamiento en el futuro, quisiera pedirte que lo hagas en privado, donde tus comentarios no serán escuchados.'

'Si el supervisor se niega a cambiar y continúa disciplinando en público, vaya más arriba en la cadena de mando. Estos son los pasos que a seguir:

1. Si éste es el comportamiento normal del supervisor con todo su personal, tenga una reunión con el personal afectado y pregunte si están dispuestos a quejarse también. Si están de acuerdo en que también quieren que el comportamiento se detenga, pídales que anoten sus quejas y firmen las quejas (para que no retrocedan más tarde). Incluirían detalles de lo que les sucedió:
   ¿Lo que fue dicho?
   ¿Cuándo, sucedió?
   ¿Quién estaba involucrado?
   Daños a las relaciones con los clientes;
   Pérdida de productividad;
   ¿Qué se ha hecho hasta ahora para tratar de detener el comportamiento inaceptable?
2. Solicite una reunión con el supervisor. Todos los reclamantes asistirán y discutirán sus quejas colectivas.
3. Si el supervisor no escucha o cambia el comportamiento, vaya como un grupo al jefe del supervisor o a su representante de Recursos Humanos con sus quejas. Identifique las acciones de su supervisor como intimidación y pídales que se aseguren de que la intimidación no continúe.
4. Si el jefe de su jefe y los representantes de Recursos Humanos no resuelven el problema, pida una transferencia a otro departamento lejos del agresor.
5. Usted puede decidir morder la bala y llevar a su jefe a la corte por acoso.
6. Como último recurso, usted puede tener que salir para pastos más verdes en otra parte. Cuando sientas que tu jefe ha eliminado todo el orgullo y el placer que obtienes de tu trabajo, es hora de irte.

Tirano / jefe de matón - Tantrismo

'Mi jefe es un tirano y un matón. Incluso tiene rabietas. Él disciplina en público, grita a los empleados, menosprecia al personal y es condescendiente y chauvinista hacia las mujeres. Él es odiado, más que respetado, por todo el personal. ¿Cómo debo tratar con él?'

La intimidación es un comportamiento aprendido ya menos que se detenga cuando son niños, este comportamiento puede convertirse en una forma de vida. La intimidación en cualquier nivel es un juego de poder y es inaceptable en todas partes de la sociedad. Y cuando la víctima se queja de la intimidación, a menudo son etiquetados como *"marica"* por el matón. ¡Cómo se atreven estos matones intentan hacer que sus víctimas se sientan culpables cuando son los que están en el mal! Los matones son cobardes que no juegan limpio. Ellos usan su poder (sea percibido o real) para dominar a los demás y desesperadamente necesitan control de la ira.

Desafortunadamente, en Australia las leyes de intimidación están todavía en su infancia y hay poca protección legal para los trabajadores. Si los trabajadores llevan al matón a los tribunales, se enfrentan a grandes cuentas legales sin garantía de que serán reembolsados por esos gastos. Muchos sólo lanzan sus manos, salen de la empresa y aprenden de la experiencia - y el matón gana de nuevo. Este es el nuevo milenio y sin embargo algunas empresas todavía están operando con mentalidades de hombres de las cavernas. He presenciado la intimidación en el lugar de trabajo tan a menudo que he llegado a creer que este estilo draconiano de comportamiento no sólo es tolerado, pero parece ser la norma, en lugar de la excepción en las empresas australianas. Pero ¿es una excusa para no parar este comportamiento inaceptable?

Algunas empresas tienen políticas sobre cómo lidiar con la intimidación, pero no siguen a través y proteger a sus trabajadores contra ella. Por lo tanto, el empleado se ve obligado a ir a los tribunales. Las leyes están haciendo una puñalada en el trato con este comportamiento inaceptable, pero estos cambios quedan cortos de la marca, insistiendo en que la intimidación debe ser repetitiva y en curso. Las víctimas saben que un incidente de intimidación es demasiado y deben tener toda la protección de la ley para lidiar con ella. No debe haber tolerancia cero a la intimidación - por la sociedad, las empresas y la ley.

Si ya ha hablado con su jefe acerca de lo molesto que está por su intimidación, y nada cambia - no tiene más remedio que ir más alto en la empresa para quejarse. Sin embargo, esté preparado - porque quizás incluso sus superiores no harán nada. Usted puede tener que dejar su empleo y buscar trabajo en otro lugar (sin garantía de que no se ejecutará en él en la nueva empresa). La otra alternativa es prepararse para una larga y costosa batalla legal en los tribunales. Es tu elección.

Ahora cómo tratar con los berrinches. No trate de detener a su jefe durante la rabieta. Simplemente escucha y trata de no ser afectado por la ira y la frustración que sientes que viene de él. Cuando termine la rabieta, diga: *'Puedo ver que estás enojado por esto. Por qué no te doy la oportunidad de calmarte, entonces podemos discutir este asunto.'* Si su jefe continúa su rabieta, diga: *'Estoy muy incómodo de estar cerca de usted cuando usted está fuera de control. Este es un comportamiento inaceptable y es una forma de acoso. Cuando te hayas calmado, estaré encantado de discutir esto racionalmente contigo.'*

Asegúrese de documentar cada incidente donde el comportamiento de su jefe es inaceptable (preferiblemente con testigos) y vaya al superior de su jefe o a su representante de Recursos Humanos para iniciar cargos de acoso.

Acoso sexual

'Nuestra empresa no tiene una política de acoso sexual. Mi jefe está constantemente diciendo chistes sucios en el trabajo, pero no tengo ninguna guía a seguir para poder lidiar con ello.'

Las organizaciones tienen la responsabilidad de asegurar que el lugar de trabajo esté libre de acoso. El acoso sexual es un término que abarca el comportamiento sexual no deseado y es una discriminación ilegal y directa basada en el sexo. Los compañeros de trabajo, así como los superiores pueden ser responsables y acusados de actos de acoso sexual.

Una queja de acoso sexual no significa necesariamente que el acoso sexual ha tenido lugar. Las organizaciones han sido acusadas de discriminación inversa. Esto sucede cuando los empleados no reciben promociones y bonificaciones meritadas. En cambio, un compañero de trabajo los recibe a cambio de favores sexuales dados a un supervisor.

Ya no pueden otros en posiciones de poder *"mirar hacia otro lado"* e ignorar que el acoso sexual está ocurriendo. Por ejemplo, si soy un supervisor y no hago nada cuando veo a otra persona acosando sexualmente a un empleado, se cree que he aprobado la acción. Si el empleado sabe que yo vi o conozco la situación y no hago nada, él o ella puede acusar tanto al ofensor como al supervisor testigo de acoso sexual.

Cada incidente puede ser relativamente menor, pero si se continúa durante un período prolongado, puede ser muy estresante para la víctima. El hostigamiento puede producir un ambiente de trabajo hostil que puede afectar adversamente los términos y condiciones de empleo y hacer imposible que la persona continúe el empleo. El acoso sexual equivale a una discriminación sexual ilícita si un empleado está obligado a seguir trabajando en un ambiente que generalmente es hostil, humillante o intimidante.

En Australia, se ha establecido que la mayoría de la discriminación sexual es contra las mujeres. Un empleador tiene la responsabilidad legal de asegurar que no hay políticas o prácticas que operen dentro de una organización que directa o indirectamente discriminan a las mujeres. Un empleador puede ser vicariamente responsable de las acciones de un empleado, incluso si el empleador no era consciente de las acciones reales del empleado. Si su empresa no tiene una política de acoso sexual - insista en que preparen una y la pongan a disposición de todos los miembros del personal. Muchas compañías tienen asesores de acoso sexual.

Las investigaciones muestran que entre el 70 y el 80% de las mujeres han sufrido una o más formas de acoso sexual mientras trabajaban. Cincuenta y dos por ciento de ellos perdieron un empleo debido a ello. Esto es criminal y necesita una acción rápida para eliminar acoso futuro.

Es importante tomar medidas para prevenir el acoso sexual en el lugar de trabajo. La gerencia de línea necesita información sobre lo que es el acoso y cómo recibir, investigar y resolver quejas. También es esencial que los gerentes sean conscientes de sus responsabilidades y de la política de la organización en materia de acoso sexual.

Si usted cree que ha sido acosado sexualmente, depende de usted verificar sus leyes de acoso estatal. Si usted es objeto de acoso sexual, debe:

1. Diga a la persona que usted se opone a lo que él o ella está haciendo o diciendo. ¡Deje que él o ella sepan que realmente lo significa! Si es necesario, explique que el comportamiento es una forma de acoso sexual y usted espera que el acoso se detenga inmediatamente. Registre todo lo que sucede - fecha, hora, eventos, testigos, etc. Reconozca que probablemente no es la única persona que ha sido acosada sexualmente por esta persona. Averigüe si hay otros, por lo que puede presentar una queja en grupo.

2. Si la persona hace la misma cosa (o algo similar) otra vez, repita sus objeciones anteriores. Respaldar esto con una carta escrita o correo electrónico. Relacionarse con sus quejas verbales anteriores. Indique sólo los hechos, no las suposiciones. Haga al menos cuatro copias de esta carta. Envíe una copia a la persona ofensiva, una al supervisor de esa persona, una a su supervisor (y al Director Ejecutivo de su empresa si cree que es apropiado). Guarde una copia para sus registros.

3. Si el comportamiento continúa, o la compañía o el sindicato no lo ha tratado, presente una queja formal con su Comisión local de Igualdad de Oportunidades de Empleo. En caso de duda, llame a su

representante local E.E.O. Oficina y hablar con un consejero capacitado. Si la situación involucra agresión física, involucre a la policía al presentar una acusación de agresión sexual.

Nota: Si el primer incidente es lo suficientemente grave, objete verbalmente, envíe una carta (con copias a las partes aplicables) y presente una queja formal con la Comisión de Igualdad de Oportunidades de Empleo. *Consulte el Capítulo 6 para obtener más información sobre este tema.*

Boss es malhumorado, usa un comportamiento impredecible

'Nunca puedo predecir qué tipo de día tendré debido a los estados de ánimo de mi jefe y el comportamiento impredecible. ¿Cómo puede alguien con ese tipo de temperamento estar en una posición de poder? Porque ella es mi jefe - necesito saber cómo debo manejar su comportamiento.'

Estas personas son muy inmaduras, tienen baja autoestima y muchos toman cada afrenta personalmente. Siga las instrucciones en la retroalimentación y comience a documentar su comportamiento en caso de que decida tomar más medidas.

El jefe no valora ni respeta mi trabajo

'Mi jefe es hipercrítico de mi trabajo y usa etiquetas para describir mi comportamiento. Él utiliza palabras tales como "estúpido" y "mudo" para describir mi comportamiento. ¿Cómo puedo lograr que el hombre se concentre en el 98% del trabajo que hago correctamente, en lugar de etiquetar mi trabajo y concentrarme en el 2% que hago mal?'

Los jefes que etiquetan a los empleados (en lugar de tratar con su comportamiento) probablemente van a desmotivar a su personal. Hable con su supervisor en privado. Diga: *'Tengo un problema y necesito su ayuda para resolverlo. En mi evaluación de desempeño, usted puso abajo que no le gustaba mi actitud, pero cuando le pregunté por detalles que se negó a hacerlo, y la última vez que corrijase mi trabajo, dijiste que yo era "estúpido" y "tonto". Estoy molesto de que me hayas dado esas etiquetas y no sé cómo mejorar mi rendimiento o entender lo que quieres de mi parte.'*

'Me gustaría volver al comentario de mi evaluación de rendimiento con respecto a mi "actitud". ¿Qué hice mal que objetó?'

Ella supervisor respondió: *'Bueno, usted fue grosero con el señor Brown'* (Ruda es otra etiqueta que no habla de ella comportamiento).

'¿Qué le dije específicamente al señor Brown que fuera grosero?'

'Le dijiste que tenías mejores cosas que hacer con tu tiempo que escuchar sus constantes quejas.'

Ahora el empleado sabe lo que está mal con ella *"actitud"* y puede cambiar su comportamiento en consecuencia.

El empleado hizo lo mismo con las otras dos etiquetas y fue capaz de determinar el comportamiento exacto que no era adecuado. Sólo entonces ella tenía algo que podía tratar y cambiar.

En una reunión posterior con su supervisor donde la felicitó por una tarea bien hecha, ella respondió: *'Gracias por el cumplido. Tengo que admitir que estoy tan acostumbrado a escuchar acerca de las cosas que hago mal que es un placer recibir confirmación sobre las cosas que he hecho bien '*

Falta de descripciones de trabajo adecuadas

'Mi empresa no cree que sea importante que tengamos descripciones de trabajo adecuadas. La mía sólo da un párrafo de lo que se supone que tengo que hacer. Me gustaría tener uno mejor, pero no sé cómo debo hacerlo.'

Muchas empresas utilizan descripciones de posición que son asquerosamente inadecuadas y no incluyen la información esencial necesaria en el lugar de trabajo de hoy. Algunos sólo tienen un párrafo que describe lo que la persona hace y otros van un poco más allá para incluir los Indicadores de Desempeño Clave (KPI), por lo que creen que sus descripciones de puestos son adecuadas.

Esto no es suficiente. Además de otra información pertinente, una descripción de trabajo adecuada incluye lo siguiente.

- Una descripción general de lo que hace la persona (en forma de párrafo),
- Una lista de indicadores clave de rendimiento.
- Bajo cada KPI está una lista de las tareas que se realizan para asegurar que se alcanza el KPI.
- Cada tarea incluye puntos de referencia o estándares de desempeño que son mensurables (en lugar de subjetivos). Estas medidas incluyen calidad, cantidad, tiempo y pueden incluir costo si es relevante.

Use lo siguiente para convencer a su empresa de por qué el tipo de descripción de posición es esencial para el buen funcionamiento de la empresa:

- Es la principal herramienta para determinar las calificaciones para reclutar nuevos empleados.
- Es una excelente herramienta de capacitación para comparar las capacidades de un empleado con las requeridas por la posición, lo que le permite a la empresa determinar la formación necesaria para llenar ese vacío.
- Muchas subvenciones de capacitación del gobierno a las empresas requieren una descripción detallada del trabajo para que puedan determinar lo que se requiere de los empleados en comparación con su nivel actual de conocimiento y capacidad.
- Tanto el empleado como el empleador saben exactamente lo que el empleado debe hacer y el desempeño del empleado se puede medir en contra de objetivos claros por escrito.
- Elimina la expresión, *'¡No sabía que yo era responsable de eso!'*
- La moral de los empleados normalmente sube el 100% cuando está claro lo que sus empleadores esperan de ellos.
- Las evaluaciones del desempeño de la empresa se basarán en medidas objetivas, en lugar de subjetivas. No hay sorpresas en el momento de la evaluación del desempeño, porque es claro para el empleado y su supervisor exactamente lo que se espera del empleado.
- Si se hace necesario que un supervisor corrija el comportamiento de un empleado, puede hacerse basándose en razones objetivas (en vez de subjetivas). Si el empleado es terminado, el empleador puede mostrar exactamente qué estándares de desempeño no fueron cumplidos por el empleado y la documentación para probar que el empleado tuvo la oportunidad de mejorar.
- Es una herramienta vital para la planificación de la mano de obra que ayuda a determinar las brechas entre las habilidades y habilidades de los empleados y las necesarias para llenar su próxima posición promocional.

Desarrollo y capacitación de empleados

'He estado tratando de salir adelante en mi organización, pero me parece que los hombres reciben entrenamiento y las mujeres no. Me he asegurado de que el departamento de entrenamiento y mi jefe saben que quiero salir adelante y estoy interesado en el Pero todavía he pedido formación en mis últimas tres evaluaciones de rendimiento, pero todavía no hay formación, ¿qué debo hacer a continuación?'

Tratando con Situaciones Difíciles

Esto podría ser un caso de discriminación sexual. Muchas organizaciones ofrecen una variedad de capacitación en el trabajo para sus empleados, pero a las mujeres a menudo se les niega el acceso a estos cursos de capacitación. Sus gerentes hacen suposiciones incorrectas o estereotipadas sobre las pautas de trabajo de las mujeres y el número de años que las mujeres tienen la intención de permanecer en la fuerza de trabajo. Estas suposiciones se aplican a todos los empleados - independientemente del desempeño laboral real o las ambiciones de carrera de las mujeres individuales. En consecuencia, la organización no proporciona la información o facilidades para que estas mujeres participen en programas de capacitación.

Su primer paso es establecer un Programa de Acción Afirmativa en su organización. Comuníquese con los representantes de la OEA (Oportunidades de Igualdad de Oportunidades) en su área para ayudar en la creación de dicho programa. Este programa evaluará las habilidades, calificaciones y ambiciones de las mujeres empleadas para que sus necesidades de capacitación sean identificadas de manera realista y describirá la responsabilidad del empleador en proveer oportunidades de capacitación equitativas tanto para los empleados masculinos como femeninos.

Al evaluar las oportunidades de formación para las mujeres dentro de la organización, deben examinarse los siguientes factores:

1. ¿Cómo está disponible la información sobre los cursos de formación interna en toda la organización?
2. ¿La información sobre el contenido de los cursos de formación y el beneficio potencial que puede proporcionar a la trayectoria de carrera de los empleados individuales fácilmente accesible a todos los empleados?
3. ¿Son los supervisores u otros responsables de la selección de los empleados a asistir a cursos de capacitación plenamente conscientes del programa de acción afirmativa de las organizaciones y la necesidad de utilizar plenamente todos los talentos y habilidades disponibles para la organización?
4. ¿Todos los empleados son activamente alentados por la gerencia a usar todas las oportunidades de capacitación y desarrollo cuando surgen?
5. ¿Se realizan cursos de capacitación en lugares convenientes para asegurar que los empleados con cuidado de niños o responsabilidades

domésticas no sean automáticamente excluidos de la nominación y selección?

6. ¿Se anima a los empleados a auto-nominarse para cursos que creen que serán de beneficio para sus oportunidades de trabajo, en lugar de esperar a que los supervisores los nombren?

No respaldará al personal

'Mi jefe siempre toma el lado de los clientes cuando se quejan de algo que he hecho. No apruebo la filosofía del "siempre correcto" del cliente. A menudo se equivocan o no ven las cosas sólo desde su punto de vista. ¡Por una vez, me gustaría tener la oportunidad de dar mi punto de vista!'

Cuando su supervisor recibe una queja del cliente, lo primero que debe decirle al cliente es: *'Déjame investigar esto y te responderé.'* El supervisor, media entre lo que el cliente cree, y lo que el miembro del personal cree Y llega a un compromiso o solución. El supervisor y el empleado deben entender que si el miembro del personal causó el problema - el cliente merece TLC (cuidado amoroso de la oferta) en la forma de servicios o acción adicional. Si el empleado tiene razón, el supervisor debe defender su lado del problema y explicarle al cliente lo que pueden hacer para resolver la queja. Esto a menudo implica sugerir dos o tres alternativas que resolverán el problema del cliente.

Evaluación de Rendimiento

'Mi empresa no tiene evaluaciones de desempeño regulares. Mi último fue hace dos años. ¿Cómo puedo convencer a mi supervisor de que debería tener uno?'

¿Con qué frecuencia se deben realizar evaluaciones de desempeño? Hay un poco de flexibilidad aquí, dependiendo de las necesidades de la posición. Los tiempos recomendados son: Poco después de que el empleado sea contratado, se completa la primera parte de la evaluación del desempeño probatorio (que enumera las expectativas).

Dos semanas antes de que el período de evaluación del desempeño probatorio del empleado haya terminado - se lleva a cabo la reunión de evaluación del desempeño. Este es el momento en que el supervisor decide si el empleado será aceptado por la empresa como un empleado permanente.

Si el empleado es aceptado como empleado permanente, se inicia una nueva evaluación de desempeño para el siguiente período de evaluación.

Hay dos métodos para determinar la evaluación anual del desempeño del empleado a partir de entonces: Se puede celebrar en la fecha de aniversario de cuando el empleado comenzó con la empresa; O podría celebrarse una vez al año al mismo tiempo para todos los empleados.

Algunas empresas tienen evaluaciones de desempeño bianuales. Muchas empresas hacen evaluaciones de desempeño antes y después de cada proyecto especial que el miembro del personal completa independientemente del marco de tiempo del proyecto. La empresa debe decidir qué método es mejor para satisfacer las necesidades individuales de su personal.

Los sistemas de evaluación del desempeño que evalúan cosas subjetivas tales como juicio, iniciativa, actitud o habilidades interpersonales no son sistemas de evaluación justos y deben ser reemplazados.

Hay muchas ventajas de hacer evaluaciones de rendimiento regulares:

- Poner las cosas en el papel hace que las personas sean más específicas sobre lo que esperan.
- Permite que el miembro del personal participe en el establecimiento de estándares que sientan que pueden cumplir.
- Hace que la gente sea más productiva y motivada para hacer un buen trabajo.
- Se pueden discutir y fomentar nuevas ideas y métodos para completar las tareas.
- Evita que la gente sea enterrada o perdida en el sistema.
- Los *"chicos buenos"* o los chicos de alto rendimiento no se pasan por alto.
- Los *"chicos malos"* o el rendimiento de bajo nivel y aquellos que usan un comportamiento inaceptable, no están ocultos.
- Mejorar la comunicación entre el supervisor y los miembros del personal. Cuanto más el empleado está involucrado en el establecimiento de sus propios estándares, más probable que él / ella va a reaccionar positivamente. Los empleados son a menudo sus peores críticos, así que los estándares de funcionamiento poco realistas no deben ser permitidos.

Si el empleado no está a la altura - él o ella sabe que él o ella ha fallado antes de la fecha de la revisión. No hay sorpresas en el momento de la evaluación del desempeño.

'Aunque superviso a un personal de cuatro personas, mi gerente insiste en hacer las evaluaciones de desempeño de mi personal. Creo que esto debería ser una de mis responsabilidades como supervisor.'

Los supervisores tienen muchas responsabilidades, incluyendo delegar y corregir el trabajo, realizar evaluaciones de desempeño y disciplinar al personal que se reporta a la posición. Desafortunadamente, a muchos se les da el título de *"supervisor"*, pero no se les da la autoridad para llevar a cabo sus funciones. Creo que el título de *"Mano Líder"* debe ser abolido porque muchos sólo tienen dos responsabilidades - la de delegar y comprobar el trabajo.

A menos que aquellos que son responsables de supervisar a otros tienen las cuatro responsabilidades principales, la empresa probablemente hará que esos empleados fracasen. Los supervisores también deben disciplinar a su personal (hasta la terminación cuando los expertos intervengan) y realizar evaluaciones de desempeño en todo el personal que se reporta a ellos. Una responsabilidad adicional deseada debe ser la contratación de su propio personal (después de que el departamento de recursos humanos de la empresa o la empresa de contratación ha elegido una lista corta de candidatos adecuados). De esta manera, el supervisor se asegura de que el candidato esté en sincronía tanto con él como con el personal existente.

Estilo de liderazgo del supervisor / gerente

Mi jefe debe pensar que soy tonto porque me trata como si tuviera diez años. He estado en el lugar de trabajo durante diez años y no es necesario que me digan paso a paso cómo hacer todo. Trabajo en un campo muy creativo y soy creativo yo mismo. ¿Cómo hago saber a mi jefe que todo lo que tiene que hacer es explicar lo que quiere lograr y dejarme hacerlo?

Hay muchos estilos de liderazgo en la gestión - cada uno adecuado para diferentes situaciones y personalidades. Suena como si usted es el tipo de persona que necesita mucha *"cuerda"* y supervisión suelta. Su supervisor le está llevando con un estilo que es más adecuado para alguien que tiene una necesidad absoluta de saber exactamente qué pasos él o ella necesita tomar para llevar a cabo una tarea. Deje que su jefe conozca el tipo de liderazgo que necesita de él.

Usted puede comenzar diciendo: *'Me gustaría más libertad al realizar mis tareas. Soy una persona creativa y normalmente puedo visualizar lo que quieres que haga, y haré preguntas para aclarar mi imagen de eso. Me siento incómodo con las instrucciones paso a paso - y me gusta usar* mis propios recursos para llevar a cabo mis tareas. ¿Te sentirías cómodo al darme ese margen de maniobra?'

Otros empleados pueden no sentirse cómodos a menos que reciban instrucciones detalladas sobre cómo completar las tareas. Por lo general les encanta la rutina y son golpeados fuera de balance cuando se producen cambios. Usted por otro lado, la variedad de amor y rara vez hacer una tarea de la misma manera dos veces. Usted es probablemente emprendedor y puede ver todas las clases de maneras las cosas pueden ser mejoradas. Si su empleador no le permite usar sus jugos creativos, es probable que vaya a otro lugar.

Hacer lo que digo - No hacer lo que hago

'El otro día pasé media hora explicando a un cliente por qué no podía hacer algo por él debido a un reglamento de la compañía. Decidió hablar con mi jefe y mi jefe se rindió a él. El cliente me hizo saber que consiguió lo que quería. Parece que hay dos conjuntos de reglas en nuestra empresa: una para el personal de primera línea y otra para los supervisores.'

Las reglas y los reglamentos de una compañía deben ser respetados por todos los empleados - incluyendo supervisores. Hable con su supervisor y revise su cabeza si es necesario para confirmar las reglas y regulaciones de la compañía. Comience hablando con su supervisor.

Puede probar lo siguiente: *'Tengo un problema y necesito su ayuda para resolverlo. Estuve molesta ayer después de haber pasado media hora explicando a la señora Smith que no podía hacer lo que ella quería que yo hiciera debido a un reglamento de la compañía. Como usted sabe, fue a usted y consiguió lo que ella deseó. Entonces ella me informó que te habías entregado a ella. ¿Te imaginas lo que sentí cuando me dijo ella eso? Necesito saber si esto es una regla o no - s, no haré que suceda lo mismo en el futuro.'*

No hay manuales de políticas y procedimientos de la empresa

'Mi jefe me llamó a la oficina la semana pasada para hacerme saber que tenía una regla de negocios roto. ¡Ni siquiera sabía que había una regla como esa"! Ella me había dicho que era una práctica estándar en su industria y que yo debería haber conocido la regla. ¿No debería haber una lista de normas y regulaciones de la empresa a disposición de los empleados por lo que esto no vuelva a suceder?'

Las empresas progresistas no sólo tienen detallados manuales de políticas y procedimientos, sino también proporcionan manuales de empleados que explican las reglas y regulaciones de la empresa a su personal. Los nuevos empleados reciben una copia de este manual el primer día de su empleo y se les anima a hacer preguntas sobre el contenido. Muchas empresas tienen el empleado firmar un documento que indica que han leído y comprender la información. Por lo tanto, si rompen una regla o regulación de la empresa, no pueden decir, *'Yo no sabía acerca de esa regla / regulación!'*

Usted puede sugerirle a su empleador que asuma la tarea de preparar un manual de empleados para los empleados de su empresa. Comenzarías con los manuales de políticas y procedimientos de la compañía y solo incluirías la información necesaria para que los empleados entiendan las reglas de la compañía. Esto también animará a su compañía a actualizar las políticas y los procedimientos de la compañía también (esto se debe hacer por lo menos anualmente).

Ética de trabajo deficiente

'Mi jefe es la persona más perezosa que conozco. Ella lo delega todo a los demás y no hace nada más; parece pasar la mayor parte de su tiempo asistiendo a las reuniones de la gerencia y preparando informes, en lugar de hacer tareas importantes. Cuando ella lanza otra tarea en mi escritorio, me resulta difícil hacer un buen trabajo.'

Hay dos clases de supervisores; Los supervisores que son los únicos responsables de la delegación de tareas a otros y el segundo son los supervisores que hacen el mismo tipo de tareas que su personal, junto con sus responsabilidades de supervisión. Ella parece la segunda clase de supervisor. Puede parecer que su jefe no está haciendo suficiente trabajo, pero las reuniones a las que asiste y los informes ella prepara son tan importantes para ella como sus tareas son para usted.

Y si usted hace un trabajo pobre de terminar sus tareas, usted parecerá ser un empleado malo, pero usted hará ella parecer malo también. Si su rendimiento se desliza lo suficiente, su jefe no tendrá más remedio que reprimenda tú. Recuerde, su principal papel como empleado es hacer que su jefe se vea bien. El trabajo de ella es darte las herramientas que necesitas para que puedas hacer esto.

No hay desarrollo profesional - Bajo interés en el trabajo

'Mi trabajo es tan aburrido - Odio ir a trabajar todos los días. Hago lo mismo todos los días, tengo pocas habilidades, así que no estoy entrenado para hacer otras cosas, pero debe haber algo mejor que pueda hacer.'

Tratando con Situaciones Difíciles

Hay dos soluciones para este problema. Una solución es prepararse para otro tipo de posición en la que no se aburrirá tanto. ¿Ha tenido orientación profesional para determinar el tipo de ocupaciones que pueden ser buenas para usted? Una vez que haya determinado esto, tomar cursos pertinentes en las tardes o tomar tiempo libre y volver a la escuela a tiempo completo para obtener la capacidad de entrar en un nuevo campo.

Su empleador puede proporcionar la segunda solución. Muchos utilizan el trabajo rotatorio para mantener a sus empleados motivados y felices. Todas las tareas giradas están en el mismo nivel de habilidad, pero implican tareas diferentes. Una ventaja adicional para las empresas que utilizan trabajos rotativos es que esta práctica mantiene a los empleados de soñar despierto en el trabajo o posiblemente tener accidentes si trabajan en un entorno peligroso (como la carpintería). También pueden llenar una posición cuando otros están ausentes.

Supervisor no disponible

'Mi supervisor dice que tiene una política de "puerta abierta", pero la mayoría de las veces cuando necesito su consejo para resolver un problema, ella no está disponible.'

Planee con anticipación. Fije un horario fijo cada día cuando pueda hablar con su supervisor. Muchos utilizan la primera cosa en la mañana o justo después del almuerzo para esto. Otra es dejar un correo electrónico o una nota en el escritorio de ella describiendo su problema y el tiempo que necesita ser resuelto.

Usted puede preguntarse si usted debe tomar más decisiones por su cuenta. Hable con su supervisor y establezca sus límites de decisión. Prepare las preguntas de muestra que desea hacer, incluyendo cómo cree que debe manejar el problema. Podría encontrar que tenía las respuestas todo el tiempo y sólo necesitaba la aprobación de su supervisor para usar su propia iniciativa para abordar estos temas. Su supervisor puede estar satisfecho con este signo de iniciativa o si no desea delegar autoridad adicional.

No escuchará mis ideas

'Tengo muchos años de experiencia en mi campo, pero me parece que mi empleador no va a escuchar mis ideas a pesar de que son ahorradores de dinero. ¡Las acciones existentes de la empresa parecen tomar mucho tiempo y dinero!'

Estoy tan cansado de oír, '¡No está en el presupuesto!' '¡Eso no funcionará!' o '¡Lo hemos probado antes,' cuando hago sugerencias! '¿Cómo puedo hacer que la empresa implemente mis ideas?'

Comience por anotar la forma existente de hacer las cosas. A continuación, agregue las ventajas y desventajas de hacerlo de la manera existente. Haz lo mismo con tu nueva forma de hacer las cosas. Trate de concentrarse en los ahorros de costos de su plan - en tiempo y dinero.

Debido a que la mayoría de las empresas están impulsadas por el dinero, es probable que escuchen tus ideas si tú les puede mostrar maneras de ahorrar dinero para la empresa.

Boss es un perfeccionista

'Mi jefe es un perfeccionista. Todo debe ser perfecto o es devuelto. Me he metido al límite para cumplir con los plazos, así que no tengo tiempo para asegurarme de que todo esté correcto.'

Hable con su jefe. Pregúntele si preferiría que las cosas fueran perfectas y tu tarea llegaran tarde, o tu siguieran cumpliendo los plazos, pero que tuvieran algunos errores menores. Usted puede ser sorprendido por la respuesta de su jefe. Ella que no se dé cuenta de que tipo tu presión está experimentando y de los plazos que se ven obligados a cumplir.

Su jefe podría ser perfeccionista en todo lo ella hace. Esto podría ser una compulsión que ella no puede o no cambiará. Si éste es el caso, usted tendrá que adaptarse, mejorando su diligencia comprobando su trabajo dos veces antes de someterlo.

Mi jefe adicto al trabajo

'Mi jefe es un adicto al trabajo y espera que su personal sea el mismo Tengo una familia joven y muchas responsabilidades en casa porque mi esposa también trabaja y además estoy tomando clases de noche dos veces por semana ¿Cómo puedo Hacerle entender el no puedo poner en el tiempo extra esperado?'

En una entrevista de trabajo, es importante que todos los empleados potenciales pregunten qué horas se espera que trabajen y si hay mucho tiempo extra. Muchas empresas afirman que quieren que sus empleados tengan un equilibrio entre el trabajo y la vida privada, pero en la práctica, su personal no puede hacer su trabajo en horas de trabajo establecidas. Muchos están poniendo en semanas de sesenta horas y se encuentran llevando trabajo a casa cada noche y los fines de semana.

Comience discutiendo su dilema con su supervisor. Describa sus obligaciones fuera de su trabajo. Él no sepa tu está sobrecargado y puede explicar lo son y no son tareas importantes. Es posible que tenga que posponer sus cursos por la noche si la empresa no puede ser flexible.

Supervisión de ex pares

'Yo fui elegido para tomar el puesto de supervisor cuando mi jefe tenía un traslado. Diez de mis colegas y yo solicitamos el puesto. Desde que comencé el trabajo, he tropezado con mucha resistencia de aquellos que trabajaron lo más cerca conmigo en el pasado. Parece que tienen problemas para aceptarme como su supervisor. ¿Cómo puedo cambiar las cosas para mejorar su productividad?'

Aquellos que se encuentran supervisando a sus excompañeros se enfrentan con muchos sentimientos negativos de sus antiguos colegas, tales como:

- Celos / envidia / ira;
- Conocen sus debilidades;
- Falta de respeto;
- Sabotear sus esfuerzos;
- Ganga up en usted;
- Esperar favoritismo o parcialidad; Y
- Son propensos a apuñalar hacia atrás.

Si eres más joven que tu nuevo personal, es posible que no te den el respeto que necesitas para completar tus tareas trabajo. O si usted es una mujer que supervisa a los hombres, sus subordinados pueden negarse a aceptarlo como jefe (incluso las mujeres pueden negarse). El gerente de contratación debe haber hablado con cada candidato que fue infructuoso para explicar por qué él o ella no fue elegido para el puesto. Luego, el primer día como supervisor, el gerente establecería una reunión con el nuevo personal del supervisor. Él o ella explicaría al nuevo personal del supervisor que se esperaba que dieran a su nuevo supervisor el mismo respeto y productividad que hicieron con su ex supervisor. El gerente entonces entregaría la reunión al supervisor y saldría de la habitación.

¿Cómo empezaría su primera reunión donde supervisó a sus antiguos compañeros de trabajo? Después de su declaración de apertura, agregue estos comentarios, *'Realmente estoy contando con todos ustedes para ayudarme a hacer este ajuste.'* Luego mire a cada miembro del personal a los ojos y pregunte: *'¿Qué hay de usted, Bill? ¿Puedo contar con su apoyo?'* Haga esto por cada persona en la habitación. Inevitablemente habrá uno (o incluso dos) cuyo lenguaje corporal le dice que no lo aceptarán como su supervisor. Usted tendrá que tomar medidas adicionales para tratar con estos miembros del personal.

También, estado, *'Aunque he trabajado junto a todos ustedes desde ..., sé poco acerca de sus habilidades individuales y habilidades. En las próximas dos semanas, revisaré sus archivos personales y hablaré con cada uno de ustedes para aprender más sobre sus habilidades y habilidades y sus planes de carrera.'*

Durante sus reuniones con disidentes, pasen tiempo tratando de ayudarles a hacer el ajuste de reportar a tú. Si productividad disminuye, actúe rápidamente para corregir su comportamiento.

Sé que algunos de ustedes no pueden regresar a su primer día de trabajo como supervisor, pero pueden implementar esta idea, para que puedan convertirse en el supervisor que deben ser.

No disciplinará al personal

Mi supervisor realmente necesita entrenamiento sobre cómo disciplinar al personal. Uno de mis colegas viene constantemente tarde, forzando al resto de nosotros a hacer ella trabajo. Mi supervisor no ha dicho nada para corregir este comportamiento, pero la semana pasada fui llamado a su oficina y me disciplinó duramente por algo que hice. Reconozco que cometí un error - y no me molesta ser corregido sobre mi comportamiento, pero no me gusta ser tratado como un criminal. ¡Fue un error, no un crimen!

Para ser eficaz, la disciplina debe estar dirigida a cambiar el comportamiento indeseable, no a iniciar la represalia. Este supervisor, no hizo nada sobre el problema tardío y sobre-reaccionó sobre el error que otro empleado hizo. Obviamente, este supervisor no había recibido capacitación sobre cómo disciplinar al personal. Vea la solución bajo *"Disciplinas en Público"*.

El gerente permite que el personal me pase

'Soy un nuevo supervisor y tengo problemas con mi manager. Él está permitiendo que mi personal vaya directamente a él con problemas, en vez de tenerlos venir a mí. Él que debería enviarlos de vuelta a mí. Si no puedo solucionar el problema, entonces iré a mi manager para encontrar una solución. Él también está delegando tareas directamente a mi personal que está causando serias dificultades de gestión de tiempo para mí y mi personal.

Está cerca de tiempo de evaluación de desempeño y ha dicho el que estará haciendo las evaluaciones de desempeño para mi personal. Sé que esta no es la forma en que debe hacerse. ¿Cómo puedo lidiar con este tipo de comportamiento?'

Tratando con Situaciones Difíciles

Soy consciente de que usted es una supervisora femenina en su primera posición de supervisión. Desafortunadamente, muchos gerentes masculinos sienten la necesidad de proteger a sus supervisoras femeninas permitiendo que esto suceda. Tratar con él inmediatamente. Esto no puede continuar. La mayoría de las empresas trabajan bajo el sistema jerárquico, donde cada nivel es responsable hasta el siguiente nivel. Nadie espera violar el área de autoridad de otra persona, a menos que surjan problemas serios.

Hable con su gerente diciendo: *'Tengo varios problemas y necesito su ayuda para resolverlos. Ayer uno de mi personal se extendió hasta el límite para cumplir con ciertos plazos. Me enteré de que le habías dado otra tarea, y ella no tenía tiempo para completarla. Por otro lado, otro miembro de mi personal tenía tiempo para hacerlo. En el futuro, ¿podría darme la tarea, y yo la delegaré al miembro del personal apropiado?'*

A continuación, agregue: *'Cuando mi personal viene a usted con problemas, ¿podría preguntarles si han discutido el problema conmigo? Si no lo han hecho, ¿podría devolverlos a mí para que pueda encontrar una solución a esos problemas?'*

Entonces diga: *'Como es una de mis responsabilidades como supervisor, quisiera confirmar con usted las fechas en las cuales haré revisiones de desempeño para mi personal.'*

Estilo autoritario de gestión - abuso de poder

'Cometí el error de aceptar una posición sin conocer a mi superior inmediato. Mi supervisor resultó ser un tirano dominador, cuyo estilo de gestión autoritario fastidia a todos (por eso mi predecesor se fue). ¿Cómo puedo lidiar con el comportamiento inaceptable de este hombre?'

Esta persona sólo es feliz cuando se establece la *"jerarquía"*. Los tiranos dominantes deben ser el rey de la montaña y todo lo que se interpone en su camino - que se aplastan. Ellos usarán a otros para llegar donde quieren ir, usando el acoso. Todo se relaciona con el poder y las empresas permiten a muchas de estas personas a subir la escalera corporativa debido a su crueldad. La mayoría de los empleados odian a este tipo de persona, pero sus empresas les ellos encantan, porque obligan a los empleados a estar constantemente en sus dedos. El pelo en la parte posterior de los cuellos del personal se elevará automáticamente cuando estos matones están alrededor y que al instante estar alerta, preparándose para el próximo movimiento intimidante del matón.

Tratando con Situaciones Difíciles

Hablar con estos tiranos sobre su comportamiento no cambiará su actitud - no les importa lo tu piensen. Así que la única alternativa es hacer un poco de investigación para averiguar cuántas personas han dejado la empresa debido a este tirano y el costo aproximado hasta ahora en la productividad, los empleados infelices, el ausentismo debido a la tensión de su personal, etc. E incluso cuando Los hechos se dan, algunas empresas no pueden actuar para eliminar a la persona (véase la sección sobre la intimidación).

Choques de personalidad

'Dos de mis colegas están constantemente en la garganta de cada uno, haciendo el ambiente de trabajo muy tenso. Es tan malo que odio ir a trabajar - y estoy pensando en buscar trabajo en otro lugar. ¿Cómo puedo hacer que el supervisor se ocupe de este comportamiento inaceptable?'

Utilice la retroalimentación para explicar su frustración a su supervisor. Esto podría estimularla a actuar. Esta es otra señal de mala supervisión y especialmente la falta de disciplina dada a los dos miembros del personal que están haciendo la vida difícil para el resto del personal. El supervisor debe llamar a estos colegas a ella oficina y explicar ella preocupaciones sobre el comportamiento y posiblemente iniciar una acción disciplinaria.

Ella describió el comportamiento al que se opuso, diciendo: *'Esta hostilidad entre ustedes no puede continuar. Está afectando a sus compañeros de trabajo y su trabajo El medio ambiente es intolerable y grave y este problema debe ser resuelto o tendré que iniciar un procedimiento disciplinario. Te dejaré aquí y quiero que pases los próximos diez minutos discutiendo lo que harás para resolver este problema Cuando vuelva, quiero que me digas lo que has decidido hacer.'*

El supervisor salió de la habitación y regresó diez minutos más tarde y preguntó: *'¿Qué has decidido?'* En ese momento, deberían haber resuelto sus diferencias. Hablarían sobre los planes de los empleados para aliviar el problema. El supervisor entonces preguntaría: *'¿Puedo contar contigo para hacer lo que dices que vas a hacer?'*

Una vez que dan sus seguridades, el supervisor agregaría, *'Quiero que usted sepa, que, si usted vuelve a su viejo comportamiento destructivo, no tendré ninguna otra opción sino poner advertencias escritas en su archivo. ¿Los dos entienden esto?'* El supervisor tendrá que vigilar de cerca la situación y llamar a entrevistas si es necesario.

Si no hubieran resuelto el problema en el momento en que la supervisora regresara, tomaría el papel de mediadora para que los problemas subyacentes fueran discutidos. Si se negaban a discutir sus diferencias, entonces ella reitera el comentario anterior: *'A menos que las cosas cambien y tu comportamiento mejore, no tendré otra opción que iniciar una acción disciplinaria. Cuento contigo para no hacer esto necesario.'*

Si el comportamiento no mejora - ella debe seguir adelante con la acción apropiada. Los empleados deben saber que el supervisor no tolerará la situación que permanece como está.

Favoritismo y sesgo

'Mi jefe no parece que me quiera porque soy de un origen étnico diferente que él. Por otro lado, muestra un favoritismo distinto hacia su "mascota", y le permite escapar con cosas por las que estoy disciplinado. ¿Qué hago para evitar que esto suceda?'

Los supervisores son humanos y tienen sus preferencias y sesgos - sin embargo, en el lugar de trabajo, esto es inconcebible. Todos los empleados deben ser tratados por igual. ¿Han notado otros este comportamiento? ¿Están dispuestos a hablar en tu nombre? Si es así, podría usarlos como testigos del comportamiento para respaldar sus alegaciones. Una vez establecido esto, pida una reunión con su supervisor. Lleve a sus testigos con usted.

Dígale a su supervisor: *'Sé que usted probablemente no es consciente de ello, pero está mostrando discriminación y parcialidad contra mí y el favoritismo hacia Charlie. He aquí algunos hechos para respaldar mis acusaciones.'*

Esperemos que no tenga que llevar esto a su departamento de recursos humanos, pero esté listo para hacer esto. Si sus acusaciones son probadas, usted está protegido contra la discriminación por la ley.

Modelo de rol deficiente

'Mi jefe rompe la mayoría de las reglas que ha mencionado y es el peor modelo que he encontrado. ¿Por qué las empresas mantienen este tipo de supervisores en el personal?'

Lea la información sobre los matones y el estilo autoritario de la gerencia - porque muchos de estos modelos malos del papel son también matones.

No se puede administrar el tiempo

'En el trabajo, mis colegas y yo estamos sentados sin hacer nada, o tenemos mucho que hacer. Esto sucede principalmente debido a nuestro

Tratando con Situaciones Difíciles

supervisor. Ella deja que las cosas se acumulan y es a menudo un cuello de botella para que podamos conseguir las tareas. Esto significa que a menudo necesitamos trabajar horas extraordinarias inesperadas. Esto interrumpe los planes que podría haber tenido durante mis tardes y fines de semana. ¿Cómo podemos ayudar a nuestro jefe a ser más organizado?'

Los jefes que no están organizados a menudo tienen caos en su departamento. Este empleado podría preguntarle a ella supervisor si le gustaría tener ayuda para manejar mejor su tiempo. Si ella está de acuerdo, el empleado sugeriría que su jefe comience una lista de "hacer" cada mañana. Esa lista identificaría todas las tareas ella necesitaba para terminar al final del día. Ella también daría prioridad a cada una de estas tareas (tareas A, B, C y D).

- Las tareas "A" deben ser realizadas inmediatamente por su personal;
- Las tareas "B" se tratan después de completar las tareas "A";
- Las tareas "C" siempre se hacen cuando pueden encajarlas; Y
- Las tareas "D" generalmente deben ser ignoradas o descartadas.

Cuando ella delega tareas a su personal, ella podría etiquetar cada asignación con una etiqueta coloreada. Rojo significa que debe hacerse inmediatamente (dando un plazo para su finalización). Naranja significa que debe hacerse hoy y verde - debe hacerse cuando el personal tiene tiempo. De esta manera, ella personal no tiene que pasar por la información o correos electrónicos para determinar la prioridad de las tareas.

Nepotismo

'Trabajo como una empresa que promueve el nepotismo. Parece como, si la mayoría de las personas aquí están relacionados o han sido capaces de tener sus amigos personales contratados por la empresa. Yo soy uno de los pocos, que ha obtenido mi posición debido a mi mérito - no por mis genes o por quién sé. ¿Cómo es una persona para sobrevivir este tipo de ambiente, cuando la gente corre en manadas y forasteros no están incluidos en su círculo íntimo?'

Usted ha identificado uno de los problemas que puede traer en la caída de una empresa. Los empleados deben ser contratados por sus habilidades - no por quién saben o con quién están relacionados. Es difícil luchar contra este tipo de batalla y es muy malo que no supieras lo que estabas entrando cuando aceptaste tu posición. A menos que desee pasar su tiempo a solas y luchar contra la mayoría - es mucho más razonable y práctico buscar trabajo en otro lugar.

Tratando con Situaciones Difíciles

No cumplirá las promesas

'Me han prometido que la compañía pondrá en práctica mi nueva forma de hacer una tarea, pero he esperado cuatro meses para que esto suceda. También me dijeron que podría tener mis vacaciones anuales en junio, ahora se encuentran que el supervisor ha cancelado todo el tiempo libre para el mes de junio. Parece romper sus promesas sin razón.'

Los supervisores no deben hacer promesas a menos que tengan la intención de mantenerlas. En el futuro, trate de obtener estas promesas por escrito (cubrir su culo) y el seguimiento más tarde si las promesas no se mantienen. Continúe preguntando a su supervisor cuando su nueva manera será implementada y describa las dificultades que su licencia anual está teniendo en su familia. Cuando el supervisor haga promesas en el futuro, pregunte: *'¿Puedo contar con usted para hacer esto, porque estaré muy decepcionado si niega su promesa?'*

Supervisor inmaduro

'Aunque mi supervisor está en la treintena y es diez años mayor que yo, me parece ella es muy inmadura en cómo se acerca a su trabajo." Ella Da instrucciones, luego diez minutos más tarde cambia la forma en que quiere que se complete. Ella chismorrea con su personal, cuenta bromas y visitas con su personal para discutir asuntos de familia. Al aceptar tareas para su personal, ella no deja de pensar si podemos manejar la carga extra o no. Mi supervisor no parece capaz de decir "no" a otros. No creo ella tenga lo que se necesita para ser un supervisor.'

Algunos que están apenas en sus años 20 tempranos, hacen a supervisores maravillosos, mientras que otros en sus años 40 o cincuenta todavía no tienen bastante madurez para supervisar al personal. Parece como si ella no ha tenido entrenamiento de supervisión y no parece seguro sobre cómo ella debe hacer su trabajo. Es probable que no tenga que hacer nada acerca de la situación. La alta gerencia pronto verá que ella no es la persona para el cargo.

Ella posiblemente podría fallar, así que ¿por tu no obtener entrenamiento de supervisión para que pueda estar listo para intervenir si ella ve obligada a dejar el puesto?

CAPÍTULO 2

SITUACIONES DIFÍCILES - SUBORDINADOS

¡Odio ser un supervisor!
'No me di cuenta la responsabilidad que acepté cuando acepté tener una promoción a la posición de Supervisor de la oficina. Esta posición quiere más de mí de lo que esperaba.'

La mayoría de los supervisores (en algún momento u otro) se preguntan: *'¿Qué estaba haciendo cuando acepté esta posición? ¡La posición es dos veces tan dura como pensé que sería! ¡Todo el mundo está tirando de mí - mi jefe de arriba, mi personal de abajo y mis nuevos compañeros de trabajo (otros supervisores) de lado - y luego está el sindicato! ¿Cómo va una persona a hacer frente?'*

Si usted siente que está en *"sobre su cabeza"*, asegúrese de tomar inmediatamente un curso de supervisión. Las empresas que nombran a un empleado a un puesto de supervisión o de gestión sin proporcionarles una formación adecuada están poniendo al empleado a fallar.

El secreto de esta transición es conocimiento. Saber lo que te espera y cómo debe manejar diferentes situaciones son las claves de supervisión exitosa. Ya no eres sólo responsable de sus propias acciones, pero usted será responsable de su personal también. Esta es la gran diferencia entre ser un trabajador y un supervisor. Supervisores también deben ser buenos líderes, gestores de buen tiempo y solucionadores de problemas, tienen altas habilidades interpersonales y ser capaces de reuniones de Cátedra.

¿Qué es un Supervisor?

Un supervisor es quien es responsable de conseguir trabajo a través de otras personas mediante la planeación, organización, dotación de personal, dirigir y controlar. Esto incluye supervisores administrativos, capataces, gerentes, ejecutivos y C.E.Os.

Supervisión no es fácil - es difícil para algunos a pasar de que me digan qué hacer, a tomar decisiones por los demás. También es difícil confiar en otros que terminen las tareas para las cuales usted (el supervisor) rindan cuentas.

Aquí están algunos términos que se refieren a la supervisión:

Responsabilidad:
Estas son las tareas reales que requieren finalización por usted o un miembro de su personal.

Autoridad:
Esto significa que la persona que tiene la responsabilidad de completar la tarea y la autoridad para completar la tarea. El supervisor delega esta autoridad al miembro del personal. Por ejemplo: Usted ha dado a uno de su personal la responsabilidad de ordenar suministros de oficina para su unidad. El empleado hace una lista de lo que otros miembros del personal requieren y lleva esa lista al Depósito de Suministros. El Encargado de Abastecimiento se niega a llenar el pedido y dice: *'No tienes autoridad para firmar.'* Usted cometió un grave error, causó vergüenza a su empleado y perdió un tiempo valioso porque no le dio a la persona la autoridad para completar la tarea.

Otro supervisor le preguntó a uno de sus colaboradores para ir al Departamento de recursos humanos para recoger el archivo del personal de un miembro del personal. Porque el archivo era confidencial, el departamento requiere permiso escrito para liberarlo. El empleado regresó sin el archivo. Por lo tanto, asegúrese de que su personal tiene la responsabilidad (la tarea sí mismo), pero también la autoridad para cumplir con la obligación.

Rendición de cuentas:
Muchos supervisores creen que, si delega una tarea a un empleado, pueden separarse de la responsabilidad de esa tarea. Esto no es así. Hay dos niveles de rendición de cuentas:

1. Delegar responsabilidad:
El supervisor le da la responsabilidad (tarea) al empleado y hace el empleado responsable de la tarea.

2. Responsabilidad final:
El empleado es responsable ante el supervisor por la tarea, pero la responsabilidad final permanece con el supervisor que delegó la tarea. Debido a que los supervisores tienen esta responsabilidad final, el personal puede hacer que su supervisor se vea bien o mal. Es por eso por lo que es esencial que los supervisores deben ser responsables de disciplinar al personal y realizar evaluaciones de desempeño cuando las tareas no se han realizado correctamente.

Supervisor tiene rabietas
'Uno de mis supervisores tiene rabietas. Él Jura, golpea hacia abajo el teléfono, le tira cosas a la pared y tiene un fósforo de grito con nadie al alcance. Él reprende a su personal y disciplina en público. Mi personal

se pone muy molesto cuando estás expuesto al comportamiento de este hombre (¡y yo también!)'

'Sé que tengo que intervenir para evitar que esto suceda en el futuro, pero no tengo las habilidades de gestión para hacer frente a un problema de esta magnitud. ¿Qué debo hacer para detener este tipo de comportamiento disruptivo?'

¿Cómo lo hizo alguna vez contratar tal tirano? Alguien se deslizó para arriba cuando hace referencia en el empleado. Este empleado está utilizando un comportamiento agresivo y abuso de su posición de poder. Él ha probablemente a hacerlo en sus posiciones anteriores así. Este empleado está usando un comportamiento agresivo y está abusando de su posición de poder. El empleado probablemente actuó de la misma manera en sus posiciones pasadas también. ¡Si permite que el comportamiento de este empleado continúe, su negocio podría ser acusado de acoso a menos que haga algo para detener este comportamiento - ahora!

Los adultos que todavía recurren a los berrinches para conseguir su manera están actuando como niños. Usan berrinches porque han aprendido que pueden conseguir lo que quieren gritando y actuando. A menudo carecen de las habilidades de comunicación que les permiten utilizar la diplomacia para hacer el trabajo a través de sus empleados. Les gusta el control que tienen sobre los demás y disfrutar viendo a todos saltar a la acción. La mayoría de ellos necesitan entrenamiento en cómo manejar su ira.

No espere a que el próximo episodio explosivo entre en erupción. Llamarlo a tu oficina y confrontarlo con su comportamiento inaceptable. Utilice los hechos. Relacionar exactamente lo que fue testigo y escuchado. A continuación, relacionar las repercusiones que el comportamiento causó no sólo a él compañeros de trabajo y personal sino también a tus clientes que pueden haber visto el mal comportamiento. Pídale que explique por qué actuó de la manera que lo hizo.

Dígale que está abusando de su posición de poder y que su comportamiento es una forma de intimidación y acoso. Dígale, *'Tus acciones son tan serias, que voy a colocar una advertencia por escrito en tu expediente personal'*. Le aconsejo que busque consejería para ayudarle a lidiar con su ira. Sea claro acerca de lo que hará (consecuencias) si el comportamiento destructivo continúa.

Confrontarlo con su comportamiento, podría iniciar un diálogo que le hará ver cómo su comportamiento destructivo está afectando, no sólo a sus aspiraciones profesionales, sino también a su relación con los demás. Seguimiento con las consecuencias si el empleado continúa abusando de otros.

Este tipo de comportamiento a menudo garantiza una o dos advertencias escritas y luego la persona es generalmente despedida. Es esencial mantener una documentación detallada y objetiva de lo ocurrido, en caso de que el miembro del personal decida acusar a su empresa de despido injustificado.

Ayudar a sus empleados a aceptar cambio

Bill Evans decidió actualizar su sistema informático para aprovechar las ventajas de un nuevo programa de computadora él le Ahorre tiempo, esfuerzo y dinero. Su preocupación era que su ayudante era la clase de persona que se muestran reacios a todo cambio. Él no estaba mirando adelante a diciéndole sobre los equipos actualizados y sistemas que estaba planeando instalar.

Cuando supervisores desean hacer cambios en los métodos para completar las asignaciones de sus subordinados a menudo está sorprendidos por la resistencia que se encuentran. Esto es especialmente cierto debido a los rápidos cambios en tecnología que pueden tomar un considerable esfuerzo y tiempo para poner en su lugar.

Una de las principales cosas que la gente hace cuando quieren o tienen que implementar un cambio es bucear justo y simplemente hacerlo. Desafortunadamente, la mayoría terminan encontrándose con la resistencia de aquellos que son personalmente afectados por el cambio. Los supervisores deben ser conscientes de las etapas que la gente pasa para adaptarse a los cambios que pueden ayudar a su personal hacer posible la transición. Hay cuatro etapas principales, la gente pasa cuando el cambio se implementa:

1. **Desbloquea.** Durante esta etapa inicial, los empleados necesitan abandonar su forma habitual de hacer las cosas e identificar nuevos métodos. Esto implica romper los viejos hábitos. Las personalidades orientadas al detalle probablemente resistirán.
2. **Cambio.** El supervisor explica el nuevo patrón de comportamiento o nueva forma de hacer algo. Antes de hacer esto, el supervisor debe identificar las ventajas del cambio y estar preparado para la resistencia determinando maneras de superar esas objeciones esperadas.

3. *Uso de un nuevo método* Los empleados que utilizan el nuevo método son supervisados hasta que se convierte en automático. Los supervisores deben vigilar a aquellos que pueden estar determinados a seguir haciéndolo de la vieja manera. Esto puede llevar hasta tres meses de vigilancia constante.
4. **Compromiso.** Personas están listas para utilizar la nueva forma y se convierte en automática.

Planificación antes de implementar el cambio eliminará muchos obstáculos. Aquí están los pasos a seguir cuando sea necesario implementar el cambio:

1. Escribir abajo la actual manera la tarea se lleva a cabo. Ser específicos incluyendo el qué, dónde, Cuándo, quién y de cómo.
2. Identificar los pros y contras (ventajas y desventajas) del método antiguo.
3. Escriba el nuevo método - sea específico.
4. Identificar los pros y contras (ventajas y desventajas) de hacer el método de la nueva manera.
5. Tormenta cerebral (solo o con la ayuda de otros) para encontrar soluciones a las desventajas de hacer las cosas de la nueva manera.
6. Anticipar y prepararse para tantas objeciones como sea posible. Identificar las objeciones y tratar de desarrollar un plan para el manejo de cada protesta o minimizar sus consecuencias negativas.
7. Considere traer objeciones significativas, en vez de esperar que otros lo hagan. Luego explicar cómo éstos pueden superarse.
8. Pide a sus empleados para explicar sus objeciones en términos muy específicos con ejemplos.
9. No ser contenido con razones superficiales para la resistencia al cambio. Cavar hasta que descubres las verdaderas razones.
10. Si puede, elabore una manera práctica de superar cada objeción.
11. Si eres incapaz de superar una objeción, trate de encontrar una manera de compensar lo.
12. Rally suficientes beneficios para ganar apoyo y cooperación a pesar de su oposición de la persona.
13. Encontrar una manera de aliviar la mente de la persona, para que sea menos riesgoso que ir junto a ti, a pesar de su objeción.
14. Con objetores habituales o crónicos, introduce tu idea gradualmente. No trate de obtener la aceptación o el cumplimiento inmediato. Dale la oportunidad de acostumbrarse gradualmente a la nueva idea. La objeción podría ser sólo una táctica dilatoria - la resistencia natural de la persona a aceptar cualquier cambio.

15. Comience a usar el nuevo método.
16. Seguimiento para asegurarse de que su personal no resbalarse hacia atrás a la vieja manera de hacer las cosas.

El empleado de Bill Evans necesitará saber que ella recibirá entrenamiento adecuado y tendrá ayuda si se tropieza con problemas. La mayoría de las compañías de computadoras que proporcionan nuevo hardware y software, tienen líneas de ayuda de veinticuatro horas. Dele bastante tiempo para que ella haga el cambio de usar el sistema viejo al nuevo.

Supervisor mujer joven

'Porque tengo varios años de experiencia en una oficina y he terminado el entrenamiento de supervisión, he sido nombrado a un puesto como supervisor de nuestra división de marketing. Tengo sólo veintisiete años, y me encuentro con la resistencia de las mujeres que superviso, muchas de ellas son lo bastante mayores como para ser mi madre. Varios de ellos tienen de diez a quince años de experiencia, pero fui elegido porque ninguno de ellos tenía formación de supervisión. Algunos de mi personal son abiertamente hostiles a mí y no cooperarán. ¿Cómo puedo lidiar con este tipo de problema?'

En el pasado, la mayoría de las mujeres no eran consideradas para puestos de supervisión hasta que tuvieran muchos años de experiencia. Debido a que las mujeres en estos días están obteniendo más educación - en lugar de comenzar su vida laboral en puestos de apoyo, que son nombrados a una posición de primera línea de supervisión. Esto puede causar algunos problemas únicos. Uno es el dilema de supervisar a las mujeres lo suficientemente mayores como para ser sus madres.

Tradicionalmente, la sociedad nos enseñó que la mujer mayor - por lo tanto, la madre o la tía - sabe más, debe ser tratada con deferencia y respeto. Cambio de roles es inquietante el supervisor femenino joven (quien repentinamente en la posición de los padres) y la más empleada (que ahora está en la posición del niño busca aprobación). Sin embargo, las mujeres mayores podrían ser acusadas de insubordinación debido a su comportamiento hostil y poco cooperativo.

Lydia, la joven supervisora, pronto se dio cuenta de que tenía que limpiar el aire con sus subordinados. Llamó a una reunión con ella personal y les preguntó cómo podía facilitar la transición para ellos. Al principio hubo silencio, pero finalmente Betty (una de las mujeres menos hostiles) explicó que todo el mundo se molestó cuando fue contratada. La mayoría de ellos consideró que uno de ellos debería haber sido ascendido a la posición cuando quedó vacante.

'¿Sabes por qué eso no ocurrió?' preguntó Lydia.

Nadie parecía capaz de responder, así que Lydia agregó: *'Fui nombrado específicamente porque he recibido entrenamiento de supervisión. ¿Alguno de ustedes ha entrenado en esa área?'*

'Me pusieron en una posición de supervisión cuando mi jefe estaba enfermo,' respondió un empleado.

'Eso es excelente en términos de desarrollo, pero a menos que haya tenido un entrenamiento de supervisión adecuado, manejar un trabajo de supervisión puede ser abrumador. ¿Cuántos de ustedes solicitaron una posición de supervisión?'

Tres mujeres respondieron que lo habían hecho.

'¿Quiere asegurarse de que no le pasarán por alto en el futuro?'

Hubo un resonante *'¡Sí!'* De los tres.

'Bueno, veamos si podemos tu ponerlo en el programa de entrenamiento de supervisión. De esa manera, no tú se pasará por alto en el futuro. Haré todo lo posible para ayudarte a obtener ese tipo de posición, pero tendrás que hacer tu parte actuando bien y obteniendo el entrenamiento necesario. Estoy contando con todos ustedes para cooperar y hacer su trabajo correctamente.'

Linda miró a cada miembro del personal y preguntó: *'¿Puedo contar contigo para hacer esto?'*

Una empleada, Julie, parecía renuente a comprometerse con ella, así que Linda sabía que tendría que vigilar su actuación. Pronto la baja productividad de Julie hizo necesario que Linda hablara con ella sobre su comportamiento. Explicó de nuevo lo ella que esperaba de Julie, y cuáles serían las consecuencias si continuara produciendo informes descuidados. También explicó que las acciones de Julie eran insubordinación, y que podría ser despedida si el comportamiento continuaba.

Desafortunadamente, Julie nunca aceptó a Lydia como su supervisor. Ella continuó su comportamiento y tuvo que ser despedida.

Lydia mejoró en cambiar el comportamiento de sus otros empleados. Cuando Linda notó un cambio en la actitud y productividad de su personal, les agradeció por su cooperación.

Tratando con Situaciones Difíciles

Dos de las mujeres pidieron y recibieron entrenamiento de supervisión.

Otro problema que los supervisores pueden encontrar es la diferencia en el servicio prestado por el personal de apoyo (principalmente mujeres). En el pasado, la mayoría salió de su manera de mantener a sus jefes (generalmente hombres) organizados, a tiempo y cómodo. Alimentaron a sus jefes (les trajeron café) les recordó los nombramientos, abrió y ordenó su correo. Pero cuando una mujer es promovida a esa misma posición, la ayuda puede no venir a menos que el nuevo supervisor corrija la situación. Ella le diría a su personal que espera el mismo tipo de tratamiento dado al ex supervisor masculino.

Mujeres supervisando a los hombres

'No tengo problemas para supervisar a las mujeres, ¡pero tienen problemas cuando se trata de supervisar a los hombres!'

Angela es una diseñadora que supervisa a cuatro tecnólogos varones. A pesar de que ella explica claramente cómo quiere completar las tareas, los hombres siguen haciendo las cosas *"a su manera"*. Afortunadamente, antes de aceptar su posición, había obtenido entrenamiento de supervisión que la preparaba para actuar con confianza.

Cuando uno de sus subordinados masculinos se negó a hacer una tarea a su manera (que era otro acto de insubordinación), Angela llevó a cabo una entrevista disciplinaria y documentó cuidadosamente la entrevista. Ella entonces colocó una advertencia escrita en el archivo del empleado que identificó que el empleo con la compañía sería terminado si un incidente similar sucedió en el futuro.

Si usted es una mujer, ¿se habría sentido confiado haciendo esto? Si está planeando subir la escalera corporativa, es probable que supervise a los hombres en el futuro. Asegúrese de estar preparado para manejar ese tipo de situaciones.

Contrató a la persona equivocada

'Hace dos meses contraté a un empleado, pero él resultó ser totalmente inaceptable. ¿Cómo puedo estar seguro, que la próxima vez voy a elegir la persona adecuada?'

Si los reclutadores, los supervisores y los gerentes no toman suficiente tiempo al contratar empleados, encontrará que se han establecido para un período de miseria. Pueden ocurrir problemas si:

- Las preguntas correctas no se hacen en la entrevista;

Tratando con Situaciones Difíciles

- Los entrevistadores no tienen suficiente conocimiento para contratar personal competente; o
- Las referencias no se comprueban correctamente.

Las empresas pueden terminar con un verdadero perdedor que en lugar de ayudar a su empresa con la producción causar más trabajo a largo plazo. ¿Ha contratado a alguien y ha aprendido que:

a) ¿Te han mentido acerca de cuánto tiempo habían trabajado para una empresa?
b) ¿Te dijeron que tenían más experiencia de la que tenían?
c) ¿No encajaban con el personal existente?
d) ¿Tenían una mala ética de trabajo?
e) ¿No podrían manejar los deberes de la posición incluso después de la formación considerable?
f) ¿Estaban en una longitud de onda diferente que tú?
g) ¿Resistieron hacer las cosas a tu manera?
h) ¿El empleado requiere instrucciones muy detalladas para hacer algo?
i) ¿La persona no tenía las habilidades de comunicación necesarias para tratar directamente con los clientes?
j) ¿La persona tiene una actitud negativa y quejosa que afecta la moral del resto de tu personal?
k) ¿Su empresa ha instalado un nuevo sistema informático, pero el nuevo empleado no está dispuesto o no puede recoger la nueva tecnología?
l) ¿La persona parecía muy presentable en la entrevista, pero incluso después de varias discusiones, su apariencia cotidiana deja mucho que desear?
m) ¿La persona procrastina y los plazos no se cumplen?
n) ¿El empleado es perfeccionista en todo lo que hace y pierde plazos?
o) ¿El empleado es un saber-todo, no sigue las instrucciones, hace las cosas a su manera?

Estoy seguro de que tu han topado con los tipos anteriores de empleados en su situación laboral diaria. Es difícil evaluar si un candidato satisface las necesidades de una posición. A menos que haya tenido años de experiencia, puede ser una experiencia muy intimidante. La entrevista apropiada del empleo, el tamizaje y especialmente el chequear la referencia de los candidatos con los patrones anteriores, habrían eliminado la mayor parte de estos problemas. Por lo tanto, hacer las cosas correctamente antes de que el candidato es contratado es la clave para contratar a la persona adecuada para el trabajo. Si esto requiere la contratación de entrevistas habilidades de formación - asegúrese de obtenerlo, por lo que no contratar a otro empleado inadecuado.

Control de referencia
Formularios de solicitud de empleo

La siguiente información debe incluirse en la empresa formularios de solicitud de empleo que protegerá a las empresas de ser acusado bajo la ley de privacidad:

***C

ertifico que las declaraciones hechas por mí en esta solicitud son verdaderas y completas. Entiendo y acepto que una declaración falsa puede descalificarme de empleo o dan lugar a despido.

Se concede permiso {tu nombre} en contacto con mis empleadores anteriores para referencias.

Fecha: ___

Firma: ___

****

Cuando se realizan referencia controles comienzan con el administrador y/o supervisor el pasado y trabajan hacia atrás cronológicamente. Póngase en contacto con al menos dos, preferiblemente tres exdirectivos. Es mejor hablar con los administradores anteriores del solicitante en lugar de alguien en el Departamento de recursos humanos de la empresa anterior.

Quienes han trabajado estrechamente con un ex empleado de saben mucho más sobre sus hábitos de trabajo que sabe al personal del Departamento de recursos humanos. Sin embargo, si el supervisor anterior no está disponible, póngase en contacto con el Departamento de recursos humanos. Referencias que son diez años o más no garantizan normalmente controles de referencia.

Pueden producirse problemas si los candidatos no quieren poner en peligro su posición y pueden haber sido con su actual empleador durante varios años. Se le pueden pedir a los candidatos si hay un miembro o ex miembro de su empresa que comentar sobre su desempeño y sin embargo no poner en peligro su posición con la empresa. Hay un riesgo

Tratando con Situaciones Difíciles

considerable en la contratación de alguien que no estarán de acuerdo con a lo anterior.

Tratar a todos los controles de referencia como altamente confidencial. Son mantener bloqueada en archivos privados - no del empleado personal posterior archivo. Empleadores pueden dude en todo lo que podría estropear la posibilidad del solicitante de ganarse la vida, a pesar de su historial con ellos puede haber sido pobre. Si los antiguos empleadores parecen reticentes a responder a sus preguntas, explique que la información es estrictamente confidencial y **mantenerlo así**. Explique que será muy difícil para usted evaluar al candidato sin referencias. Anímelos a evaluar al exempleado honestamente y sin prejuicios.

Asegúrese de que identificar a sí mismo y la empresa al hacer referencia de cheques. Iniciar la conversación diciendo *'Mr. / Ms_____ ha aplicado a nosotros para una posición y me ha dado permiso para contactar con usted para verificar alguna información él nos ha dado. ¿Te acuerdas de él?'*

Ejemplos de las preguntas que se le pueden pedir al realizar una entrevista de comprobación de referencia son:

- ¿Esta persona se reportó a usted?
- Fechas de empleo;
- Cargo que ocupa;
- Deberes de posición;
- ¿Este candidato supervisó al personal?
- Salario: (asegúrese de distinguir entre el salario base y cualquier beneficio adicional);
- ¿Cómo se relacionó el solicitante con los demás? ¿Subordinados? ¿Clientela? ¿Supervisores?
- ¿Cómo fue la asistencia de los empleados? ¿Puntualidad? ¿Salud general? Si no es satisfactoria, ¿por qué fue insatisfactoria?
- ¿Cómo calificaría el conocimiento técnico del solicitante?
- ¿Problemas o deficiencias?
- ¿Calidad de trabajo?
- ¿Cantidad de trabajo completado?
- Limpieza personal;
- Confiabilidad;
- Cooperatividad;
- Creatividad (si es aplicable);

Tratando con Situaciones Difíciles

- ¿Para qué empresa trabajó el candidato antes de incorporarse a su empresa?
- ¿Para qué empresa trabajó el candidato después de trabajar con su empresa
- ¿Por qué el solicitante dejó su empresa?
- ¿Hay algo más que pueda decirme sobre el candidato?
- ¿Contrataría de nuevo?

Otras preguntas se relacionan con problemas que fueron identificados en el momento de la entrevista y se pueden agregar al formulario de verificación de referencia antes de comenzar la entrevista. Asegúrese de tener en cuenta la fecha, nombre, posición, nombre de la empresa, dirección y número de teléfono de la persona dando la referencia. Concluya la entrevista, agradeciendo a la persona por contestar sus preguntas.

Trabajador agresivo

'Uno de mis empleados parece tener un chip en su hombro y toma ofensa en cada palabra que hablo con él. Él discute con cada comentario otros y generalmente es un dolor en el cuello. Yo le he heredado - ciertamente no habría lo contrató, pero estoy estancado con él y tener que lidiar con su comportamiento agresivo.'

Los sentimientos que provocan una actitud agresiva en empleados están profundamente arraigados. El supervisor enfrenta el problema, de cambiar la actitud o redirigir la agresividad del empleado. Algunas causas relacionadas con el trabajo del comportamiento agresivo del empleado podrían incluir:

1. La inseguridad en el trabajo.
2. Falta de empleado de cualificaciones o credenciales de.
3. Poco reconocimiento por logros del empleado.
4. Infrautilización de habilidades.
5. Falta de aceptación con los grupos de trabajo (incluyendo las diferencias raciales y culturales).
6. No sentirse cómodo en sus ocupaciones.

Aquellos que no creen que encajan en sus posiciones, podrían volverse agresivos con sus jefes inmediatos, la empresa, la alta dirección, y los compañeros de trabajo. Debería hacerse algún esfuerzo para tratar de dirigir las actitudes negativas de la agresión hacia una meta relacionada con el trabajo. Las técnicas que un supervisor podría probar son:

1. Mostrar a los empleados cómo sus compañeros de trabajo cuentan con sus esfuerzos y la importancia de sus puestos de trabajo para la empresa.
2. Hacer que los empleados problemáticos se sientan seguros en sus trabajos.
3. Hay que indicar que, con su formación y otras cualificaciones, tienen la capacidad de hacer algo más que un trabajo satisfactorio.
4. Dar reconocimiento más frecuentemente a los empleados de tendencia agresiva.
5. Llévelos a las conversaciones grupales: pida su consejo.
6. Identificar sus responsabilidades y establecer estándares de desempeño.

Si la actitud del supervisor indica que él o ella se siente que el empleado problema tiene mucho que aportar a la productividad de todo el grupo, el empleado es probable que asuma esa función. Empleados más agresivos son muy orientada al éxito. Su de reconocimiento podría hacer que el empleado establecer metas altas para sí mismo con el fin de lograr un mayor reconocimiento. Canalización de esta energía en la dirección correcta puede ser un gran paso en la dirección correcta para este tipo de empleado.

Baja productividad

El Dr. Daly preguntó cómo podía motivar a uno de sus empleados, una recepcionista / enfermera que había trabajado para él durante tres años. Ella actuación fue rápidamente cuesta abajo. Estaba letárgica, carecía de iniciativa y su sentido de urgencia estaba completamente ausente. Debido a la situación económica, nuestra compañía no ha podido dar aumento de sueldo por más de un año y la situación no era probable que cambiara pronto. ¿Qué otras cosas podríamos haber hecho para motivarla a convertirse en un mejor empleado?

Mucho más está implicado en la supervisión de los empleados que simplemente asignación y comprobación de trabajo, evaluar el desempeño y disciplinar a los empleados. Supervisión de personas es un arte que depende en gran medida de cuán bien personal puede ser motivado.

Supervisores deben observar para el *"efecto Pigmalión"* al tratar de motivar al personal. Si un supervisor cree empleados son inteligentes, él o ella será tratarlos de esa manera. Si un supervisor cree que los empleados son capaces de pensamiento independiente, él o ella será tratarlos de esa manera. Lamentablemente, si el supervisor considera que son perezosos, tonto o lento para recoger nuevas ideas (o con cualquier otro atributo indeseable) a menudo trata de esa manera también. Las personas responden a lo que ellos perciben que se desea de ellos. Si supervisores esperan de alto rendimiento, es probablemente lo obtendrá. Si supervisores esperan que la baja productividad, es probablemente lo obtendrá así.

¿Necesita cambiar su actitud hacia las capacidades de su personal? ¿Están dejando el *"efecto Pigmalión"* influyen en cómo supervisar a su personal?

¿Ha comprobado el Dr. Daly que su empleado tiene una descripción precisa del trabajo con los estándares de desempeño para cada tarea? Ella puede no saber qué esperar de su jefe, así que este es el lugar para empezar. Hable con ella para averiguar lo que tiene que decir sobre su rendimiento letárgico. Algunas personas están motivadas por su interés en el trabajo en sí. Ella puede estar aburrida con su trabajo y necesita aliento para trabajar mejor. Si este es el caso, vea si hay alguno de sus deberes que podrían ser delegados a ella, para ella pueda continuar en una curva de aprendizaje. Si esto no es posible, la rotación de trabajo es otro motivador porque evita que los empleados se aburran con sus tareas. También hay un beneficio derivado, donde, si un empleado está ausente, otro puede tomar el relevo para el empleado ausente. Esto asegura que el trabajo no se acumula para los miembros del personal ausente.

¿Podría el trabajador tener problemas siendo aceptados por ella compañeros o ella podría ser víctima de un choque de la personalidad con otro empleado? Tratar de ayudar a sus empleados a trabajar juntos como un equipo dándoles proyectos de equipo. Si el problema de este último es el caso, intervenir para detener el conflicto.

¿Ella podría tener preocupaciones sobre la seguridad de su posición? ¿Ha sido necesario para que usted corte personal o poner un poco de su personal en el empleo a tiempo parcial? No se olvide de la posibilidad de que esta es la razón de ella falta de motivación.

Aquellos que creen que sus posiciones están en peligro a menudo dejará de tomar cualquier tipo de riesgo al realizar sus tareas. Muchos recurren al desamparo y parece que necesita más dirección de sus supervisores. En lugar de tomar una decisión incorrecta, volver a *"jugar seguro"* y obtener cada tarea nueva aprobado por sus supervisores.

Motivadores de personal

Otros motivadores son el deseo o necesitan de:

Dinero: Muchos supervisores que este es el único incentivo que realmente motivar a empleados. Para algunos, esto es cierto, pero para la mayoría - no

Tratando con Situaciones Difíciles

es cierto. En otros, sólo la oportunidad de ganar más dinero puede ser un motivador (como una posible promoción).

Reconocimiento: Este es probablemente el mejor motivador de todos. Es muy alto en las listas de empleados para el comportamiento más favorable que a su vez les permite recibir más reconocimiento. Una oportuna palmadita en la espalda puede dar vuelta alrededor empleado más letárgico, agresivo o exigente. Si desea aún más impacto, colocar tu alabanza en el papel, por lo que el destinatario puede guardarlo y leerlo cada vez que él o ella desea.

Antigüedad: Los empleados reciben beneficios especiales de la empresa debido al empleo a largo plazo. Sin embargo, esto puede desmotivar a otros empleados más de alto rendimiento que ven la antigüedad como una razón negativa para el reconocimiento y más ventajas.

Sistema de méritos: Esto aseguraría que los empleados recibirán un salario en proporción a su productividad y no a su antigüedad con su empresa. Esto elimina gran parte de la en las empre posiciones innecesarias sus. Aquellos que siempre han esperado sus compañías a protegen su empleo, simplemente porque ellos has trabajado para la compañía durante mucho tiempo - miedo este método.

Estado: Este sería el título de la posición o el empleado de percibe la importancia para la empresa. ¿Por ejemplo, cree que un miembro del personal preferiría el título Junior secretaria o auxiliar administrativo? Estoy seguro, que estarás de acuerdo que auxiliar administrativo suena más importante.

Reto: La oportunidad de crecer, estirar, a utilizar todo su potencial es el motivador para muchos empleados. La idea de ganar es un excita miento definitivo a muchos de los que disfrutar de la apuesta.

Competencia. a aquellos que tienen una naturaleza competitiva (mayoría de los tipos ventas) la competencia es un excita miento definitivo a una mayor productividad. Disfrute de la emoción del reto.

Seguridad: Para los empleados que creen que sus puestos de trabajo están en peligro (o esperando un despido pendiente) haciéndoles saber que su trabajo es seguro (y la empresa es solvente) puede ser la única motivación que necesitan para hacer un buen trabajo. La seguridad se aplica a otros temas de seguridad como la contaminación del aire y fumar.

Falta de seguridad: Si su trabajo está en la línea por baja productividad o comportamiento, que es probable que limpiar su acto y producir más. Esto

Tratando con Situaciones Difíciles

es una motivación negativa, pero puede ser el único motivador para sus empleados más perezoso o aquellos que carecen de dirección y objetivos.

Responsabilidad: Hacer sólo parte del trabajo puede ser un apagón para algunos empleados. Cuando tienen la plena responsabilidad de completar una tarea, sienten un sentido mucho mayor de logro. Dicen: *'Yo estaba a cargo de ese proyecto. Mi jefe dijo que hice un buen trabajo.'*

Oportunidades promocionales: Se trata de un encender para el alto rendimiento o alguien que realmente quiere salir adelante con prisa. Para aquellos que están en el nivel de salario mínimo, puede ser un incentivo para trabajar más duro, para que puedan ganar más dinero.

Formación: Cuando las empresas proporcionan formación a sus empleados, los empleados sienten que la empresa se preocupa por ellos y están interesados en su bienestar. Las empresas que implementan la planificación de la mano de obra usan la capacitación para asegurarse de que su personal existente está listo para oportunidades promocionales. Esto también anima la longevidad con la compañía. Proporcionan el desarrollo de talentos y habilidades de los empleados y les permiten usar la capacitación en el trabajo.

Logro: Muchas empresas hacen anuncios públicos cuando sus empleados logran algo inesperado. *'Me gustaría felicitar a Patti Smith que fue capaz de reanimar a la señora Jones cuando tuvo un ataque al corazón en nuestro lote de estacionamiento de la empresa. ¡Enhorabuena Patti!'*

Premios: Empresas dar premios de asistencia perfecta, premios de ventas, premios de caridad y reconocimiento para el trabajo más allá llamado del deber.

Privilegios extra: Empleadores podrían decidir dejar que sus empleados a ir a casa cuando has completar su trabajo asignado. No hay horas específicas de trabajo - sólo asignadas la cantidad de trabajo.

Beneficios adicionales: Esto podría incluir un coche de empresa, una cuenta de gastos, una oficina de la esquina, su asistente personal, tarjeta de crédito de la empresa, de entradas a conciertos o eventos deportivos o el uso de un condominio en la costa de oro, etc.

Estilo de liderazgo del supervisor: Un buen líder puede motivar a los empleados a dar su mejor esfuerzo, simplemente porque respetan a su líder y quieren hacer lo mejor para él / ella. A cambio, quieren que su supervisor se sienta orgulloso de ellos.

Tratando con Situaciones Difíciles

Horas de trabajo: Las empresas han implementado horario flexible y lo encuentran para ser un gran motivador. Sus madrugadores empiezan a las 7:00 am y salen a las 3:00 pm. Los asistentes tardíos empiezan a trabajar a las 10:00 am y salen a las 6:00 pm.

Compartir trabajo: Esto ocurre cuando dos empleados comparten las responsabilidades de una posición (normalmente a tiempo completo). Algunos dividieron los deberes con una persona trabajando por la mañana, otra por la tarde. En otros casos, los empleados pueden trabajar dos días una semana y tres el siguiente. Es una solución ideal para muchas madres que trabajan con niños pequeños. Los salarios y los beneficios también se dividen por la mitad.

Empresa de eventos sociales: La oportunidad para que los trabajadores a asociarse entre sí socialmente es un buen motivador para algunos empleados. Esto podría tener un equipo de deportes de la empresa, empresa picnic, barbacoa u otro evento social.

La obra: Rotación de trabajo a menudo reduce el aburrimiento de las tareas repetitivas. Existe otro beneficio de spin-off - que de tener más de una persona calificada asumir el control los deberes para un empleado que está de vacaciones o ausente debido a enfermedad.

Ten en cuenta que no es posible motivar a todo el mundo - usted apenas no puede motivar a algunas personas. Con este tipo de trabajador insatisfactoria, iniciar explicando exactamente lo que usted espera de ellos (documento debidamente sus peticiones) y asegúrese de que tienen una buena descripción. Luego les dan una gran oportunidad para mejorar su rendimiento. Si se niegan a cumplir, reemplazarlos con buenos trabajadores. Hay muchas personas excelentes que están desempleadas.

Yo lidero - ¡pero no seguirán!

'Debe haber algo mal con la forma en que estoy tratando con mi personal. Parecen resistir mis esfuerzos para mantener las cosas organizadas en nuestra oficina.'

Sus problemas podrían venir de la manera usted conduce a su personal. Cada miembro de su personal puede tener que ser tratado de manera diferente. Por ejemplo, un empleado puede necesitar ayuda constante de usted, necesita instrucciones paso a paso y rechazar cualquier signo de cambio. Otro podría simplemente quiere que usted explique la tarea y dejar que lo hagan a su manera. Ellos quieren que estés disponible si necesitan ayuda, pero no quieren que *"flotar"* sobre ellos mientras hacen su trabajo.

Tratando con Situaciones Difíciles

Aquí hay siete métodos de comportamiento de liderazgo. Es probable que utilice todos los siete, pero la mayoría de los supervisores encuentran que prefieren los estilos cinco, seis y siete más. Los estilos de liderazgo van desde el liderazgo centrado en el jefe hasta el liderazgo centrado en el empleado. Depende de usted decidir qué estilo se adapta a cada situación:

1. *El supervisor toma la decisión y la anuncia:*

   En este caso, el jefe identifica un problema, considera soluciones alternativas, elige uno de ellos y luego informa de esta decisión a los subordinados para su implementación. Pueden o no considerar lo que creen que sus subordinados piensan o sienten sobre la decisión. En cualquier caso, no ofrecen la oportunidad de participar directamente en el proceso de toma de decisiones. La coerción puede o no ser usada o implícita. Un ejemplo de esto sería cuando una nueva regla de la empresa o la regulación se está establecen.

2. *Supervisor vende la decisión:*

   Aquí el supervisor, como antes, asume la responsabilidad de identificar el problema y llegar a una decisión. Sin embargo, en lugar de simplemente anunciarlo, toman el paso adicional de persuadir a sus subordinados para que lo acepten. Al hacerlo, reconocen la posibilidad de cierta resistencia entre los que se enfrentan a la decisión y buscan reducir esta resistencia indicando, por ejemplo, lo que los empleados tienen que ganar con su decisión. En el ejemplo dado anteriormente, el supervisor daría razones por las cuales se está implementando la nueva regla o regulación.

3. *El supervisor presenta ideas, invita a preguntas:*

   Aquí el jefe ha llegado a una decisión y busca la aceptación de sus subordinados y da una explicación más completa del pensamiento y las intenciones del supervisor. Después de presentar las ideas, preguntas son invitadas para que los asociados puedan entender mejor lo tu están tratando de lograr. Este *"dar y tomar"* también permite al supervisor y los subordinados para explorar más plenamente, las implicaciones de la decisión. El personal está invitado a hacer preguntas sobre el por qué regla o regulación que se están implementando.

4. *El supervisor presenta una decisión provisional sujeta, a cambios:*

   Este tipo de comportamiento permite a los subordinados ejercer alguna influencia en la decisión. La iniciativa para identificar y diagnosticar el problema sigue con el jefe. Antes de reunirse con el personal, el gerente ha pensado el problema y llegó a una decisión, pero sólo una tentativa. Antes de finalizarla, el supervisor presenta la solución propuesta para la reacción de aquellos que serán afectados por ella.

El supervisor dice en efecto, *'Me gustaría escuchar lo que tiene que decir sobre el plan que he desarrollado. Agradecería sus reacciones francas, pero reservará la decisión final para mí.'*

5. **El supervisor presenta el problema, obtiene sugerencias y luego toma la decisión:**

Hasta este punto, el jefe ha llegado antes que el grupo con una solución. No tanto en este caso. Los subordinados ahora tienen la primera oportunidad de sugerir soluciones. El papel inicial del supervisor implica identificar el problema. El supervisor podría, por ejemplo, decir algo así: *'Nos enfrentamos a una serie de quejas de los periódicos y del público en general acerca de nuestra política de servicios. ¿Qué hay de malo aquí? ¿Qué ideas tienes para abordar este problema?'*

La función del grupo se convierte en uno de aumentar la gama de posibles soluciones del supervisor al problema. El propósito es capitalizar el conocimiento y la experiencia de quienes están en la *"línea de fuego"*. De la lista ampliada de alternativas desarrollada por el supervisor y los subordinados, a continuación, seleccionar la solución que ellos se considera la más prometedora.

6. **El supervisor define los límites y pide al grupo que tome la decisión:**

En este punto, el supervisor pasa al grupo (posiblemente incluyéndose como miembro) el derecho a tomar decisiones. Antes de hacerlo, sin embargo, definen el problema a resolver y los límites dentro de los cuales debe tomarse la decisión.

Un ejemplo podría referirse a cómo el personal se ocupa de los niños indisciplinados. El jefe decide que esto es algo que debe ser trabajado por las personas involucradas, por lo que pueden llegar a un plan que sería viable para todo el personal. En este momento, cada miembro del personal se ocupa del problema de forma independiente, con poca orientación o coherencia con los métodos de otros miembros del personal. Debido a que esta es una cuestión tan delicada, el jefe decidió que una política debe ser escrita e implementada. De esta manera el personal se sentiría más cómodo tratando con los niños indisciplinados cuando en las instalaciones de la empresa. En una reunión de su personal, explica el problema y todo el mundo está invitado a una lluvia de ideas para llegar a sugerencias (algunos podrían ser hilarantes). Se discutirá cada sugerencia seria, se describirán los pros y los contras de cada sugerencia y, a continuación, el grupo decidirá qué método utilizarían.

La misma táctica podría ser usada para implementar horario flexible - que quería trabajar de siete a tres; Ocho a cuatro; O nueve a cinco. Debido a que todo el grupo está involucrado en la toma de la decisión, hubo pocos quejidos después de que el sistema se pone en su lugar.

7. *El supervisor permite al grupo tomar decisiones dentro de los límites prescritos:*

Esto representa un grado extremo de libertad de grupo, sólo ocasionalmente encontrado en organizaciones formales, tales como grupos de investigación. Aquí el equipo de gestores se encarga de la identificación y diagnóstico de un problema, desarrolla procedimientos alternativos para resolverlo y decide sobre una o más de estas soluciones alternativas. Los únicos límites que la organización impone directamente al grupo son los especificados por el equipo, sin más autoridad que cualquier otro miembro del grupo, y acuerda de antemano ayudar en la implementación de cualquier decisión tomada por el grupo.

Puede utilizar este sistema cuando un miembro del personal quiere que el resto del personal conozca información importante que pueda afectar su trabajo. Por ejemplo, un miembro del personal se da cuenta de los cambios en el sistema de información de la empresa y llama a una reunión para describir al resto del personal. Otro miembro del personal puede convocar una reunión para discutir los cambios que se harán en su sistema de archivos. Otra persona puede hacer un seguimiento del tiempo de vacaciones, así que llame a una reunión para preguntar al personal cuando planean tomar sus vacaciones anuales.

Cuando era Gerente de Recursos Humanos, usé este método cuando estaba configurando un programa de orientación para mi empresa. Se invitó a los directores a una reunión en la que discutieron qué debería incluirse en el paquete de orientación para los nuevos empleados.

Abuso de rotura de café y humo pausas:

'Uno de mis técnicos abusa de sus pausas de café. Sus pausas de café son cada vez más largas cada día, y él está estableciendo un mal ejemplo

para el resto del personal. Otro empleado toma pausas de humo de cinco minutos cada hora.'

Los estudios indican que algún tipo de interrupción en las horas de trabajo aumenta la producción. Algunas empresas permiten que sus empleados tengan su café y refrigerios en sus escritorios. Esto tiende a encajar en el flujo normal de trabajo. Cualquier congregación está desalentada. Muchos empleados no interrumpen el flujo de trabajo, porque a menudo no les importa tener algo de comer.

El segundo tipo es un tiempo de parada de trabajo, donde los empleados se reúnen en un comedor o cafetería. Los supervisores deben desalentar a los empleados de disminuir la velocidad en previsión de la pausa para el café. Al final del descanso, debe comenzar la reanudación del trabajo; De lo contrario, el descanso de quince minutos de café puede extenderse cinco minutos antes y luego al menos cinco minutos más tarde. El personal de supervisión debe ser visible inmediatamente antes y después de la pausa para el café. Pueden hacer observación directa de los abusos y fomentar un uso más productivo del tiempo. La entrega de asignaciones, comprobación de progreso y otras funciones de monitoreo se pueden hacer antes y justo después del receso.

A pesar esfuerzos, algunos empleados utilizarán sus descansos laborales para socializar y perder el tiempo. Los supervisores deben responder a esos abusos y restringir la actividad excesiva de descansos laborales.

Aquellos que fuman deben saber que se les da el mismo tiempo total durante el día que otros se permiten para las pausas de café. Por lo tanto, si los descansos laborales son normalmente quince minutos por la mañana y por la tarde - la persona tendría derecho a los mismos descansos durante el día - pero no hay tiempo adicional de cada hora para fumar.

La hora del almuerzo demasiado larga

'Marty, mi contable, toma tiempo extra durante el almuerzo, ¿qué debo hacer al respecto?'

Abusos como lavarse las manos y prepararse para el almuerzo, y la organización después del almuerzo, se suma a una gran pérdida de tiempo de producción. Además, el tiempo pasado en la cafetería puede aumentar si no se hace ningún esfuerzo para detener este abuso. Los pocos empleados que salen con almuerzos largos a menudo tienen efectos adversos en la moral del personal. El supervisor debe confrontar a la persona y decirle que está abusando de sus privilegios de almuerzo.

Tratando con Situaciones Difíciles

Después del almuerzo, el supervisor debe estar disponible para evaluar a los empleados. Hay varias posibilidades para la disciplina, incluyendo no pagar por tiempo mal gastado, pobre productible, disminuir las horas extraordinarias, y cambiando el almuerzo para algunos de los empleados problemáticos.

Comienza diciendo: *'Marty, veo que todavía tienes dificultades para volver a trabajar a la una. A partir de mañana, intentemos que su hora de almuerzo comience a las doce y media y vea si eso es mejor.'*

Llamadas telefónicas personales

'Uno de mis empleados, Shelly, pasa mucho tiempo haciendo o recibiendo llamadas telefónicas personales.'

Para los supervisores, nada puede ser tan molesto como ver a un empleado recibiendo o iniciando un número excesivo de llamadas telefónicas personales. No es sólo que las líneas telefónicas de la compañía están siendo atadas, pero el flujo de trabajo del empleado se interrumpe. Las llamadas personales de un empleado deben ser sólo para situaciones de emergencia. Después de todo, él o ella está en un lugar de negocios y los requisitos personales deben esperar hasta los descansos o después del trabajo.

Podrías decirle al abusador del teléfono, *'Shelly, cuando usas el tiempo de la empresa para llevar a cabo negocios personales, ya sea una llamada telefónica, chismes o simplemente hablando de lo que hiciste el fin de semana, estás usando parte del presupuesto de mi oficina. Esto no puede continuar.'*

También puede:

1. Pídale que informe a sus amigos y familiares acerca de la política de la compañía. Reservar los teléfonos para llamadas importantes o de emergencia no puede eliminar las llamadas frívolas por completo, pero hará que los empleados justos sigan las reglas.
2. Si su empresa no tiene correo de voz, pida a la recepcionista que pregunte cualquier persona entrante: *'¿Puede decirme el motivo de su llamada o es una llamada personal?'* La pregunta puede ser suficiente para avergonzar a la persona que llama sin ser demasiado invasiva. Tal pregunta tiende a reducir las llamadas y su duración. O la recepcionista podría rastrear tales llamadas por uno o dos días y presentar el informe al supervisor. El supervisor debe tener entrevistas de seguimiento con los empleados que continúan haciendo excesivas llamadas telefónicas personales y comenzar a colocar advertencias por escrito en sus registros.

Problemas étnicos

'Uno de mis empleados está constantemente haciendo insultos étnicos hacia un compañero de trabajo. Sé que tengo que intervenir, pero ¿qué debo decirle?'

La mayoría de las fuerzas de trabajo (si están en conformidad con la ley) son una mezcla de personas de diferentes orígenes étnicos. Dar la otra mejilla o tolerar un insulto étnico, ya sea contra un compañero de trabajo, un supervisor, un cliente o alguien en público, es la mala gestión. Un insulto étnico es destructivo de la porción de público-bueno de la imagen de la empresa y puede deshacer los esfuerzos puestos en las relaciones humanas entre los empleados.

Chistes que avergonzar o herir a alguien, no son bromas en absoluto. Los comentarios de este tipo deben ser desalentados tan pronto como alguien empiece *'¿Has oído el de la ...'*

Los gerentes nunca deberían bromear a sabiendas sobre el origen de alguien ni su apariencia personal, ni tampoco deben condonar tal comportamiento por parte de sus empleados. Tal comportamiento puede afectar seriamente a un individuo. Los comentarios étnicos provienen de prejuicios, no de hechos. El prejuicio supone que hay un estereotipo de un grupo étnico. Utilice recordatorios como, *'No pensé que fuera gracioso, Paul...'*

Esto demuestra su desaprobación y hace a empleados más enterados que usted está desalentando ese tipo de broma. El rechazo de un supervisor de una broma perjudicial es indicativo de la actitud de la alta gerencia hacia cualquier tipo de sesgo. A veces una sesión privada con el delincuente es necesaria. Si el empleado insiste en que las observaciones son *"inofensivas,"* el supervisor debe intervenir para detener sus acciones.

'Paul, si son inofensivos ... entonces no tienen sentido, así que mantén tus pensamientos para ti.'

Si el problema continúa, el supervisor debe decir: *'Paul, se hace una nota en cada evaluación de desempeño sobre cómo los empleados se llevan bien con los otros empleados (o clientes, etc.). No quisiera hacer un comentario en su registro de personal que usted no se lleva bien, pero eso es lo que tendré que hacer si sigue haciendo las observaciones de las que le he advertido. ¿Lo entiendes?'*

Tratando con Situaciones Difíciles

O, conduzca una entrevista disciplinaria formal explicando las consecuencias a Paul si él continúa actuando como él tiene en el pasado.

Empleados pasando la responsabilidad

'María tiene el hábito de pasar la responsabilidad a otro personal cuando ella es responsable de un error. ¿Cómo puedo hacer ella que admita esos errores?'

Los empleados que pasan la responsabilidad pueden convertirse en expertos en explicar por qué ciertas tareas son responsabilidad de otra persona. Ellos dicen: *'¡No sabía que yo era responsable de eso!'* cuando ella supervisor pasó horas explicando cómo hacer eso. Otros se niegan a admitir que han cometido un error. Ellos dicen: *'¿Por qué me culpas? ¡No lo hice!'*

La mayoría de la gente toma la culpa por sus propios errores. Sin embargo, en nuestro entorno de gestión más complejo, cada vez es más importante evitar incluso errores menores. El desvío de dinero es a menudo causado por el fracaso de un supervisor de delegar la responsabilidad apropiadamente o porque hay una falta de descripciones de puestos actualizadas. Todos los empleados deben tener uno. Cada tarea debe tener un estándar de desempeño, de modo que tanto el empleado como el supervisor puedan ver qué tan bien está haciendo el empleado. Esta descripción debe actualizarse regularmente (preferiblemente en el momento de la evaluación del desempeño).

Ese tipo de comportamiento puede conducir a mentir, engañar y esconder errores para que nadie los encuentre. El ocultamiento de errores operacionales causa daños irreparables a la empresa. Los fallos del servicio pueden ser costosos. Primero, está el costo de reemplazo inmediato del servicio. En segundo lugar, la imagen de la empresa podría verse dañada para que las ventas o los servicios se vean reducidos.

La responsabilidad de cada empleado no se limita a la capacitación laboral, sino que debe ser reforzada de vez en cuando. Un ejemplo típico podría ser: *'María, tú eres responsable de hacer coincidir correctamente las facturas de carga con el duplicado del informe de recepción.'*

'¿Y si hay diferencias?'

'Es parte de su deber anotar las diferencias en el comprobante a Cuentas por pagar. Cualquier error en la coincidencia será su culpa. ¿Alguna pregunta?'

Incluso si María es muy adecuada para el trabajo, ella va a cometer errores. Sin embargo, ella hará cada vez menos errores y no intentará pasar la pelota de vez en cuando si tú le recuerda su responsabilidad y si ella no es demasiado disciplinada por cualquier error. El exceso de disciplina puede causar excusas como:

'El despachador dijo que estaba bien aprobar billetes de camiones, así que pensé que esto también estaba bien.'

'¡No me culpes por eso! John dijo que estaba bien aprobarlo.'

Poner un ejemplo es importante. El personal de supervisión desalentará el paso de los empleados si, de vez en cuando (en la presencia de sus subordinados) admiten que cometen errores ellos mismos. No todos los errores deben ser admitidos a los subordinados - sin embargo, admitiendo que un error ocasional por parte del supervisor demostrará a otros que culpar a otra persona, es inaceptable.

Evitación de trabajo

'Tengo un empleado perezoso que piensa en muchas maneras ingeniosas de salir del trabajo. ¿Cómo debo tratar con los empleados que no hacen su parte del trabajo o niegan cometer errores?'

El primer paso sería comprobar para ver que la descripción del trabajo del empleado era adecuada. Luego tenga una reunión y discuta cuáles son sus expectativas.

Disciplinar a los empleados puede ser un problema, ya sea que gestione una oficina de negocios o supervise un muelle de carga. Los empleados utilizan una variedad de tácticas para evitar el trabajo. Estar habitualmente tarde y estar lejos de sus escritorios son dos de los trucos más comunes. Tratar con estos empleados mediante la obtención de la mayor cantidad de información fáctica posible para que pueda hacer acusaciones concretas.

Explique que está bien cometer errores, pero no lo tolerará si intenta negar que cometió esos errores.

Interruptores en

'Sally está constantemente interrumpiendo a sus colegas con una pequeña charla e interfiere con el flujo de trabajo de los demás.'

Esto puede ser un miembro del personal particularmente molesto. Un cierto número de interrupciones son parte de cualquier trabajo y nadie espera que los trabajadores se abstengan de algunos intercambios sociales. Es cuando las interrupciones ocurren con demasiada frecuencia, que se requiere acción. Comience por mantener un registro para

Tratando con Situaciones Difíciles

determinar la frecuencia con la que la persona interrumpe a los demás, cuando sucede, y por cuánto tiempo. Luego explíquele a Sally qué pasará si su comportamiento continúa.

Los supervisores también pueden encontrar que una gran parte de su día se gasta con las interrupciones de su personal que a menudo se producen porque los empleados no dependen de sus propias habilidades para tomar decisiones. Cuando del personal llega con preguntas, en lugar de dar automáticamente las respuestas a sus preguntas, el supervisor debe preguntar al miembro del personal: *'¿Qué crees que debes hacer?'* Sus empleados suelen saber lo que deben hacer, pero buscan decisiones del supervisor de todos modos. Darles la oportunidad de aprender que sabían la respuesta antes de que lo pidieran. Pronto se darán cuenta de que pueden tomar muchas más decisiones sin molestar a su supervisor.

Por otro lado, si los supervisores sienten que sus empleados están impidiendo que realicen su trabajo "real", es posible que tengan que cambiar de actitud. Tal vez tratar con las llamadas interrupciones es realmente una parte importante del trabajo - tan importante como tratar con clientes o completar informes. Posiblemente no están proporcionando la formación adecuada para ayudar a personal a ser lo suficientemente independiente como para no necesitar aprobación constante.

Si lo anterior se aplica a usted, pruebe lo siguiente:
- Planee reuniones cortas para discutir problemas y encontrar soluciones a las preocupaciones de los empleados.
- Establecer límites de tiempo para las reuniones y mantenerlas.
- Si su personal no está seguro de qué hacer o entender nivel de autoridad, puede que tenga que actualizar descripciones de trabajo.
- Asegúrese de que su personal esté debidamente capacitado y deles la autoridad para manejar tareas que realmente no necesitan su aportación o aprobación.

El tratamiento silencioso

'Jane usa el tratamiento silencioso para conseguir su camino. Si está molesta por algo, se niega a hablar (lo cual puede durar varios días). ¿Qué debo hacer para cambiar ella comportamiento?'

En la sociedad moderna, los estudios demuestran que los hombres y las mujeres usan el *"tratamiento silencioso"* por igual y ambos necesitan ser desalentados de usar esta forma de agresión indirecta. Ignorar a otros al negarse a discutir temas es manipulador e injusto y resulta en una situación de no-ganancia para ambas partes. Esto no quiere decir que la gente no puede alejarse de una discusión hasta que se calme, pero debe regresar dentro de un período razonable de tiempo y resolver la situación con la otra persona.

Permita que los miembros del personal que utilicen tales técnicas sepan que su comportamiento es un acto de agresión indirecta. Explique que deben discutir y resolver situaciones molestas inmediatamente para que no se acumulen y terminen causando una explosión mayor más tarde.

Cuando a las mujeres se les pregunta por qué usan el tratamiento silencioso cuando tratan con hombres, muchas responden: *'Él nunca me escucha, así que ¿por qué debería molestarme en expresar mi opinión?'* Esta asunción de las mujeres se deriva de las diferencias en los estilos de comunicación masculino / femenino.

Cuando se habla con otros, la investigación muestra que las mujeres se enfrentan a los demás, con los ojos anclados en las caras de los demás. Los hombres se sientan en ángulos el uno al otro, y miran en otra parte de la habitación, periódicamente mirando el uno al otro. La tendencia de los hombres a apartarse de las mujeres en una conversación da a las mujeres la impresión de que los hombres no están escuchando.

Cuando se habla con otros, la investigación muestra que las mujeres se enfrentan a los demás, con los ojos anclados en las caras de los demás. Los hombres se sientan en ángulos el uno al otro, y miran en otra parte de la habitación, periódicamente mirando el uno al otro. La tendencia de los hombres a apartarse de las mujeres en una conversación da a las mujeres la impresión de que los hombres no están escuchando.

Las mujeres también cabeceo con la cabeza mucho más a menudo que los hombres, para demostrar que están escuchando. Hacen mucho más *"ruidos de escucha"* tales como *"um hmmm"*. Vale la pena tomar el esfuerzo de explicar estas diferencias tanto a sus empleados masculinos como femeninos.

Entrevistas de Consejería Difícil

'Uno de mis miembros del personal, Joe, está pasando por un momento difícil en casa, lo que está afectando drásticamente su rendimiento en el trabajo. Parece que su matrimonio está fracasando. ¿Cómo debo acercarme a él para hacerle saber que a pesar de que él está pasando por un mal momento, todavía necesito que haga su trabajo?'

'Uno de mis empleados, Sandra, está obviamente pasando por un momento difícil en su vida personal. Su anciana madre vive con ella y

Tratando con Situaciones Difíciles

Sandra tiene que decidir si debe poner a su madre en un asilo de ancianos. Yo odio a añadir a sus problemas, pero, ella necesidad de mejorar su rendimiento.'

Problemas personales de diversos tipos pueden interferir con el funcionamiento de un empleado en el trabajo, incluyendo:

1. Alta registro ausente;
2. Solicitudes para salir del trabajo temprano;
3. Retraso en el inicio de la obra y en pausas café y almuerzo;
4. Alto número de llamadas telefónicas personales;
5. Tasa de error alta y rompimiento de las reglas de la empresa o la seguridad;
6. Poca respuesta al esfuerzo del grupo;
7. Producción reducida;
8. Mayor fatiga;
9. Disponibilidad reducida de las horas extraordinarias;
10. Días de alta *"enfermedad";*
11. Pérdida de iniciativa;
12. Expresiones de irritabilidad a compañeros de trabajo;
13. Solicitudes de tiempo de vacaciones irregulares;
14. Antagonismo hacia supervisor o administración;
15. Menor capacidad de formación y aprendizaje;
16. Baja lealtad de la empresa; y
17. Tasa de quejas alta.

Estos problemas personales pueden surgir de que garantiza una entrevista de consejería como:

- desintegración familiar
- alcoholismo
- abuso de drogas
- enfermedad en el hogar
- problemas con los niños
- problemas con su cónyuge
- los padres mayores viven con ellos

¿Cómo deben los supervisores lidiar con estos problemas? ¿Están entrenados para manejarlos? ¡En la mayoría de los casos - no, no lo son! Los supervisores deben mantenerse al corriente de dónde puede ir su personal para obtener asesoramiento para resolver tales problemas. Ayúdelos a obtener esta ayuda y luego retroceda. Hacer concesiones en el trabajo si es necesario, pero finalmente se adhieren a los problemas de rendimiento. Manténgase objetivo. Mantenga sus emociones bajo control. Es difícil pensar y responder a la necesidad de un empleado si reacciona con la emoción en sí.

<u>¡La confidencialidad es una necesidad</u>, cuando los supervisores se ocupan de cuestiones de este tipo! El empleado debe ser advertido de que, si es posible, el asunto no va más allá del supervisor. No discuta estos temas con otros a menos, que sean críticos para resolver el problema. El supervisor puede señalar hasta qué punto el desempeño del empleado está por debajo del promedio. Se pueden hacer comparaciones con registros anteriores. El supervisor puede ofrecer ayuda en la solución del problema personal, pero, debe insistir en que desempeño adecuado del empleado debe ser el resultado. Por ejemplo:

'Sé que te estás pasando mal ahora mismo Joe, pero necesito mantener nuestras cuotas de producción. ¿Puedo contar contigo para hacer tu parte?' O:

'Sandra, sé que eres capaz de hacer un mejor trabajo. ¿Hay alguna manera de ayudarte a volver al camino correcto?'

Tenga en cuenta que el problema pertenece a la otra persona - no se responsabilice del problema. Sin embargo, trate de ayudarlos a superar el problema.

Ocasionalmente las entrevistas de asesoramiento pueden resultar difíciles debido a otras razones. Un supervisor observa que un empleado está gruñendo a otros empleados u observa que un empleado parece letárgico y su desempeño laboral es inferior a lo normal. El supervisor llama al empleado para una entrevista de consejería. Cuando se le preguntó: *'¿Qué pasa?'* La breve respuesta puede ser: *'¡No es asunto tuyo!'*

¿Qué dirías si fueras el supervisor de este empleado? Debes decir: *'Sí, es mi negocio Pablo. Siempre que tu comportamiento afecte tu productividad o la productividad de los que te rodean, es mi negocio.'* Entonces, anime el a discutir el problema.

Si todavía se niega a responder: *'Tienes dos opciones. Deme una oportunidad para ayudarle con su problema. ¿Qué has decidido hacer?'* Esperar una respuesta, entonces, hacerle saber que usted espera que su comportamiento para mejorar y decir las consecuencias él no está dispuesto a cambiar.

¿Qué dice un supervisor, si un empleado trae a otros a la discusión? Por ejemplo, *'Joe hace eso todo el tiempo, ¿por qué me estás disciplinando por esto?'* La respuesta del supervisor debe ser: *'Estamos aquí para discutir **su** actuación, no de Joe.'*

El supervisor debe entonces:

- Identificar el comportamiento o el problema de rendimiento, y permitir a la persona a pensar en ello.
- Identificar lo que espera que la persona haga para rectificar el problema y mantener la puerta abierta para discusiones futuras cuando el empleado se haya enfriado.

Esto permitirá que el empleado controle su genio y sea menos emocional o enojado cuando él decide tratar el problema. Cuando llame a un empleado para discutir un problema de comportamiento o producción, tenga en cuenta lo que desea lograr: un cambio en el comportamiento del empleado y / o la productividad, no la represalia.

Cuando un empleado se da cuenta de que el supervisor ha notado un cambio de actitud o rendimiento inferior, el empleado puede resolver su problema por su cuenta. El deber del supervisor es ayudar a un subordinado que tiene un problema personal, si tal ayuda es deseada y posible.

En segundo lugar, existe la obligación para con la empresa, que requiere el mejor rendimiento posible de cada empleado. El tiempo para abordar los problemas personales de un empleado es cuando el supervisor siente que él o ella puede lograr ambos objetivos prestando asistencia mientras mantiene la producción. Un poco de precaución es aconsejable; *el supervisor no debe involucrarse directamente sino como una posible fuente de asesoramiento.*

Abuso de licencia por enfermedad

Cuando Bruce entró en su oficina temprano en el día, se enteró de que dos de sus empleados habían telefoneado para decir que estarían fuera del trabajo ese día. Esto parecía ser una ocurrencia regular y sucedió con demasiada frecuencia. Comprobó sus registros de asistencia y un empleado en particular había estado ausente más de 21 días ese año. No había sido por una enfermedad prolongada, sino por ausencias de dos o tres días a la vez.

Un gran contribuyente a la ruptura de la moral de los empleados es el hecho de que algunos empleados salirse con la llamada en decir que están enfermos - se les paga por el día cuando no estaban enfermos. Si bien es difícil determinar completamente quién está realmente enfermo y quién no lo es, se pueden tomar medidas que probablemente aseguren que no se abuse del privilegio por licencia por enfermedad pagada.

Tratando con Situaciones Difíciles

La mayoría de los empleados irán a trabajar incluso con una secreción nasal y fiebre y se niegan a tomar ventaja de las políticas de pago por enfermedad. Muchos no desean tomar licencia por enfermedades menores, porque pueden necesitar la licencia cuando están *"realmente"* enfermos. Otros sienten que *'nadie puede manejar mi trabajo tan bien como puedo'* y se sienten responsables de continuar su alto rendimiento. Para ellos, es parte de la ética de ser un buen trabajador.

El supervisor debe reconocer los sacrificios hechos por este tipo de empleado. Cuando este tipo de empleado llama enfermo, él o ella está generalmente demasiado enfermo para realizar cualquier tipo de trabajo en absoluto.

Otros empleados estarán ausentes por cada dolencia menor. Consideran la licencia por enfermedad como un derecho y quieren aprovechar al máximo cualquier licencia acumulada. Demuestran poca responsabilidad por su productividad requerida. El hecho de que otros trabajadores necesiten llevar una mayor carga de trabajo, o que su empresa sufra económicamente, es de poca importancia para ellos.

¿Cuántas veces al año un empleado tira de esa línea antes de que él o ella puede ser considerado un ausente crónico? Una compañía dice que ocho o más ausencias durante un período de doce meses indican un empleado problemático.

Cuando este tipo de empleado llama y dice: *'Lo siento jefe, pero no puedo hacerlo hoy,'* una respuesta aparentemente buena puede ser: *'Lo siento tu eres enfermo - permanecer fuera hasta que se sienta mejor.'* Sin embargo, no digas eso No se preocupe: las ausencias crónicas permanecerán fuera hasta que se sientan mucho mejor. Ven la licencia por enfermedad como su derecho.

Para los sospechosos de abusar de este beneficio, el supervisor debe llamar al empleado al final de cada día de trabajo para preguntar: *'Orson, ¿cómo estás? Te he llamado para ver si esperas volver a trabajar mañana.'*

Pueden resultar dos hermosos beneficios derivados. Primero, se ha determinado que el empleado ausente está realmente en casa. (¿Por supuesto, él podría haber estado en el médico - pero cada vez que fue llamado?) En segundo lugar, el empleado que se da cuenta del procedimiento puede ser desalentado de tomar licencia por enfermedades aparentemente menores o para llevar a cabo alguna tarea personal.

Tratando con Situaciones Difíciles

Se acepta generalmente que el ausentismo inocente, incluso si es excesivo, no puede ser motivo de medidas disciplinarias. Por otro lado, generalmente se acepta que la incapacidad de un empleado para presentarse al trabajo de forma regular (por cualquier motivo) puede ser motivo de alta.

Cuando la empresa se enfrenta al problema de un empleado que ha estado ausente del trabajo por períodos de tiempo excesivos (es decir, la ausencia crónica) ellos pueden ser dado de alta si la empresa es capaz de demostrar que no es razonable para la relación laboral continuar. En esos casos:

a. El empleador debe haber documentado las ausencias del empleado, demostrando no sólo que están lejos mucho más allá de lo que consideraría aceptable, sino también que el empleado se ha desviado sustancialmente del nivel medio de asistencia de otros empleados;

b. El empleador debe ser capaz de demostrar que el problema del absentismo excesivo ha sido persistente, y ha continuado a pesar de los intentos documentados por el empleador para que se corrija. El supervisor debe documentar los esfuerzos hechos para aconsejar al empleado, y determinar las razones de las ausencias. El supervisor también debe ser capaz de mostrar que él o ella ha mostrado compasión y ha tenido en cuenta cualquier *"circunstancias atenuantes"* y ha sido paciente con el empleado en el intento de corregir el problema.

c. El empleador debe ser capaz de presentar razones convincentes para explicar por qué él o ella siente que hay poca probabilidad de que el ausentismo excesivo se detendrá. En este sentido, a menudo se recomienda que el empleador reciba evidencia médica para apoyar esta conclusión.

Un empleado había sido inscrito en un programa de rehabilitación de drogas debido al abuso de medicamentos recetados, pero aún tenía muchos días ausentes del trabajo. El empleado siempre daba un certificado médico, pero su supervisor se preguntaba qué tan auténticos eran. ¿Cómo podía asegurarse de que las ausencias de su personal estuvieran porque estaban legítimamente enfermas y no tomaban el día libre por otras razones o había en su había abusado de drogas o alcohol?

Muchos empleados abusan de la licencia de enfermedad de una empresa mediante el uso de licencia por enfermedad por una de las siguientes razones:

- ellos hijos están enfermos;

Tratando con Situaciones Difíciles

- ellos cónyuge está enfermo;
- sólo querían un día libre;
- por *"razones personales"* (demasiado variadas para enumerar); o
- había abusado de drogas o alcohol.

¿Debe un supervisor pagar a su personal cuando están ausentes por este tipo de ausencias? Depende del supervisor y su política de oficina y los acuerdos de licencia por enfermedad. A menos que esté cubierto en esa póliza, la licencia por enfermedad es dada a los empleados por su propia enfermedad, no por la enfermedad de otra persona o por otras razones. Otras compañías ofrecen permisos pagados adicionales tales como licencia de compasión (por enfermedad grave o muerte en la familia) o de servicio de jurado. Todavía otros permiten un número determinado de días para emergencias familiares o enfermedad. Esto se suele incluir en una amplia categoría titulada *"permiso general o personal"*. Esto puede utilizarse para emergencias familiares o personales, pero de nuevo se advierte a los empleados que no abusen del privilegio. Deben requerir el día libre debido a una emergencia legítima.

Entonces, ¿qué puede hacer un supervisor si él o ella siente que los empleados abusan de sus políticas de licencia por enfermedad? Por lo general, un simple recordatorio sobre el abuso de la política de licencia por enfermedad detendrá el abuso. Si las ausencias llegan a ser crónicas, se conviene generalmente que la incapacidad de un empleado de reportar para el trabajo sobre una base regular (por cualquier razón) puede ser motivo para la terminación.

En industrias donde hay una confianza pesada en rendimiento individual y cualquier ausencia es una interrupción en el flujo de servicio a clientes, gestión tiene que confiar más en más rígidos procedimientos de verificación de la enfermedad incluyendo las siguientes:

1. Requiere certificado de médico para tres o más días de ausencia.
2. Certificado de médico para cualquier ausencia debido a enfermedad antes o después de un fin de semana.
3. Completar el examen físico por médico de la empresa si el empleado es ausencia más de diez días en un año.

¿Qué debe hacer el supervisor para cuestionar un certificado médico que verifica la enfermedad del empleado? Él o ella debe investigar. Cuando un empleado es encontrado culpable de falsificar un certificado médico, él o ella debe ser disciplinado. El grado de disciplina depende de las circunstancias del caso.

El Empleado Alcohólico

'Uno de mis empleados, Charlie, ha regresado del almuerzo bajo la influencia del alcohol. Él es enviado a casa cuando esto sucede, pero se ha convertido en una ocurrencia regular. Él ha estado ausente varios días alrededor del fin de semana, que sospecho era porque él bebía y tenía que sobrio. ¿Cómo voy a tratar con un empleado que parece haberse convertido en un alcohólico?'

Supervisores experimentados aconsejarán que cualquier promesa de los empleados de que puedan controlar su hábito de alcohol debe ser vista con sospecha. Ellos no admitirían a sí mismos (mucho menos al jefe) que tienen un problema de beber.

La mayoría de la gente bebe y aunque algunos pueden ser considerados bebedores pesados, no todos se convierten en alcohólicos. Los pocos que lo hacen, pueden ser ayudados si se ofrece ayuda en las primeras etapas. Generalmente, el bebedor que se ha convertido en un alcohólico comenzará a tener un récord de absentismo fuerte - no necesariamente tipificado por el síndrome de lunes y viernes. (Frecuentemente se ha secado el lunes y si el viernes es día de pago él o ella necesita el dinero en efectivo). Se puede esperar asistencia parcial.

Cualquier enfermedad relacionada obliga ellos llegar tarde o se van después del almuerzo. A veces el alimento los hace enfermar o pueden desear satisfacer la debilidad y continuar el beber después del almuerzo.

Cuando se le pregunta acerca de las ausencias, no se puede esperar que el alcohólico admita la causa real, pero ofrecerá otras excusas. Los supervisores deben darse cuenta de que este tipo de problema está fuera de su ámbito de responsabilidad. Los empleados con este problema deben ser alentados para obtener ayuda de su médico de familia, Alcohólicos Anónimos o cualquier otra fuente disponible. El supervisor debe, sin embargo, ser muy firme diciendo al empleado que los fracasos en el desempeño deben ser corregidos y es hasta el empleado para encontrar una manera de lograr esto.

Cuando el problema de absentismo excesivo de un empleado se debe al abuso de drogas o alcohol, el empleador puede despedir al empleado si él o ella es capaz de demostrar que la *"relación laboral"* no puede razonablemente continuar. También, sin embargo, el empleador debe demostrar que él o ella ha reconocido el problema alcohólico como una enfermedad y ha hecho todo lo posible para ayudar al empleado a corregir la enfermedad. Cualquier esfuerzo de rehabilitación será

Tratando con Situaciones Difíciles

cuidadosamente revisado y la empresa debe estar convencida de que no es probable que los esfuerzos de rehabilitación sean exitosos.

Un atributo frecuente del problema con los empleados alcohólicos es que muchos compañeros de trabajo y supervisores desean ocultar el problema. Ellos tienen un deseo de *"ayudar"* al empleado por no informar a los niveles más altos de la gestión que uno de sus empleados es un alcohólico. Por alguna razón, este tipo de encubrimiento no se utiliza con otros tipos de problemas, pero genuinamente peculiar al alcoholismo de los empleados (y el abuso de drogas). Algunas de las razones usadas para cubrir para el alcohólico incluyen:

1. Charlie es un buen trabajador.
2. Él necesita el trabajo y ser despedido realmente le haría daño.
3. Tiene muchos problemas en casa.
4. Él ayudaría a cualquiera si pudiera.
5. Es una enfermedad que no se puede curar dejando saber a la gerencia.
6. Sólo le tomará un tiempo corto para que el sienta sobrio.
7. El trabajo le hizo beber.

En circunstancias como estas, el empleado puede correr círculos alrededor de sus supervisores y compañeros de trabajo que creen erróneamente que pueden ayudar al empleado cubriendo sus acciones. Una manera de superar el ocultamiento de un empleado alcohólico es establecer el expediente recto con todos los alcohólicos:

1. Si el empleado alcohólico conduce hacia y desde el trabajo o usa un vehículo de la compañía, él o ella puede ser una amenaza mortal para él o ella misma, así como para otros en el camino.
2. El alcohólico es una amenaza para su propia seguridad y la de otros mientras está en el trabajo. Si un alcohólico se lastima en el trabajo mientras está intoxicado, él o ella generalmente no puede obtener compensación del trabajador por ninguna lesión relacionada con el trabajo. También: Otros empleados lesionados no pueden recuperar la compensación del trabajador y pueden tener que presentar una demanda personal contra el alcohólico para pagar por cualquier tiempo libre debido a una lesión.
3. Un alcohólico no se cura por alguien cubriendo para él o ella. Él o ella sigue siendo un problema tanto en el trabajo como en casa.
4. Las relaciones sociales de la empresa sufren, si otros grupos en la comunidad ven una tolerancia al alcoholismo en la imagen de la empresa.

Tratando con Situaciones Difíciles

5. Si un empleado tiene contacto con el cliente mientras está intoxicado, él o ella causará una pérdida de ventas e imagen de la compañía.
6. Muchos empleados, clientes y padres de algunos de los empleados más jóvenes, se sienten ofendidos por la presencia de un empleado alcohólico en las instalaciones.
7. Un alcohólico sólo se puede curar con la ayuda de personas experimentadas que son expertos en tales asuntos.
8. Un empleado alcohólico, además de problemas con tardanza y ausentismo, puede:
    o Desobedecer las reglas de seguridad;
    o No cumplen con los requisitos de productividad;
    o Cometer más errores;
    o Beber en el trabajo;
    o Robar la compañía y / o la propiedad de otro empleado; y
    o Alentar a otros a violar las reglas de la empresa

Se anima a los supervisores, gerentes y otro personal a aconsejar a los empleados alcohólicos ellos ven que su consumo de alcohol es un problema, pero harán lo que puedan para ayudar al alcohólico. Mientras que sólo el alcohólico puede dejar de beber, los asociados deben alentar al alcohólico para superar el problema.

Las empresas necesitan estipular que sus supervisores y gerentes no deben ayudar a ocultar a sus empleados alcohólicos.

Área de trabajo desordenada

'Darren es una persona muy desordenada y su área de trabajo siempre está tan llena de cosas que me pregunto cómo encuentra algo. ¿Cómo puedo conseguir él limpie el área de trabajo?'

Los reglamentos de la cubierta de trabajo insisten en que los lugares de trabajo deben mantenerse ordenados. Algunos empleados creen que tener una estación de trabajo limpia no es un requisito del trabajo. Ellos creen que los trabajos pueden ser productivos, no importa cuáles sean las condiciones de limpieza. Sin embargo, algunas de las características que afectan la eficiencia y son evidencia de un manejo deficiente incluyen:

1. Registros o archivos faltantes.
2. Herramientas o equipo perdido o extraviado.
3. Los altos costos de suministro.
4. Cantidad inapropiada de piezas e inventario.
5. Alta contaminación del producto.
6. Los altos costes de la chatarra y tener que hacer el trabajo de nuevo.
7. Mal balance de inventario de productos terminados.

8. Alto tiempo de inactividad de la máquina.
9. Malo historial de seguridad.
10. Baja moral de los empleados;
11. Desinterés por trabajar horas extraordinarias.
12. Problemas de disciplina y rotación laboral.

Una forma de motivar a los empleados para que mantengan un área de trabajo ordenada es dar un buen ejemplo. Si la oficina del supervisor está ordenada y limpia, entonces los buenos hábitos de limpieza son más fáciles de alentar entre el personal. Anime la limpieza diaria al final del día. Si el supervisor detecta a alguien cuya estación de trabajo parece desordenada, pídale que organice la estación de trabajo antes de salir. Para problemas más difíciles, una lista de verificación escrita de las actividades de limpieza se podría dar a los empleados desordenados.

Descuidado o imprudente

'Uno de mi personal termina ella trabajo tan mal, que alguien más tiene que volver a hacer su esfuerzo. Esto a menudo toma más tiempo que la tarea original. Odiaría tener que despedirla, pero a menos que mejore su productividad, me temo que eso es lo que tendré que hacer.'

¿Has tenido claro lo que esperas de personal? ¿Ella descripción de trabajo es adecuada? ¿Describe las tareas ella debe realizar y tiene estándares de desempeño o puntos de referencia que se espera alcanzar al realizar esas tareas? Si no, la culpa podría ser tuya.

O ella posible que haya estado en una *"rutina"*, durante tanto tiempo, que le tomará un esfuerzo considerable para ella *"cavarse a sí misma fuera"*. Ella posiblemente no percibe que ella está en una rutina y continúa a lo largo, día después día, año tras año, a menudo realizando tareas que apenas puede tolerar hacer. Su vida entera puede ser rutinaria y mundana y ella puede no haber considerado que hay otras opciones abiertas a ella.

A falta de poner una bomba debajo de ella, no hay mucho que puedas hacer para motivarla. La motivación tiene que venir de dentro de misma. Comience por hacerle saber lo que se espera de ella. Esté listo para delinear las consecuencias ella tendrá que enfrentar si no mejora su desempeño.

El empleado de cuello de botella

'¡El trabajo no se hace porque George no está haciendo su parte!'

Los cuellos de botella son una queja de gestión frecuente. Las causas podrían ser atribuibles al diseño de la gerencia del flujo de trabajo o a los

Tratando con Situaciones Difíciles

malos hábitos de trabajo de un empleado. El pobre diseño de la gestión del flujo de trabajo puede detectarse mediante una simple prueba. Haga que otro empleado asuma los deberes del empleado en el área problemática. Si sigue habiendo un cuello de botella (después del período de entrenamiento) entonces los cambios pueden tener que ser hechas a los arreglos del flujo de trabajo.

Aquí están las características típicas de un empleado de cuello de botella:
1. Tienen malas habilidades de gestión del tiempo.
2. Demasiadas tareas son detenidas debido a problemas relativamente menores.
3. No han tenido suficiente entrenamiento.
4. Tener baja capacidad de toma de decisiones.
5. No sabe las expectativas del supervisor.
6. Clavija cuadrada en un agujero redondo. Las calificaciones no se ajustan a los requisitos del trabajo.
7. Falta de habilidades de trabajo en equipo.
8. Se sienten amenazados por la inseguridad laboral.
9. Tienen un miedo inusual de cometer errores. O,
10. Tener enfrentamientos de personalidad con los supervisores o compañeros de trabajo resultando en una falta de cooperación entre el personal.

Cuando no hay indicios de que el empleado esté siendo un obstáculo deliberado, puede ser necesario un entrenamiento adicional en el trabajo para asegurar que el empleado entienda el trabajo. Durante este reentrenamiento, el supervisor puede demostrar, cómo realizar las tareas. Deben enfatizarse algunas técnicas que aceleran el trabajo.

Si los empleados son más conscientes de qué funciones se realizan antes o después de la suya, pueden utilizar su juicio y comprender las consecuencias de su propio desempeño. Los empleados aprenderán cómo sus trabajos encajan en el cuadro total y qué contribución se espera que hagan.

Casi todo el mundo quiere sentir que él o ella está cooperando para lograr objetivos comunes. El truco es hacer que todos en la fuerza de trabajo tengan un objetivo común. Otros empleados pueden ser alentados a ayudar:

'Tom, ¿puedes mostrarle a Rick cómo y completar ese proyecto más rápido?'

'Rick, deja que Tom te muestre un par de técnicas para preparar los productos más rápido.'

Anime al empleado del problema poner el trabajo hacia fuera más rápidamente. El pago de algunos elogios aquí y allá mejora la confianza entre los empleados más lentos. Les permite tener un mayor sentimiento de seguridad en el trabajo y ciertamente reduce las tensiones. El empleado de cuello de botella puede sentirse menos temeroso de errores incidentales y tener más control de su trabajo.

Empleados propensos a errores

'Phil es nuestro desastre departamental. Él comete tantos errores que a menudo me pregunto si no lo está haciendo a propósito evadir haciendo su trabajo. Es un hombre inteligente, pero sigue cometiendo los errores más inusuales. ¿Cómo puedo darle la vuelta y mejorar su tasa de exactitud?'

Al igual que las compañías de seguros de auto reconocen que algunos conductores son más propensos a tener accidentes que la población general de conductores, algún reconocimiento debe ser dado al hecho de que algunos empleados son más propensos a cometer errores que otros. Por supuesto, los errores deliberados son una causa para el uso de medidas disciplinarias hasta e incluyendo el despido del empleado errante. Sin embargo, la mayoría de los errores no son intencionales. Son causados por una variedad de razones, incluyendo errores de juicio por parte de la administración.

Hay dos tipos básicos de errores; errores del sistema y errores humanos. Los primeros resultados son causados por el diseño del sistema. La mejora constante del sistema reducirá la tasa de error.

No importa cuán bien se diseñe el sistema, hay una cierta cantidad de confianza en el factor humano. Ese factor es el que el personal de gestión de línea necesita para aplicar una gran cantidad de atención. El diseñador del sistema también puede ser culpable de algunos de los errores *"humanos"*. Algunas de las siguientes condiciones también pueden existir:

1. Entrenamiento laboral inadecuado.
2. Instrucciones escritas limitadas.
3. Gran número de subordinados que informan a un supervisor (12 debe ser el número máximo de subordinados que informan a un supervisor).
4. Muy pocos niveles intermedios de supervisión.
5. Ambiente de trabajo aburrido.
6. Análisis deficiente de la causa del error.
7. Alta rotación de empleados.

La mayoría de los empleados les gusta sentir que están ganando su sueldo. Parte de ese sentimiento de orgullo, proviene de su creencia de que su trabajo tiene pocos o ningún error. Por lo tanto, aprecian la ayuda (cuando se ofrece graciosamente) para mejorar el orgullo en su trabajo. Un método es proporcionar un empleado-entrenador para el empleado propenso a errores. Esto podría ser un empleado mayor, que es proficiente en su trabajo. Esta persona probablemente será capaz de aislar las causas de los errores del empleado problema, y proporcionar la instrucción en técnicas especiales para evitar tales errores, o detectar los errores y tomar medidas correctivas.

Para minimizar el descuido, el empleado auxiliar necesita mostrado en qué puntos, una cierta atención adicional se debe aplicar:

'Arnold, ¿podrías pasar un poco más de tiempo revisando tu trabajo?'

'Donna, ¿puedes prestar un poco más de atención a este tipo de artículos?'

Más sueños de los empleados día que otros

'Maria acaba de anunciar que está va a ser casada. Esto es genial - pero ella pasa mucho de su tiempo pensando y soñando despierto acerca de su boda y está tan distraído, que su trabajo está sufriendo. ¿Cómo puedo volver a ponerla en marcha?'

Todos soñamos despiertos, pero algunas personas lo hacen en exceso - hasta un punto en el que interfiere con la productividad del trabajo o se convierte en un peligroso problema de seguridad. En este caso, María se distrae por su boda. Hablar con ella y hacerle saber que ella productividad es hacia abajo y que usted está contando con ella para dar el mismo trabajo ella hizo antes del anuncio de su boda. Ella debe saber que usted es serio, que usted no puede tener ninguna opción, pero comenzar los asuntos disciplinarios formales si ella productividad no mejora.

Algunos trabajos causan más sueños de los empleados día qué otros, por lo que necesitan ser supervisados cuidadosamente. No siempre es justo señalar la culpa de soñar despierto en el empleado. El trabajo puede ser tan aburrido, ellos empleado no puede mantener su mente en él. Las funciones similares a las máquinas tienden a crear oportunidades para soñar despierto. Donde se requiere mayor atención del trabajador, soñar despierto puede resultar en pérdida de productividad, errores e incluso accidentes. El problema puede ser que el trabajo no fue diseñado para retener la atención del empleado.

El diseño del área de trabajo puede reducir la tendencia a soñar despierto. Las operaciones que deben realizarse mientras están de pie, tienden a desalentar el sueño soñar despierto del día. La decoración del área de trabajo es de cierta importancia. Los escritorios o áreas de trabajo no necesitan ser del mismo color. Se deben hacer intentos para eliminar la monotonía en el ambiente de trabajo. Esta es la razón, por qué la rotación de puestos de trabajo es tan popular.

Las tareas que requieren un alto grado de creatividad deben tener un ambiente propicio para la creatividad. Si hay alguna flexibilidad en el método de realizar la tarea, añada esa flexibilidad a la descripción de la tarea. Tal flexibilidad permite que los empleados piensen en cómo quieren manejar un trabajo, y así aumentar su estado de alerta y reducir la monotonía.

No importa qué esfuerzos se hacen para disipar el soñar despierto, algunos empleados parecen estar perdidos en las nubes. Sólo la atención supervisora constante puede detener el problema y mantener a los empleados en sus dedos. A veces una discusión entre el supervisor y el empleado está en orden.

Exhibicionista

'Tengo un empleado que es un verdadero exhibicionista y en nuestras sesiones de entrenamiento, él es el payaso de la clase. Él acciones interfieren con el buen funcionamiento de nuestro departamento y las sesiones de entrenamiento son casi una pérdida de tiempo.'

Exhibicionista necesitan ser el, centro de atención. Ellos juegan trucos en los demás - interrumpirlos con payasadas infantiles. Pueden tener la mentalidad de *"payaso de la clase"* donde buscan la atención de los demás jugando trucos con ellos. Exageran su propia importancia para ganar admiración o atención y tienen el hábito de ignorar a personas que no consideran importantes. Son arrogante y superior.

Conseguir que lleven a cabo las tareas, puede ser una tarea difícil. Asegúrese de él no tome una parte injusta de crédito por las tareas realizadas como parte de un equipo. Él necesita la alabanza, así que alabar donde la alabanza se merece y corregir su comportamiento cuando trata de exagerar su contribución. Cuando él interrumpa durante las reuniones, hable con él en privado para alentarlo a detener su comportamiento perturbador. Utilice la retroalimentación para explicar lo que el comportamiento hace a los demás y las dificultades que provoca los otros miembros del equipo.

Una descripción clara del puesto de trabajo sobre cómo debe completar las tareas es una necesidad para este empleado. Si el comportamiento continúa - comience pasos disciplinarios con advertencias escritas.

El personal no responde llamadas telefónicas y correos electrónicos

'Dos de mis empleados son terribles comunicadores. Uno no devuelve las llamadas telefónicas; el otro no responde a los correos electrónicos.'

Usted puede estar usando un *"lenguaje sensorial"* inapropiado cuando se comunica con ellos. Tu ese mejorar los problemas de comunicación determinando el lenguaje sensorial primario de otras personas. La mayoría de nosotros somos una mezcla de los tres, pero uno por lo general se destaca como nuestro lenguaje sensorial primario.

La gente procesa la información de diferentes maneras. Son principalmente visuales (ver o leer), auditivos (escuchar o escuchar) o cinestésicos (movimiento muscular - ver a alguien hacer algo) en la forma en que procesan la información. Cada tipo utiliza palabras distintivas que reflejan su preferencia. Para crear una relación con la gente, escuche para encontrar su modo de comunicación principal y luego reflejar su idioma. Aquí hay ejemplos de estos:

La persona visual podría decir:
'Tengo la foto.'
'Veo a que te refieres.'
'Déjame ver cómo es el trabajo.' o,
'Mi percepción es...'

La persona auditiva usa frases como:
'Suena bien para mí.'
'Oí lo que dices.'
'Te oigo fuerte y claro.' O,
'Déjeme explicar cómo funciona esto.'

Las frases típicas para cinestésico serían:
'Muéstrame cómo hacerlo.'
'Eso no se siente bien.'
'Me siento cómodo con eso.'
'Ese es un problema áspero.' O,
'Tienes una tarea pesada.'

¿Podría ser, que el que no responde a sus llamadas telefónicas es una persona visual y el que no responde a sus correos electrónicos es auditivo? Cambio de su método de comunicación podría ser la respuesta a estos problemas.

CAPÍTULO 3

SITUACIONES DIFÍCILES
- COLEGAS Y OTROS

No devuelve las llamadas telefónicas

'Soy recepcionista y encuentro que algunas personas no devuelven sus mensajes telefónicos. El señor Bailey había intentado cinco veces llegar al Sr. Smith y yo había colocado los mensajes en su escritorio durante todo el día. Sé que el Sr. Smith no estaba muy ocupado ese día, y tuvo tiempo suficiente para responder a los mensajes. La quinta vez que llamó el señor Bailey; el acusó me dé no transmitir sus mensajes. Ya he tenido suficiente de las malas prácticas empresariales del Sr. Smith, pero no sé cómo dirigirme a él sobre el problema.'

La mayoría de las empresas en estos días tienen correo de voz. ¿Por qué su empresa no ha instalado este dispositivo? Sin embargo, esto no responde a su solicitud. Utilice la siguiente técnica cada vez que alguien está haciendo su vida miserable - si es alguien que no está devolviendo las llamadas telefónicas o no tiene información lista para los informes mensuales de su departamento.

Diga: *'Tengo un problema y necesito su ayuda para solucionarlo.'* Luego discuta el problema. *'Señor. Bailey llamó y dejó mensajes para usted cinco veces hoy. Coloqué esos mensajes en tu escritorio. La última vez el llamó, me acusó de no transmitir esos mensajes a usted. ¿Qué debo decirle la próxima vez el llame?'* De esta manera, usted deja el problema en el regazo de la persona que causó, y la mayoría se siente obligado a ayudarle a resolver el problema. Es mucho mejor utilizar esta táctica que diciendo, *'Usted Turquía – ¿por qué no respondes a sus llamadas telefónicas?'*

Infancia disfuncional

'Mi compañero de trabajo, Bill, creció en un ambiente disfuncional. Fue golpeado y gritado en la mayor parte de su vida y sufrido de una avalancha de constantes humillaciones. Repetidamente, se le dijo que era "estúpido, mudo y no sería nada". Él cree firmemente que su futuro no será diferente de su pasado así que él se niega a tomar cualquier decisión para cambiar su vida. ¿Cómo puedo hacer que veas que él puede controlar su futuro?'

Tratando con Situaciones Difíciles

Muchas personas pasan sus vidas reviviendo el pasado. Se meten en una rutina mental que se centra en lo que era la vida, en lugar de lo que podría ser la vida. Muchos de los comentarios comienzan con los prefacios, *'Debo tener ...'* O *'Si sólo tuviera...'*

Cuando estas las personas se desplazan a través de la vida, pienso en ellas como *"atascadas"*. Permanecerán atascados donde estén, a menos que hagan algo para cambiar sus vidas. Pueden hacer intentos débiles, pero el menor tipo de oposición detiene sus esfuerzos.

Estas personas odian levantarse por la mañana, porque no hay mucho que es emocionante o estimulante en sus vidas. Un día es como otro y el futuro parece ser el mismo. Estas personas necesitan una sacudida para darles vida de nuevo. Como víctimas de ataque al corazón necesita una sacudida de electricidad para que su corazón se reinicie; estas personas necesitan una sacudida de la realidad, para volver a la tierra de los vivos.

Vamos a ponernos en los zapatos de Bill por un tiempo y sentir lo que puede estar sintiendo:

Él acepta la crítica como siempre siendo verdadera. No sólo acepta las críticas de los demás voluntariamente, sino que también critica todo lo que hace a sí mismo. La pequeña voz en su cabeza siempre lo ridiculiza sobre sus fracasos percibidos. Se castiga con declaraciones como *'Soy demasiado viejo... no soy lo suficientemente inteligente ... no soy bueno en eso.'* Lo que él está diciendo es: *'Soy un producto terminado en esta área y Nunca voy a ser diferente.'*

Su miedo al fracaso es muy a menudo el miedo de la desaprobación o el ridículo de otra persona. El fracaso es la opinión de otra persona sobre cómo ciertos actos deben ser completados. Él lo que no intenta nada nuevo o desafiante. El evita cualquier cosa que no garantice el éxito. Él puede rechazar excelentes oportunidades, pero no puede explicar por qué lo hace.

No ha aprendido cómo a defenderse y permite que otros lo manipulen. Él no puede tomar decisiones que apoyen sus propios deseos, valores y sentimientos. El resultado es que se siente mal consigo mismo sin saber por qué.

Constantemente se compara con los demás. Otros son siempre más felices, más famosos, más exitosos o más valiosos. Los éxitos de otros sólo lo hacen él más deprimido.

Él puede sentir si falla en algo, que es un fracaso como persona. En vez de intentar otra manera de hacer algo; el deja de intentarlo.

Tratando con Situaciones Difíciles

Usando la visión retrospectiva 20/20, él puede probablemente ver exactamente donde él fue mal - en una entrevista de trabajo o en una relación del amor.

Entonces, ¿cómo ayudar a este tipo de individuo? Habla con él. Anímelo a dejar de pensar en la vida en términos negros o blancos. Hay muchas áreas grises en medio. Deténgale si habla de su pasado, o dice algo despectivo sobre sí mismo. Una vez que las personas son adultas, necesitan darse cuenta de que ahora pueden decidir cómo van a pasar el resto de sus vidas. Por lo que Bill debe cambiar su actitud para convertirse en *"un-atascado"*.

En lugar de vivir en el pasado, el necesitará usar él energía para construir una vida mejor y más feliz. Él vida no cambiará de la noche, a la mañana, pero el usa el pensamiento positivo, su vida cambiará. Él es probable que tenga contratiempos y decepciones, pero:

Alguien que intenta hacer algo y falla, es mejor que la persona que intenta no hacer nada y tiene éxito.

Aliente a Bill a obtener asesoramiento profesional para contrarrestar su infancia disfuncional y presentarle buenos modelos. Su apoyo moral hará esta transición considerablemente más fácil para él.

El empleado recibe tratamiento malo

'Reparo computadoras y me encuentro cada vez más enojado por la actitud de las personas que he venido a ayudar. Me culpan porque la máquina se ha roto, pero a menudo no se quedan para explicar el problema exacto que están enfrentando. Esto significa que necesito revisar toda la máquina y eso cuesta mucho más a las empresas. Mi segunda carne es que me tratan como si fuera una no una persona o como si fuera parte de la máquina. ¡Sus no es de extrañar que la gente de servicio no dure mucho en mi negocio!'

Todos necesitamos examinar cómo tratamos a las personas que trabajan en la industria de servicios. Pregúntese si cometen las siguientes acciones degradantes que pueden tener efectos devastadores en otros:

1. ¿Usted libera sus frustraciones sobre la máquina quebrada del negocio en el representante de servicio? *'¡Bueno, finalmente has llegado! ¡Esta máquina no ha funcionado correctamente todo el día!'*
2. ¿Tratar a la gente de servicio como si no estuvieran allí?
3. ¿No los mantiene informados sobre los problemas que enfrenta o ha enfrentado en el pasado?
4. ¿Te olvidas de agradecerles por resolver tu problema?

Tratando con Situaciones Difíciles

Si usted es culpable de las acciones anteriores, intente un poco de empatía y darse cuenta de que los representantes de servicio están haciendo su mejor esfuerzo para mantener sus máquinas en buen estado. Si usted es el representante del servicio, diga: *'Estoy haciendo todo lo posible para ayudarle, pero no tu hace muy fácil para mí hacerlo. Tengo que hacerte algunas preguntas, así que puedo identificar los problemas que enfrentas. Entonces puedo arreglar su máquina y permitir que usted continúe con su trabajo.'* Esto debería por lo menos conseguir algo de la ayuda que usted necesita para hacer el trabajo.

'Mi problema es que los clientes tratan de seducirme cuando hago llamadas de servicio. ¿Cómo puedo lidiar con esto sin ofender al cliente?'

Este es un problema que enfrentan tanto los hombres como las mujeres cuando entran en el dominio de un cliente. Sea tan profesional como sea posible cuando visite a los clientes. Si el cliente muestra signos, (por ejemplo, sugiriendo que se reúnen para el almuerzo) explique tu prefiere no mezclar su vida de negocios con su vida personal - y se adhieren a ella.

Si se vuelven agresivos con sus avances, se requieren acciones más drásticas. Diga: *'Tus acciones me están trastornando. Te he dicho dos veces que no estoy interesado en perseguir una relación personal contigo. Si sigues hablando y actuando de esta manera, no tendré más remedio que acusarte de acoso sexual.'*

En este último caso, documentarías el incidente. Dígale a su supervisor que usted se vio obligado a amenazar al cliente con cargos de acoso sexual y entregue al supervisor una copia de la documentación. Si su supervisor está iluminado, él o ella seguirá con una confirmación verbal o escrita al cliente sobre su tratamiento y reforzará sus acciones.

Si yo fuera esta persona supervisor, también hablaría con los superiores del cliente y les haría conscientes de los problemas que el empleado está causando al miembro del personal. Es probable que este cliente trate a otras personas de una manera similar y su empleador probablemente desee tomar medidas para detener su comportamiento antes de que la situación termina en una batalla judicial.

Servicio al cliente

'Uno de mis colegas me repugna por la forma en que trata a los clientes. Es grosero, da mal servicio y por lo general hace que nuestro departamento se vea mal.'

Tratando con Situaciones Difíciles

Los clientes no son diferentes de nadie y aprecian cortesía. Una cosa que un vendedor nunca debe olvidar es que el cliente es el número uno. Lamentablemente, algunos vendedores dan la impresión de que cuidar al cliente es una interrupción de su *"trabajo real"*. Tal comportamiento implica que el vendedor está haciendo un favor a los clientes ayudándoles. Las necesidades del cliente deben tener prioridad sobre cualquier otro trabajo que hagan.

Atención al cliente, no es sólo importante para aquellos que trabajan en tiendas y restaurantes. Cada tipo de organización que existe en la sociedad necesita un servicio al cliente adecuado. Grosería, impaciencia e insensibilidad no son compatibles con buenas ventas profesionales. Aun así, los vendedores a veces muestran estos rasgos negativos. La falta de respeto, la indiferencia, el lento servicio, la ignorancia de los servicios ofrecidos por la empresa, los errores y el comportamiento negativo repelen a los clientes y dejan malos sentimientos. Los clientes a menudo responden a los malos sentimientos simplemente mantenerse alejados.

Los clientes gravitan hacia los lugares donde reciben los sentimientos más positivos. La forma en que los vendedores actúan con los clientes es mucho más importante que todo el dinero de la compañía que se gasta en publicidad y creación de imágenes. Los miembros más exitosos de las organizaciones de servicio aprenden todo lo que posiblemente pueden sobre su organización y cómo puede servir mejor a sus clientes.

Los vendedores conocedores saben:

- Lo su organización hace.
- Quiénes son su personal clave.
- Por qué la organización funciona de la manera que lo hace.
- Qué servicios o productos ofrece.
- Qué preguntas o problemas comunes pueden surgir
- Cómo pueden ayudar a los clientes de manera más efectiva.

Su supervisor debería haber intervenido para cambiar el comportamiento de su colega, por lo que podría verse obligado a identificar sus inquietudes con su supervisor. Él o ella seguiría señalando donde él está fallando con su servicio a los clientes. Sólo se necesita un vendedor ineficaz para destruir lo que ha tomado años de su empresa para construir y el supervisor no debe ser parte del problema haciendo caso omiso del mal servicio. Si su colega se niega a cambiar el supervisor documentaría el mal servicio e iniciará el procedimiento disciplinario.

Mostrar a su colega dónde crees que está cayendo en su servicio a los clientes usando retroalimentación para explicar cómo te sientes cuando él hace esto. Sólo lleva un vendedor ineficiente para destruir lo que ha llevado sus años para construir y no quieren ser parte del problema haciendo caso omiso de su mal servicio. Si se niega a cambiar, documento el mal servicio que ha dado y explicar sus preocupaciones a su supervisor.

Colega tiene rabietas

'Sue, uno de mis colegas, tiene rabietas. Nos has dicho cómo tratar con los jefes que tienen berrinches, pero ¿cómo tratas con tus colegas?'

Tenga en cuenta que alguien que está teniendo una rabieta no está actuando razonablemente. Cualquier persona que no está actuando razonablemente es temporalmente loco. Si gritas de vuelta a ellos - todo lo que tienes son dos personas que tienen una conversación loca. Su objetivo al hacer frente a una persona que tiene una rabieta es ayudarles a volver a ganar el control. Así que:

1. Mantener la calma y ser firme. Que sea claro que intenta enfriar la situación antes de continuar su discusión.
2. Si Sue no se tranquiliza, pregúntele cómo se comportaría si uno de sus hijos actuara de la misma manera. Dile que, si no se calma, te alejarás de ella. Seguimiento si continúa.
3. Si ella calma abajo, pedir datos sobre la situación de.
4. Escucha con atención y luego hacer lo que pueda para resolver el conflicto.
5. Ella puede lamentar su arrebato. Esté preparado para ayudarla a lidiar con sus sentimientos de culpa.

Obviamente, ella no sabe cómo manejar la ira o ella no se permitiría llegar a esta etapa. Antes de ella explosión probablemente estaba teniendo sentimientos de miedo, desamparo y frustración.

Los que recurren a tener berrinches tienen baja autoestima y muchos toman cada afrenta personalmente. Como un niño ellos probablemente, encontró que berrinches les permitió obtener su camino - ¿por qué dejar de hacer algo que es tan eficaz? Este comportamiento disruptivo a menudo continúa en la edad adulta, pero en esa etapa de sus vidas, sus berrinches producen una mayor reacción de ira y resistencia que cualquiera de los otros comportamientos difíciles.

Si la situación es repetitiva y en curso, es probable que esta persona tenga rabietas delante de otros también. Por lo tanto, pedir ayuda de los demás para detener este comportamiento inaceptable.

Tratando con Situaciones Difíciles

¡Qué chauvinista!

'¡Lo hizo de nuevo! ¡Hizo otro comentario chauvinista! Él insiste en llamarme "su chica". Bueno, yo no he sido una "chica" desde que tenía doce años. ¿Ha el vivido bajo una roca durante los últimos veinte años? ¡Estoy tan cansada de los hombres chovinistas!'

Bill, un oficial superior de ella organización la había avergonzado de nuevo en la última reunión del gerente. Cuando ella había cometido un pequeño error en un informe, él le dio una palmadita en la cabeza y le dijo:

Cuando ella había cometido un pequeño error en un informe, él le dio una palmadita en la cabeza y le dijo: *'Está bien que hayas cometido un error. Eres muy inteligente, por una mujer.'* Estaba tan disgustada que no pudo contestar.

El chauvinismo es una conducta manifestada por hombres y mujeres que creen que el mundo debe ser dominado por hombres y que los hombres son superiores a las mujeres. Esto todavía puede ser un problema serio para las mujeres en el lugar de trabajo.

Hay dos formas de chovinismo masculino. El primer tipo es flagrante. La mujer sabe que este hombre está fuera de hacer que las mujeres se ven mal, porque él continuamente crítica y degrada ella esfuerzos.

El pueden referirse a una mujer en una posición de gestión como el *"mujer simbólica"* insinuando que ella fue puesta en el puesto, sólo porque ella era una mujer, no por sus calificaciones.

Las mujeres deben atenerse a los hechos cuando se trata de este tipo de individuo. Si un hombre dice, *'Usted está ganando un buen sueldo para una mujer.'*

La mujer debería responder: *'¿Crees que las mujeres deberían ganar menos que los hombres?'*

Él dice: *'Sí, lo hago.'*

Ella dice: *'Escucho lo que estás diciendo. Creo que las mujeres merecen la misma oportunidad de ganar el mismo tipo de salario que los hombres. Las mujeres pagan el alquiler como los hombres, pagan lo mismo por los alimentos que los hombres y pagan impuestos como los hombres. ¿Cuáles son las razones para creer que las mujeres deberían ganar menos que los hombres?'*

Esto inicia un diálogo en lugar de terminar en una confrontación.

Tratando con Situaciones Difíciles

¿Por qué algunos hombres sienten la necesidad de usar este tipo intencional de chovinismo? Lo usan para bajar a las mujeres, lo que a su vez las hace sentires más importantes. Entonces, ¿cómo debe una mujer responder al chovinismo intencional? Una calma: *'Esa fue una observación muy chauvinista que acabas de hacer. ¿Qué es lo tu realmente quiso decir con ese comentario?'* O, *'Eso Fue una observación muy sarcástica y dolorosa tu acaba de hacer. ¿Puedes explicar por qué sentías la necesidad de hacer tal comentario?'*

Otra táctica es, en lugar de reaccionar al a chauvinista comportamiento, ignóralo. Manteniendo la calma, la víctima mantiene el control. El chauvinista verdadero no puede manejar este comportamiento, porque la mujer no es dibujada dentro jugando el juego. Ya no es divertido, así ellos que toman sus comentarios chauvinistas en otra parte.

La otra forma de chovinismo es mucho más sutil, y es utilizada por hombres que a menudo no son conscientes de que sus acciones podrían ser clasificadas como chovinistas. Estos son generalmente los hombres mayores, que son sesenta años o más o los hombres cuya educación o situación en el hogar los condicionó a creer que son para proteger y cuidar a las mujeres. Muchos de estos hombres llaman a las mujeres *"queridas"* porque las mujeres les son queridas.

Debido a que estos hombres no utilizan este tipo de chauvinismo hacer daño a las mujeres, una respuesta suave de las mujeres es aconsejable. A menudo no saben que lo que hacen o dicen puede ser ofensivo para las mujeres. A menos que las mujeres les hagan saber que hay un problema, no van a cambiar, así que depende de las mujeres hablar. *'No sé si eres consciente de esto o no, pero muchas mujeres consideran que tu último comentario es chauvinista o condescendiente. No me ofende que me llames "Querida", pero otras mujeres podrían serlo ofende.'*

Si una mujer es promovida a un puesto de alto nivel y se encuentra que es la única mujer en ese nivel, puede sufrir de aislamiento. Los gerentes masculinos toman café y comen juntos y pueden no pensar en incluirla ella. Esto deja a la supervisora femenina con la opción de tener pausas con su personal de apoyo o encontrar mujeres supervisoras en otras empresas.

Sarcasmo

'¿Nunca aprenderé? ¿Por qué le dejé que me volviera loco de nuevo?'

Paul, un compañero de trabajo, era la persona más sarcástica ella conocía. Incesantemente, lanzó sus sarcásticos intercambios sobre Sandra. Su último intercambio sarcástico intercambio fue como sigue:

Tratando con Situaciones Difíciles

Paul: *'Dar a las mujeres un centímetro y tomarán una milla. Pronto no tendremos voz en lo que está sucediendo en el mundo.'*

Sandra replicó: *'Bueno, con el 52 por ciento de la población que es mujer y sólo el 48 por ciento de los hombres, ¿qué esperas, la misma sociedad paternalista las mujeres han sufrido en durante siglos?'*

¿Quién controlaba este intercambio sarcástico? Sandra, la receptora del sarcasmo es - hasta que ella responde. ¿Sandra respondió correctamente mediante el uso utilizando el sarcasmo? No, ella renunció al control, y probablemente no detendría el acoso de Paul. Sandra podría haber tratado el sarcasmo determinando lo que Paul estaba tratando de decirle. Si ella hubiera hecho esto, la siguiente conversación podría haber ocurrido:

Paul: *'Dar a las mujeres un centímetro y tomarán una milla. Pronto no tendremos voz en lo que está sucediendo en el mundo.'*

Sandra: *'¿A qué se opone?'*

Paul: *'Las mujeres quieren demasiados extras en el lugar de trabajo.'*

Sandra: *'¿Qué extras?'*

Paul: *'Cuidado de los niños, por ejemplo. ¿Por qué es necesario el cuidado de niños? Demasiadas mujeres trabajan. Deberían estar en casa con sus familias.'*

Sandra: *'¿Cuántas mujeres crees que trabajan porque tienen que hacerlo?'*

Paul: *'No muchos.'*

Sandra: *'Más de tres cuartas partes tienen que trabajar porque sus familias no pueden sobrevivir sin ambos sueldos. Más de la mitad de las mujeres trabajadoras son el único sostén de la familia para ellos y sus hijos. Estos niños necesitan una guardería adecuada. No, es una elección, sino una necesidad para la mayoría de las mujeres. ¿Sientes que las mujeres deben asumir toda la responsabilidad o los hombres deben participar en esto?'*

Usted puede ver que Sandra está combatiendo el sarcasmo con hechos, no emociones y mantiene a Pablo en el tema. A medida que la conversación progresa, el utiliza menos y menos sarcasmo y terminan en una discusión en lugar de un debate.

Hay dos tipos básicos de sarcasmo. El primer tipo de sarcasmo no es más que una broma inofensiva que es graciosa para todos los interesados.

Muchos comediantes lo utilizan, al igual que los buenos amigos. No es amenazante porque los oradores se burlan de sí mismos o situaciones. No lo usan para poner a otros en el suelo abajo. La risa fuerte en una broma puede aliviar los dolores de cabeza y bajar la presión arterial de una persona y crear vínculos entre las personas. El deseo de compartir una broma de este tipo es casi irresistible.

El segundo tipo es dañino y diseñado para hacer que otros se sientan pequeños - la clase que Paul usó con Sandra. Este tipo de sarcasmo se produce porque ya no es aceptable golpear a otros con los puños, por lo que las palabras cortantes (sarcasmo) se utiliza en su lugar. Es una forma de agresión indirecta; uno de los métodos más manipuladores de conseguir su manera. Los que úsalo, sienten una sensación de poder al ver a otras personas retorciéndose, señalando y riéndose de las deficiencias de otros.

Debido el a que su broma es a menudo sutil y abierto a más de una interpretación, puede ser utilizado para comunicar intereses y valores tabú, para investigar lo que la otra persona está pensando o para hacer una sugerencia, el comodín no está seguro será aceptado. A través de sus comentarios bromistas, pueden mencionar temas prohibidos, participar en comportamiento ofensivo o infantil e incluso ir más allá de los límites del buen gusto.

Es importante que miremos detrás de las razones por las que la gente usa el sarcasmo cortante. La mayoría lo usan porque les hace sentirse más importantes. Emocionalmente, no se sienten muy bien consigo mismos, por lo que ponen a los demás a hacerse sentir menos importante. El juego continúa cuando otros responden defensivamente o actúan heridos. Las personas sarcásticas son más felices cuando otros se enojan y se defienden.

Algunas personas recurren a este tipo de sarcasmo para expresar emociones negativas. Por lo general son reacios a confrontar la causa de sus comentarios sarcásticos directamente. Logran esto a través de bromas, ridiculización o bromas a costa de alguien más. Ejemplos de conversaciones usando el sarcasmo que lastima son:

'Finalmente decidiste nos honre con su presencia.'

'Ese traje parece salió del arca.'

'Ray hizo un buen trabajo en su último proyecto que la empresa lo degradado.'

'Si eres tan inteligente, ¿por qué no es mi supervisor?'

'Eres no exactamente el Sr. Eficiencia a ti mismo.'

'Mark es tan listo - obtuvo cuarenta por ciento en su último examen de marketing!'

Derramaste tu taza de café. Comentar, *'Esta vez no te perdiste a ninguno de nosotros con tu café, ¿verdad?'*

Usted le pide a una persona que repita un comentario. Ellos responden, *'¿Es el inglés su segundo idioma?'*

En lugar de reaccionar ante el sarcasmo, Sandra debería apagarlo. Si no puede permanecer callada, ha intentado la lógica y siente que sus acciones justifican una respuesta, ella podría intentar, *'Tu último comentario era muy sarcástico y una humillación. ¿Puedes explicar por qué dijiste lo que hiciste?'* O: *'¿Por tu decir algo tan hiriente?'*

'Eso fue un comentario muy sarcástico. ¿Qué es lo que realmente quieres decir y qué hay detrás de tu uso del sarcasmo?' Esto debería por lo menos hacerle analizar por qué hizo la observación y lo que realmente quería lograr sus comentarios. Esto le hace consciente de sus acciones. Es posible que no sea consciente de lo destructivo que su comportamiento es para los demás.

Utilice los siguientes comentarios sólo si no desea que la persona le hable nuevamente, diga: *'Su último comentario fue muy sarcástico. ¿Qué es lo que tu hace sentir tan intimidado, que usas tal semejantes comentarios sarcásticos?'*

El sarcasmo también puede ser un movimiento defensivo y Pablo puede haber sentido la necesidad de defenderse. ¿Podría Sandra haber puesto a Paul a la defensiva con sus acciones o podría percibir que ella era responsable de una humillación que recibió? ¿Estaba mejor mirando, la vicepresidenta de la compañía le gustaba ella mejor o ella obtuvo la promoción él quería? Cuando entienda los motivos ocultos detrás del sarcasmo, ella será capaz de lidiar mejor con el sarcasmo.

Ella también necesita ser consciente de que los hombres y las mujeres utilizan el sarcasmo de manera diferente. Por ejemplo, los hombres suelen ser muy sensibles a la calvicie, así que cuando los amigos de un hombre notan un pequeño remiendo calvo en la cabeza, probablemente recibirá un nuevo sobrenombre, *"Calvo"*. ¿Podrías imaginar qué pasaría si las mujeres lo hicieran esto el uno al otro? Muchas mujeres son sensibles si tienen muslos pesados. ¿Puedes realmente imaginar a una mujer diciéndole a otra: *'¿Cómo estás hoy, grandes muslos?'* ¡Es probable que la otra mujer nunca volvería a hablar con ella!

A menos que las mujeres crezcan con hermanos que usan esta forma de sarcasmo, reaccionan como si el hombre los lastimarlos hubiera golpeado. De una manera indirecta, él los lastimarlos ha golpeado - pero solamente verbalmente, y muchas mujeres reaccionan volviéndose defensivas. La reacción del hombre ante el comportamiento de la mujer es a menudo: *'Es sólo una broma. ¿Por qué eres tan sensible?'* Las mujeres deben pedirle al dador del sarcasmo que le explique la *"broma"*.

Mujer tiene hambre de poder

'Una mujer en el trabajo tiene hambre de poder. A pesar de que Jennifer tiene un papel menor, trata de dominar a sus compañeros de trabajo y nos hace saber que espera ser nuestro supervisor pronto. ¿Por qué hace esto y cómo podemos lidiar con su terrible problema de actitud?'

El poder es influencia sobre otras personas o puede relacionarse con no tener que depender de otros. Aquellos que son superados con su propio poder, siguen preocupados por sus propias necesidades y con frecuencia no son conscientes de los deseos de las personas menos poderosas. Ellos deben estar a cargo de cada transacción, ya sea que tengan la autoridad para hacerlo o no.

Si Jennifer fuera colocada en una posición de supervisión, ella tendría problemas para adaptarse a cómo debe actuar y malinterpretar su papel. Ella obviamente ha observado a otros gerentes manipuladores que abusaron de su poder por su comportamiento dominante e incluso intimidante. Ella necesita entender que su exhibición actual de la fuerza y de la energía es probablemente debido a y utilizado para encubrir cómo es inadecuado ella siente.

Cooperación es el nombre del juego y da a una persona cierto poder e influencia sobre los demás. Sólo cuando se establece confianza, gente querrá seguir ejemplo otra persona. No puedes comprar respeto, pero ella parece pensar que ella puede hacerlo por su necesidad constante de estar en carga.

Liderazgo se puede demostrar con un simple trozo de cuerda. Jala la cuerda y seguirá a dondequiera que usted desea que se. Empuje y nada pasará en todos. Si gente no siga el ejemplo de un supervisor voluntariamente - si siempre tienen que ser forzado - esa persona no es un buen líder.

Tratando con Situaciones Difíciles

Cuando socializar, este tipo de persona es la que trata a las personas de servicio como suciedad. Ella hace todo lo que puede, para dificultar su trabajo, y aún se queja si la persona toma represalias con menos de su mejor servicio.

En la actualidad, puede no ser siquiera consciente de que ella es antagonizando a otros. No dejes que este tirano continuar ella este comportamiento en su presencia. Explica cómo ella mal hábito te ofende. Si ella trata de señor sobre ti en el trabajo - hazle saber que no aprecian su comportamiento. Si ella menosprecia el personal de servicio - hacer lo mismo.

PROCESO DE RETROALIMENTACIÓN

1. Describa el problema o la situación a la persona que causa la dificultad. Dar ejemplos.
2. Defina qué sentimientos o reacciones el comportamiento le causa (tristeza, cólera, ansiedad, dolor o trastorno).
3. Sugiera una solución o pídales que proporcione una.

El problema: *'La semana pasada me menospreciaste a mí ya otro personal de servicio en público. No tienes derecho a hacer esto.'*

Tu sentimientos o reacciones: *'Lo encontré muy condescendiente y vergonzoso para todos nosotros.'*

La solución: *'En el futuro no toleraré tal comportamiento y desafiará tu derecho para usar esas tácticas de manipulación.'*

Lo que hace sobre él es su negocio, pero al menos ella sabrá no tolerarás ese comportamiento más.

Lo ella hace al respecto es su negocio, pero al menos sabrá tú ya no tolerará ese comportamiento. Si todos sus colegas usan esta táctica, ella se dará cuenta de que todo lo que está haciendo, es hacer enemigos. El supervisor debería haber intervenido y lidiado con el problema.

Participantes problemáticos en las reuniones

'¡Odio a nuestras reuniones semanales! Nunca logramos nada hecho y perdemos mucho tiempo y la gente camina en tarde. Y aquellos que vienen a las reuniones no son mucha ayuda ya sea con disputas, procrastinaciones y la promesa de que harán algo cuando todo el mundo sepa que no lo hará como de costumbre.'

Tratando con Situaciones Difíciles

Las reuniones son notorias por perder el tiempo. Muchos no son necesarios y otros podrían usar las llamadas telefónicas de la conferencia para resolver problemas en lugar de personas que tienen que volar desde las sucursales lejanas para asistir a las reuniones. Sugerir alternativas a quienes planifican estas reuniones innecesarias. Asegúrese de describir las ventajas y desventajas de tener las reuniones en los tiempos establecidos y de tener reuniones sólo cuando sean necesarias. Aquí hay algunas pautas sobre cómo lidiar con las disputas, las procrastinaciones y las personas que prometen, pero no siguen a través de:

Tratar con los participantes del problema en las reuniones

- El a persona es: excesivamente hablador - en la medida en que otros participantes no tienen la oportunidad de contribuir con.

  El a persona es: excepcionalmente bien informado; naturalmente prolijas o nervioso.

  Qué hacer: Interrupción con *'Que es un punto interesante... Vamos a ver lo que piensa que todo el mundo.'* O sugieren que *'Vamos a poner otros a trabajar.'* Cuando la persona se detiene para un respiro, gracias él o ella, reafirmar los puntos pertinentes y seguir adelante.

- La persona: Participa en conversaciones laterales con otros miembros del grupo.

  La persona podría estar hablando de: algo relacionado con la discusión; discutiendo un tema personal o no está interesado en el tema en discusión.

  Qué hacer: Dirija una pregunta a la persona. Repita la última idea o sugerencia expresada por el grupo y pida la opinión de la persona.

- La persona es: Argumentativa - en la medida en que otras ideas u opiniones son rechazadas u otros son tratados injustamente.

  La persona puede estar: Seriamente molesta por el tema en discusión; molestos por problemas personales o laborales; intolerante de los demás; carente de empatía o es un pensador negativo.

  Qué hacer: Mantenga su temperamento bajo control. Trate de encontrar algún mérito en lo que se dice; hacer que el grupo lo vea también y luego pasar a otra cosa. Hable con la persona en privado y señalar lo él o ella acciones están haciendo a el resto del grupo. Trate de obtener la cooperación de la persona. Anime a la persona a concentrarse en lo positivo, no en lo negativo.

- La persona es: Incapaz de hablar claramente para que todos puedan entender.

Tratando con Situaciones Difíciles

La persona puede ser: Nerviosa, tímida, emocionada o no acostumbrada a participar en discusiones

Qué hacer: Repita lo que la persona dijo, pidiendo confirmación de la exactitud. Permita que la persona tenga tiempo suficiente para expresarse. Ayude a la persona sin ser condescendiente.

- La persona es: Siempre buscando aprobación.

  La persona puede ser: Buscando consejo; tratando de conseguir que el líder apoye su punto de vista.

  Qué hacer: Evite tomar partido, especialmente si el grupo va a ser indebidamente influenciado por su punto de vista.

- La persona: Tiene disputas con otro participante.

  La persona puede ser: Llevando un viejo rencor o sentirse muy fuertemente sobre el tema.

  Qué hacer: Enfatizar los puntos de acuerdo, minimizar los puntos de desacuerdo. Dirigir la atención de los participantes a los objetivos de la reunión. Mencione los plazos de la reunión. Pida a los participantes que dejen de lado el tema por el momento.

- La persona es: Demasiado callado, poco dispuesto a contribuir.

  La persona está aburrida, indiferente, tímido, inseguro; más conocedor o más experimentado que el resto del grupo.

  Qué hacer: Dirija preguntas a esa persona para mantenerlo involucrado. Aprovechar los conocimientos o la experiencia de la persona mediante el uso de él o ella como persona de recurso.

- La persona es: Buscando atención.

  La persona puede ser: Sentirse inferior u ocultar una falta de conocimiento al actuar como un niño.

  Qué hacer: Sigue recordando a la persona sobre el tema que se está discutiendo. Hable con la persona en privado. Señale cuáles ésos son él o ella acciones están interrumpiendo la reunión. Diga a la persona que él o ella debe dejar de interrumpir la reunión con el comportamiento.

- La persona es: no involucrado y poco dispuesto a comprometerse a nuevas tareas.

  La persona puede ser: perezoso; demasiado ocupado ya o siente que él o ella no debería haber sido invitado a la reunión en el primer lugar.

  Qué hacer: Pregunte por hechos relacionados con el horario de la persona. Pídale a la persona que se haga voluntario para las tareas (otras personas del grupo también deben hacerlo). Asegúrese de preguntar a las personas adecuadas para futuras reuniones.

- La persona está: Demasiado comprometido para asumir nuevas tareas.
  La persona: No conoce sus propias habilidades y habilidades o carece de habilidades de organización.
  Qué hacer: Pregunte por hechos relacionados con el horario de la persona. Pregúntele a la persona si ya está demasiado comprometida. Dígale a la persona tu está contando con él o ella para completar el trabajo. Enviar a la persona a un seminario de gestión del tiempo.
- La persona: Culpa a los demás por cualquier cosa negativa que sucede y no acepta nuevas tareas fácilmente.
  La persona puede ser: Incapaz de admitir que comete errores o tiene miedo de correr riesgos.
  Qué hacer: Haga que la persona explique sus acciones. Pregunte por los hechos para respaldar las acusaciones. Pregunte en privado por qué la persona no aceptará nuevas tareas.

Inicio tardío de las reuniones

'Me dedico mucho tiempo a las reuniones. Siempre llego a tiempo, pero otros llegan tarde e interrumpen la reunión. Tengo que presidir una reunión yo mismo, pero no sé cómo asegurarse de que todos lleguen a tiempo.'

Puede asegurarse de que las reuniones comiencen a tiempo:

1. Programe las reuniones en horas impares. Una reunión programada para ejecutarse entre las 10:15 y las 11:00 am llamará la atención de la gente, especialmente si las reuniones anteriores estaban programadas para una hora completa.
2. Comience a tiempo - no importa quién está faltando. Si no lo hace - usted establece un tono demasiado casual.
3. Cierre la puerta a la hora indicada. Esto hará hincapié en la importancia de comenzar en a tiempo y señalar a los retardatarios que el retraso es perjudicial.
4. Cubra primero los artículos más importantes. Si el negocio significativo se discute en último lugar, entonces la oportunidad no es tan bien recompensada como debería ser. Además, las personas tienen más energía en el inicio de la reunión.
5. Los artículos de interés para los retrasados habituales ser levantados temprano. No ser desagradable, sino motivar a la gente a estar allí a tiempo porque hay cosas que quieren oír.

Tratando con Situaciones Difíciles

6. Hablar en privado con los delincuentes. Un lapso ocasional no merece un latigazo. Pero un hábito de tardanza crónica puede romperse, si se toma el tiempo para explicar que no es sólo una cuestión de aplicar las reglas, sino que se valora la entrada de la persona.
7. Haga que las presentaciones del personal formen parte de las reuniones. La participación engendra un mayor entusiasmo. La gente tiende a escuchar atentamente a sus compañeros, especialmente cuando saben que ellos también, estarán hablando.

¿Por qué algunos hombres son intimidados por mujeres asertivas?

'Soy una nueva jefa y me encuentro con la resistencia de los otros supervisores masculinos.'

¿Cómo podría sentirse un hombre si se enfrenta a una mujer en lo que él piensa como territorio masculino en el trabajo? Pongamos esto en otro ambiente (lejos del lugar de trabajo):

Digamos que un hombre está trabajando en su patio trasero (lugar de trabajo) y ve un animal extraño (una mujer gerente) en su patio. Este animal no es como los que normalmente encuentra en estos alrededores. Él sabe que ha visto este tipo de animal en otro ambiente (en una posición de apoyo) pero no sabe muy bien cómo se comportará en la situación actual. Él tiene cuidado. Él no hace ningún movimiento hacia ella (ignora a la nueva gerente femenina) y simplemente se retira, observa y estudia ella. Si ella muestra ira o actitud defensiva hacia él, el prepara para defenderse. Si ella muestra intimidación, el aprovecha de ella.

Este es el efecto que una mujer tiene sobre un hombre cuando ella entra en un ambiente de trabajo dominado por los hombres. El hombre no sabe si la mujer es peligrosa o no. Ella parece estar haciendo cosas - eso a él - no tienen sentido. ¡Le cuesta creerlo y naturalmente reacciona a la defensiva!

Las mujeres que entran en puestos de supervisión o de gestión necesitan comprender la agitación interna de los hombres. Ayúdelos a adaptarse a su presencia (a menudo no deseados) ganando su confianza y respeto. No espere una aceptación inmediata. Se ha dicho que una mujer no sólo tiene que ser tan buena como sus homólogos masculinos, pero tiene que ella ser mejor, para los hombres la acepten como un igual.

Para continuar con nuestra situación hipotética, el hombre todavía está de pie atrás, estudiando el animal. Él levanta sus defensas, por lo que está

Tratando con Situaciones Difíciles

listo para protegerse si es necesario. Cuando el animal (la mujer) hace graciosos movimientos laterales hacia él (usando el comportamiento femenino) él es aún más cauteloso.

Ahora el animal toma un pedazo de comida (parte de su trabajo) de su mesa del patio. Naturalmente, está molesto. (Esto es lo que algunas mujeres hacen - completan parte desde otra persona trabajo, pensando que están *"ayudando"*).

En un ambiente hogareño, En el lugar de trabajo, esto puede ofender a otros empleados (principalmente varones). Si las mujeres ven una tarea que requiere acción, ella simplemente lo hace.

Podría continuar con esta comparación, pero creo que obtienes mi deriva. Las mujeres actúan de manera diferente a los hombres cuando están en puestos de supervisión o de gestión.

Una variedad de cosas puede hacer que los hombres se sientan intimidados por una mujer asertiva. ¡Dios no lo permita, ella podría resultar ser un mejor supervisor que él! Algunos hombres que se sienten intimidados por las mujeres probar cada truco para deshacerse de ellos. Este tipo de hombre se refiere a todas las mujeres de manera despectiva, tratando de ponerlas *"en su lugar"*. Por ejemplo, describen a las mujeres mentalmente fuertes como *"agresivo"* o *"castradora"*. Por otro lado, la mayoría de las mujeres son llamadas *"niñas"* y no han sido *"niñas"*, desde los trece años aproximadamente.

Los subordinados varones tienen otro problema percibido. Es casi imposible que la mayoría de ellos se visualicen reportando a una mujer. Piensan en las mujeres supervisoras y gerentes como figuras-madre - ¡y ya no son muchachos!

También podrían sentirse intimidados por el hecho de que no saben de dónde vienen las mujeres - que parecen jugar con un conjunto diferente de reglas.

Entonces, ¿cómo es una mujer para hacer frente a los hombres difíciles subordinados? He aquí cómo una nueva supervisora trató este problema. A Colleen se le dio un puesto de alto nivel, con varios hombres reportando a ella. Un hombre objetó porque también había solicitado la posición de supervisión. Su conducta bordeaba la insubordinación y Colleen tuvo que lidiar con él.

Ella le dijo en privado: *'Sé que querías mi posición, John y yo podemos relacionarnos con cómo te sientes. Yo también sé lo que se siente al ser pasado por alto para una promoción. Quiero y necesito su cooperación, y trataré de hacer posible que trabajemos juntos armoniosamente, pero no toleraré ningún comportamiento negativo de usted. ¿Puedo contar contigo para detener tu comportamiento destructivo?'*

El comportamiento de John mejoró y se convirtió en un empleado productivo. Más tarde, Colleen ayudó a John a identificar por qué no se le había dado su puesto de supervisor. Ella se aseguró él de que obtuvo el entrenamiento necesario para equiparlo para la próxima oportunidad promocional.

El personal se opone a mi estilo de gestión

'Tengo dificultades para supervisar a mi personal masculino. Parecen ignorar mis instrucciones.'

Los hombres se sienten cómodos diciéndole a la gente qué hacer. Si los supervisores femeninos les piden que hagan una tarea, los hombres creen que tienen el derecho de aceptar o rechazar la solicitud de la mujer petición.

Un ejemplo de esto: una supervisora quería que Mark ayudara a Joe a hacer un trabajo, así ella que dijo: *'Joe parece que podría usar tu ayuda.'*

Mark responde: *'Tienes razón, parece el que necesita ayuda.'*

Más tarde, la supervisora se molestó cuando encontró a Joe aun luchando y aprendió que Mark no se había ofrecido a ayudar. Mark pensó ella que estaba haciendo una conversación, no pidiéndole que ayudara a Joe. Debido a que tenía otras tareas más urgentes que hacer, pensó que su comentario no era importante.

El supervisor debería haber pedido directamente a Mark que ayudara a Joe. Ella había supervisado a mujeres en el pasado, y ese era el estilo de administración que funcionaba mejor con ellas. Ella no entendía que los hombres requerían una dirección tipo de diferente de ella.

Ella debería haber dicho: *'Mark, Joe necesita ayuda, así que quiero que dejes el reporte de Miller y que lo ayude, hasta que termine su el proyecto.'* Mark entonces sabría que ella había priorizado de sobre que Joe estaba trabajando, y habría ayudado inmediatamente a Joe.

'Es difícil supervisar a mi personal femenino. Me acusan de ser demasiado autocrático y exigente. ¿Cómo puedo hacer que hagan lo que yo necesito sin ofenderlos?'

Las mujeres supervisan a los hombres de manera diferente. Ellos piden, en lugar de exigir que terminen una tarea. Si una supervisora femenina usa un método masculino de supervisión con las mujeres (ordenándolas para que hagan tareas), las mujeres sienten que está tirando de rango y siendo mandona.

Citas colegas y clientes

'Estoy tratando de superar un romance con mi jefe. ¿Puedes hablar de los romances de la oficina y explicar si los recomendaras? ¿Qué debo tener en cuenta para futuros romances de oficina?'

Es increíble lo rápido que los colegas identificar al "romance de oficina". Puede que piense que ha sacado la lana sobre los ojos de todos, pero su lenguaje corporal probablemente dígales ellos y habrá sutiles diferencias en cómo usted interactúa entre sí.

La mayoría de la gente cree que este tipo de arreglo está bien - que no afectará posibilidades su de hacerlo bien con su empresa - pero lo hace. Otros pueden asumir que cualquier promoción que usted recibe fue debido a su relación personal con una persona de la alta dirección (si este fuera el caso). Puede ser incómodo para los compañeros de trabajo en todo el romance, ya que pueden percibir que usted es un oleoducto para el nivel superior - y podrían revelar cualquier dificultad que encuentren. También son incómodos si el romance termina. Para estar seguro, mantenerse alejado de salir con alguien con quien trabaja o tiene como cliente. Esto es especialmente mortal si usted trabaja en los niveles de gestión media o superior.

¿Por qué comienza la mayoría de los romances de oficina? Es causada simplemente por la proximidad y la disponibilidad a los de otro género. Si están haciendo básicamente el mismo tipo de trabajo - puede haber un espíritu de equipo que no siempre puede ser igualado por un cónyuge. ¿Cuánto tiempo crees que la mayoría de los empleados gastan (despiertos) con sus cónyuges? ¡Los empleados casados pasan casi el mismo período de tiempo (a menudo más) con otros colegas del sexo mientras que pasan con sus cónyuges!

Ocasionalmente los romances de la oficina pueden tener éxito - pero las probabilidades no dejar son que no lo harán. Tenga cuidado de no dejar que sus hormonas se hagan cargo. Piense en las consecuencias que tendría que enfrentar si el romance se rompiera. Inevitablemente, será difícil para ambos. Cuando el romance termina, y uno de ustedes decide dejar la empresa más a menudo es la mujer, porque ella es probable que en una posición más junior. Si ambos siguen trabajando para esa empresa, probablemente causará una tensión un serio en su relación de oficina y con sus colegas también.

Mentores de citas

'Un hombre con el que trabajé se convirtió en mi mentor y amante. Él me ayudó a aprender las cuerdas en nuestro departamento.

Nuestra relación duró más de dos años, pero estoy hablando en serio de mi carrera y desafortunadamente nuestra relación terminó, cuando me recibí una promoción. Parecía estar celoso del progreso me que estaba haciendo en nuestra compañía. ¿Cuáles son algunas de las cosas que debería buscar en mi próximo mentor?'

Si tu romance es con un mentor, la ruptura el del romance está destinado a ser aún más traumático.

La mayoría de los empleados exitosos han tenido un mentor (por lo menos a tiempo parcial). Un mentor es a menudo un influyente oficial superior de la compañía ¬ que es posiblemente acercándose a la jubilación, pero se comprometió a construir la empresa mediante el desarrollo de jóvenes talentosos empleados. Ellos alientan lo que parecen ser personas comunes para lograr el éxito, porque ven el talento oculto en esos individuos.

Un mentor proporciona información y apoyo moral para ayudar a los empleados más jóvenes a través de buenos y malos tiempos. Esta persona impide que los empleados más jóvenes cometan errores que han visto hacer otros. Esto le permite a su protegido saltar peldaños en su la escalera corporativa, pero el mentor puede detenerlos si el protegido enfrenta problemas.

Desafortunadamente, los mentores masculinos para las mujeres todavía son muy raros. Tal vez esto es porque este tipo de relación es todavía probable que atraigan chismes que *"favores"* sexuales pueden ser parte del trato. Sin embargo, si un hombre está dispuesto a aprovechar esta oportunidad con su reputación, entonces la mujer se anima a hacerlo también. Para las mujeres, las ventajas de tener un mentor pueden superar con creces las desventajas - a menos que haya matices sexuales mezclados con la ayuda que se ofrece. Las mujeres nunca deben aceptar este último tipo de *"ayuda"*.

Hay muchas ventajas a tener un mentor, pero ocasionalmente hay lados negativos también. Debido a que el mentor es a menudo mucho mayor, que no puede estar en contacto con la nueva tecnología o puede retirarse mientras el protegido todavía necesita asistencia. O, el mentor puede haber tomado a un protegido por las razones equivocadas - fuera de sentimientos paternos o maternos o para reforzar su propio sentido del

Tratando con Situaciones Difíciles

poder. O el protegido puede haber estado buscando un padre sustituto. A menudo un mentor puede echar demasiadas responsabilidades y tareas sobre el protegido, que se rebela, con consecuencias negativas.

Asegúrese de que esta persona no se hace cargo de su vida, y tomar todas las decisiones para usted. Escuche el consejo, pero recuerde que usted debe ser el juez de si debe tomar ese consejo o no.

En caso de que la fecha de su mentor - decididamente *'¡No!'* La última cosa que quiere hacer es poner en peligro su relación, trayendo el romance en ella. La ruptura de este tipo de romance puede ser muy traumático, especialmente para el protegido.

Ocasionalmente, como un protegido progresa en la escalera, el mentor puede llegar a ser muy crítico de todo lo que el protegido hace. El protegido no puede complacer al mentor, sin importar lo que haga. El protegido podría ser demasiado competente, por lo tanto, se ha convertido en una amenaza para el mentor. El mentor reacciona haciendo demandas casi imposibles. Si esto sucede, el protegido debe destetarse del mentor. El no necesitan este tipo de ayuda de todos modos.

Afortunadamente, muchos mentores siguen siendo leales y buenos amigos - incluso cuando el discípulo alcanza el nivel de mentor. El protegido puede dar ahora el apoyo de compañeros de mentor, que puede ser muy valioso.

¡Saboteador - o voy a ir a través de los movimientos, pero luchará en cada paso del camino!

'Mi secretaria odia hacer café, pero en lugar de admitirlo a nadie, ella hace pésimo café. Una vez ella usa medio paquete café, luego uno y medio paquetes, esperando que alguien más haga el trabajo.'

Obtener la prueba de que ella ha hecho esto. Pregúntele ella por qué hizo lo que hizo y explique expectativas. Dígale ella cuáles serán las consecuencias si algo similar ocurre en el futuro. Asegúrese de que esta tarea se enumera en ella descripción de trabajo con estándares de desempeño relacionados con cómo debe hacerse el café.

Choques de personalidad

'Uno de mis compañeros de trabajo y yo realmente no nos llevamos bien, pero cuando estamos con otros ella finge como si lo hiciéramos. ¿Cómo debo manejar este tipo de comportamiento?'

Sea amable - ella está tratando de hacer lo mejor de una mala situación. Diga: *'Sé que no eres mi mejor admirador, así que aprecio tus esfuerzos por ser amable.'* Esto debería por lo menos hacerle saber ella que usted

Tratando con Situaciones Difíciles

ve que ella está tratando de llevarse bien. Tienes que hacer lo mismo. La comunicación es siempre una cuestión de dar y recibir - asegúrese de que está dispuesto a dar un poco a ti mismo, para hacer la relación más armoniosa.

Siempre lento

'Trabajamos en equipo. Un compañero de trabajo mío es tan lento completar su trabajo, que me pregunto por qué ella no ha sido despedida. Claro, ella completa sus informes, pero tarda tanto en prepararlos, que siento ganas de tomar el control de ella. Parece que tiene poca energía, y muchas veces parece que está "poniendo en el tiempo". Ella está tan desorganizada que me perturba porque muchos de nuestros proyectos están atrasados.'

Obtener la ayuda de los demás miembros del equipo tratar este tema. Cuando las partes de los proyectos se asignan a los miembros del equipo, asegúrese de que ella da su palabra de que ella tendrá la ella suya listo a tiempo. Explica qué tan decepcionada has estado en el pasado y explique que usted está contando con ella para hacer su parte del trabajo.

'Tu no completó su parte del proyecto. ¿Puedes explicar por qué hiciste esto?'

Si ella acciones continúan, su equipo tendrá que discutir el asunto con su supervisor (que obviamente no en la parte superior de la situación).

Finalización de las tareas

'Siempre saco todas las tareas desagradables fuera del camino al principio de mi día y me siento bien al final de mi jornada laboral. Mi compañero de trabajo pone estas tareas fuera por el mayor tiempo posible, y lo veo estresado a medida que el día continúa porque todavía tiene que completar las tareas desagradables. ¿Por qué las personas hacen esto? ¿Deben no saber que este hábito está aumentando su nivel de estrés?'

Hay dos enfoques para abordar tareas desagradables: hacerlas primero, o, por último. Ya has visto lo eficaz que funciona la primera manera, pero obviamente tu colega no ha aprendido de esta manera de completar las tareas. Puede haber varias razones por las y que él hace esto:

Un tipo de procrastinador dice: *'Lo haré mañana.'* Utilizan resistencia pasiva. Ellos piensan: *'Si espero lo suficiente, tal vez olvidarán que me pidieron que lo hiciera.'* Ésta es a menudo la respuesta que dará cuando él está nevado debajo con trabajo.

Tratando con Situaciones Difíciles

O él puede que no tenga tiempo para completar la tarea, pero de mala gana lo acepta de todos modos. El necesita ponerse de pie para sí mismo si se encuentra teniendo demasiadas tareas para completar, y cómo decir *'No,'* cuando sea necesario.

Ocasionalmente, el procrastinador es un perfeccionista que cree que debe ser competente en todo lo que intenta. Si él no lo es, no se considera una persona que vale la pena. Esto es imposible de lograr debido a un miedo constante al fracaso. Esto produce sentimientos de inferioridad y la incapacidad para vivir vida al máximo. Él necesita aprender a disfrutar de la actividad, en lugar de participar en ella únicamente para los resultados.

Los empleados, que procrastinar consistentemente cuando al completar las tareas, a menudo se encuentran son los primeros despedidos. Las empresas simplemente no pueden permitirse el lujo de mantenerlas a bordo. Estos empleados parecen poco profesionales, a menudo se convierten en cuellos de botella para otros que están tratando de hacer su trabajo, y son un *"dolor en el cuello"* a los empleados más conscientes. Amigos, familiares y compañeros de trabajo normalmente no toleran su excesiva procrastinación tampoco.

¿Cómo puede saber cuándo la dilación se convierte en un problema? Cuando las personas tienen algo importante que hacer, no hay mucho tiempo para hacerlo, pero se encuentran buscando otras actividades para hacer en su lugar. O *'¡Cuando establecen plazos y no los cumplen!'* Los procrastinadores demoran constantemente tomar decisiones importantes, o trabajan furiosamente en el último minuto para completar tareas cruciales.

Hay cinco tipos básicos de personas que retrasar más de media. ¿Qué tipo es tu colega?

El tipo de último minuto: Espera hasta el último minuto y luego trabaja todo el día para cumplir con los plazos. Él tiene que establecer plazos concretos de cuándo debe completar las tareas, dando un poco de margen en caso de que se encuentra con problemas.

Decidiré mañana: pospone las decisiones hasta que los acontecimientos resuelvan la situación, o se ve obligado a tomar una decisión. Normalmente es una persona pasiva.

Perfeccionistas: Todas las tareas, no importa cuán pequeñas o insignificantes sean, deben ser completadas sin defectos. El necesita seleccionar las tareas que son importantes y trabajar duro con ellas. Para

Tratando con Situaciones Difíciles

las otras tareas, el necesita saber que está bien no hacer lo mejor. Al tratar con un perfeccionista, animarlo que él puede terminar algo en forma de bosquejo. Hágale saber que usted no está esperando la perfección de él.

¡Los mostraré! El retrasa completar las tareas que otros le dan, como una forma de retener el poder personal y el control. Un empleado hace esto cuando un supervisor delega una tarea que no cree que debería estar haciendo.

Traducciones de mudadle Él pone fuera del trabajo debido a debido a los malos hábitos, la mala organización o la falta de dirección. Va en círculos cada vez más amplios, realizando poco y siempre tiene una excusa sobre por qué no ha completado una tarea.

¿Cuál de las anteriores describe a su compañero de trabajo? Hable con él sobre lo tu ha observado; ayudarle el a ver cómo sus acciones pueden ser retenerlo de una promoción y cómo la dilación puede aumentar su nivel de estrés.

Siempre tarde

'Uno de mis colegas llega tarde a eventos que ella no quiere asistir o se distrae fácilmente y pierde la noción del tiempo. Interrumpe las reuniones y carece de consideración por el tiempo valioso de otras personas. ¿Cómo puedo decirle ella lo molesto que es esto para los demás?'

Hay tres clases básicas de usuarios del tiempo. Por ejemplo, si hubo una cita de 14:00:

a. Persona - llega exactamente 14:00
b. Persona - llega 13:50 (y actúa como si estuviera preocupada de que llegara tarde).
c. Persona - llega 14:10 (y los actos como si ella estuviera en tiempo - no da ninguna explicación de su retraso).

El tipo (a) persona a menudo corta una línea fina entre ser puntual y ser tarde. De vez en cuando, ella mete en el grupo (c). La persona (b) está a tiempo, pero puede llegar demasiado temprano, y pierde tiempo valioso mientras espera. La persona (c) no comprende por qué otros son hostiles hacia ella, y no entiende por qué los que están esperando están molesto. Por ella acciones, ella (llegando tarde) está diciendo a aquellos que están esperando, *'Su tiempo, no es importante.'* Ella da la impresión de que su

Tratando con Situaciones Difíciles

tiempo es más importante, por lo tanto, está bien que los demás la esperen. Su colega se ajusta a esta categoría.

Explicar cómo tu siente cuando ella llega tarde, y hacerle ella saber por qué ella comportamiento es inaceptable para los demás y podría resultar en una acción disciplinaria de su supervisor.

Saberlo todo

'Tengo problemas con el tipo de persona que me pregunta por información, y luego insiste en darme él versión de lo que él o ella cree que es la respuesta.'

Primero escuche las ideas de la persona. Luego pregúnteles por los hechos relacionados con su información (estadísticas, cifras, etc.). Luego, usando la información disponible para usted, dígales los hechos. Consulte las normas, reglamentos, políticas y manuales de procedimientos u otros datos escritos si es necesario. La mayoría de los *"saben todo"* personas no pueden respaldar sus comentarios con hechos y datos concretos.

Payaso de la clase

'No necesito un coche de empresa a menudo suficiente para tener uno yo mismo, así que utilice uno desde el de la compañía coche piscina, para visitar a mis clientes. Nuestra empresa tiene una sentencia que nadie puede fumar en los coches y porque soy un no fumador que decisión está bien conmigo. Sin embargo, muy a menudo obtener uno que huele a humo. Me gustaría rechazar el coche, pero a menudo es el último uno disponible. Sé quién fumó en el coche. ¿Cómo debo tratar con esto?'

La persona que rompe las reglas tiene todos los atributos de un *"Clown de Clase"*. Sabe que estaba rompiendo las reglas cuando encendió su cigarrillo, pero se niega a dejar de fumar en los coches de la compañía. Quien asigna los coches en el grupo de coches necesitan ser informado del problema. Ellos son los que tienen la responsabilidad de lidiar con el rompimiento de reglas. Si esa persona se niega, vaya más alto y hable con el supervisor.

Chisme

'Un colega mío mantiene interrumpiendo mi trabajo con un jugoso chisme. No quiero oír ella chismes y le he dicho esto varias veces. Mi resistencia cae en oídos sordos y antes de que lo sepa, lo ella está haciendo de nuevo.'

Tratando con Situaciones Difíciles

El chisme es otra forma de agresión indirecta. Cuando la gente transmite el chisme de una persona a otra, es inevitable que el significado de las palabras cambie algo de persona a persona. Los afectados por los chismes no tienen la oportunidad de defenderse. Por ejemplo, un compañero de trabajo afirma: *'¿Has oído hablar del marido de Carmen? La policía lo recogió por conducir ebrio anoche.'*

'¿Cómo debe lidiar con la persona que difunde los chismes? Debería ignorar los comentarios o sugerir a su colega que ambos hablaran con Carmen sobre la información. Para detener los chismes, ella decía a Carmen: -Pensé que debías saber que hay rumores de que la policía acusó a tu marido de conducir ebrio anoche. ¿Sabía usted del rumor?'

Esto permite a Carmen saber que hay un rumor. No le preguntarías a Carmen si es verdad. Sólo le ella harías saber lo que está pasando. La persona que hace el cotilleo pronto aprende que ella no conseguirá lejos con hablar detrás de la parte posterior de otros. También evita que los chismosos pasen chismes no deseados a esta persona.

Doble significado cumplidos

'El hombre con el que trabajo es para siempre hacer comentarios que al principio suenan como elogios, pero añade algo negativo como, "Ganas mucho dinero por una mujer". Esto no es una ocasional cosa y él lo hace con todo el mundo. ¿Estoy siendo demasiado sensible? ¿Cómo debo responder?'

Él te está dando un cumplido y luego termina dándole un comentario negativo. Esto elimina la parte positiva del comentario. Al tratar con él, utilice las siguientes tácticas:

También hay otro problema serio aquí. Mientras usted está chismorreando, está perdiendo tiempo y dinero de la empresa. ¡Si se observa por la alta gerencia, podría evitar que usted reciba una promoción y usted ni siquiera sabría por qué!

1. Después de recibir el doble significado cumplidos o puesto abajo, dar su comprensión de la situación. Diga: *'Me sientes... piensas... creen...'* lo que confirma que oíste lo que te dijeron (una forma de parafrasear).
2. Luego añada: *'Entiendo... percibo... aprecio... empatía con... se da cuenta...'* luego expresa su punto de vista según lo percibes.
3. Tu explicarán su lado de la situación: *'Creo... me siento... tengo...'* y expresar sus creencias sobre el tema. No comience su declaración con palabras tales como *'Pero, sin embargo, aunque o, no obstante.'*

Tratando con Situaciones Difíciles

4. Haga una pregunta abierta (que no puede ser contestada por un *'sí'* o un *'no')*.

Por ejemplo, usted trataría una declaración discriminatoria con respecto al género:

Él dice, *'Usted está ganando un buen sueldo para una mujer.'*

Ella dice: *'¿Crees que las mujeres deberían ganar menos que los hombres?'*

Él dice: *'Sí, lo hago.'*

Dices: *'Aprecio lo que dices. Creo que las mujeres merecen la misma oportunidad de ganar el mismo tipo de salario que los hombres. Las mujeres pagan el alquiler como hombres, pagan lo mismo por comida que los hombres y pagan impuestos como los hombres. ¿Cuáles son las razones para creer que las mujeres deberían ganar menos que los hombres?'*

Un ejemplo relativo a la edad: Dicen,

'Eres muy joven para ser supervisor, ¿verdad?'

Dices: *'¿Sientes que soy demasiado joven para ser supervisor?'*

Dicen: *'¡Eres joven!'*

Dices: *'Me doy cuenta de que soy joven. Tengo seis años de experiencia en este departamento, tengo un B.A. grado y han completado toda la formación de supervisión proporcionada por mi empresa. ¿Qué otros requisitos, previos cree que necesito, para manejar mi posición?'*

Un ejemplo relacionado con insultos raciales:

Ellos dicen, *'Cada vez que tomó un taxi, siempre son personas de Asia que conducen. ¿No puedes encontrar otra cosa que hacer, excepto conducir un taxi?'*

Tú dices: *'Tú sientes que la gente de Asia debería tener otro trabajo. Me doy cuenta de por qué debes creer eso. Muchas personas de mi país tienen que obtener educación adicional para trabajar en sus ocupaciones habituales en su país, por lo así que se convierten en taxistas en el ínterin. Estoy tomando cursos universitarios y pronto estaré trabajando en mi tipo normal de ocupación. ¿Qué clase de cursos especiales tomó para trabajar en su ocupación?'*

Un ejemplo relacionado con el tamaño de una persona:

Ellos dicen: *'Estás en muy buena forma para un hombre de tu tamaño.'*

Dices: *'¿Crees que porque soy un hombre más pequeño, que no soy fuerte?'*

Dicen: *'Bueno, pareces ser muy pequeño para poder levantar tanto peso.'*

Tú dices: *'Puedo ver cómo puedes llegar a esa percepción. Tengo sesenta años y he estado levantando pesas desde que tenía quince años. He ganado varios concursos de levantamiento de pesas y todavía trabajo todos los días. ¿Puedes ver por qué estoy en buena forma para un hombre de mi tamaño?'*

Su tono de voz es muy importante en estos intercambios. Su voz no debe mostrarse defensiva, pero debe indicar hechos. Esto inicia un diálogo donde se pueden discutir hechos en lugar de emociones. Utilice esta técnica para cualquier comentario doble significado cumplidos.

No me promoverán

'He intentado todo lo que sé para salir adelante en mi empresa, pero parece que son reacios a poner a las mujeres en puestos directivos en mi empresa. ¿Cómo puedo conseguir el tipo de trabajo que sé que puedo manejar?'

Muchas mujeres (a menudo solas sostenedores de la familia) luchan para escapar del gueto del collar rosado consiguiendo posiciones supervisoras o de la gerencia. Aquí hay algunas sugerencias que pueden ayudarle a avanzar en la escala corporativa:

Paso 1: Decida a dónde quiere ir obteniendo orientación profesional. Luego investiga cómo puedes llegar a dónde quieres ir. ¿Será esto a través de capacitación en el trabajo, o necesitaría una educación formal y / o entrenamiento? Una vez que determine esto, tomar ese entrenamiento, posiblemente mientras trabaja en una posición de nivel junior en el campo de su elección.

Paso 2: Documentar todas las tareas que realice en su posición actual. Determine si está haciendo una parte importante del trabajo de su jefe. Busque aquellas tareas que requieren acción independiente y / o toma de decisiones de su parte. Si puede identificar las decisiones que toma ahora, puede ser capaz de convencer a su empleador, que usted es capaz de tomar decisiones más importantes. Sólo va a utilizar diferentes tipos de datos.

Busque deberes donde su juicio fue crucial para el resultado de una tarea. Busque áreas claras de responsabilidad, autoridad y responsabilidad. En

Tratando con Situaciones Difíciles

otras palabras, busque cosas que usted hace sobre una base regular donde usted decide el resultado. Estas son las habilidades que los puestos de gestión están buscando y usted será bien pagado por su uso.

Paso 3: Pida su jefe si su talento pudriera utilizarse en otras áreas de su departamento. Explique que usted desea tomar un recorte de sueldo si es necesario. Incluso una posición junior (como tiene un punto de apoyo en el peldaño inferior de la escalera promoción) es mejor que un soporte o una oficina.

Si tu jefe no creo que esto es una buena idea, hablar con alguien en tu departamento de recursos humanos. Identificar las cualidades de toma de decisiones que ha desarrollado y qué especialidad te gustaría entrar. Pídales que le informará sobre cualquier posición que surgen, que sería utilizar sus calificaciones.

Como copia de seguridad, ver las ofertas de trabajo en el tablón de anuncios de su empresa y asegúrese de solicitar posiciones que *usted* cree que puede manejar. Tiene el Departamento de recursos humanos explica por qué no eres apto para las vacantes porque es rechazada. Esto puede ser difícil en el primero, pero voy a explicar donde usted necesita mejorar sus calificaciones.

Paso 3: Pregunte a su jefe si sus talentos podrían ser utilizados en otras áreas de su departamento. Explique que está dispuesto a tomar un recorte de sueldo si es necesario. Incluso una posición junior, es mejor que un apoyo o clericales uno.

Si su jefe no cree que sea una buena idea, hable con alguien en su Departamento de Recursos Humanos. Identifique las cualidades de toma de decisiones que ha desarrollado y qué carrera le gustaría entrar. Pídales que le informen de cualquier posición, que utilizaría tu talentos y habilidades.

Como respaldo, observe las publicaciones de trabajo en el tablón de anuncios de su compañía y asegúrese de solicitar posiciones que cree que puede manejar. Pida al Departamento de Recursos Humanos eso explica por qué usted no era adecuado para las vacantes que solicitó. Esto puede ser difícil al principio, pero ellos le explicarán dónde necesita mejorar sus calificaciones.

Paso 4: Hable con alguien en una posición alta en su empresa que está ansioso por ver el progreso de las mujeres en los negocios y pedir su consejo sobre qué tipo de experiencia o educación que le falta.

Tratando con Situaciones Difíciles

Paso 5: Al responder a anuncios de empleo, mantenerse alejado de los que describen la posición o el candidato con palabras tales como *'Habilidades, brazo derecho, de clase alta, brillante, cumplidor, duro de trabajo, servicios de apoyo, asistente de o condiciones de trabajo agradables'* etc. Estos denotan posiciones de nivel inferior. Observar palabras como *'Auto-iniciador, orientado a la carrera, desafiante posición'* en su lugar.

La mayoría de los altos funcionarios identifican sus rangos salariales como salarios anuales - intermedios en salarios mensuales y junior positions como salarios por hora o semanales.

Paso 6: Pregunte a las mujeres que tienen altos cargos en la empresa para ayudarle a alcanzar su objetivo. La mayoría de ellos estará encantada de ayudarle. Pregúnteles cómo llegaron donde están y la ruta que tomaron para llegar allí. El dicho, *'No es lo que usted sabe, pero quién usted sabe,'* todavía juega un papel importante en ser promovido.

Una vez que alcances una posición más alta, aquí están algunas ideas que te ayudarán a tener éxito.

- Conoce tus deberes de posición y hazlos bien.
- Siempre tiene áreas que necesita aprender cuando acepta una nueva posición. Si ya sientes que sabes todas las tareas del trabajo, probablemente ya estás sobre calificada.
- Si renuncia a una posición, nunca queme sus puentes y maltrata a su ex compañía, jefe o compañeros de trabajo. Nunca se sabe, diez años después de que ha habido una renovación completa del personal, se puede aprender acerca de un trabajo *"perfecto"*, pero no se considerará si comprueban su historial personal y encontrar *"uvas agrias"*.
- Asegúrese de recibir oportunidades iguales de capacitación y educación como su grupo de compañeros.
- En las reuniones de gestión, no deje que otros esperan que usted va a hacer café.
- Si se le pide que tome minutos en una reunión de gestión, consiga a su asistente personal, explicándole que no puede participar correctamente cuando toma notas. Aprenda a controlar sus emociones como la ira, la ansiedad y el miedo (¡Nunca use lágrimas para conseguir su camino!). Esté dispuesto a expresar sus ideas a su jefe en privado, pero nunca lo critique o desafíelo él o ella en público.

- Nunca salga con un colega o cliente con el que se ocupe con regularidad.
- Conozca cómo su empresa se ocupa de las cuentas de gastos.
- No seas demasiado crítico si cometes errores. Aprende de tus errores e intenta hacerlo mejor la próxima vez.
- Aprenda la manera correcta de aceptar elogios por un trabajo bien hecho.
- Si su jefe es débil e indeciso pídale pautas escritas que identifiquen dónde tiene la autoridad para tomar decisiones por su cuenta. Explique que esto es para que no moleste a su jefe con detalles triviales. No sólo va a tomar más decisiones, pero tu jefe estará feliz.
- No verbalizar altas ambiciones personales a sus colegas (especialmente hombres). Analice esto solo con su supervisor o con el representante de Recursos Humanos. El tiempo que debe explicar sus planes completos de carrera, es durante su entrevista y se le pregunta la pregunta *'¿Cuáles son sus planes de carrera?'*

Él congela bajo presión

'Uno de mis colegas se congela cada vez que ocurre una emergencia en el trabajo. Este hombre se inmoviliza, se congela y no parece capaz de funcionar. También se mantiene alejado del trabajo si se espera que tome decisiones importantes, por lo que otros se ven obligados a tomar esas decisiones por él. En situaciones de grupo, parece incapaz de hablar. ¿Qué está pasando aquí?'

Cuando el lucha o respuesta de vuelo se inicia, en lugar de luchar o huir del peligro, el simplemente él se congela.

Él no toma decisiones, porque tiene miedo de que haga la equivocada. Esto nuevamente lo inmoviliza. Se vuelve mudo porque parece ser muy tiene un miedo de hablar en público.

Él está demostrando por su comportamiento, que él es una persona muy pasiva, así que usted podría sugerir que él tome un asertividad curso. Ayúdelo a aprender a tomar decisiones. Cuando el vea obligado a tomar una decisión, hablar con él en privado, y le pregunto: *'¿Qué crees que debes hacer? ¿Por qué tomaste esa decisión?'*

Si usted es el que quiere que él tome una decisión, le dan plazos y comprobar de vez en cuando para ver si necesita más información antes de tomar su decisión.

Estos suenan como comportamientos bien atrincherados que pueden requerir ayuda profesional para superar. Él es probable que haya tenido

Tratando con Situaciones Difíciles

algunas situaciones horribles en su pasado que han causado su inmovilización.

Tímido

'Sam es tan tímido que es doloroso verlo interactuar con los demás. Cada pequeña cosa él le hace ruborizar remolacha roja, sudar pesadamente y tartamudear sus palabras. Sus colegas y amigos reaccionan siendo super cuidadosos mientras están alrededor de él.

Otros lo evaden el debido a la culpa que sienten cuando inadvertidamente le hacen responder con este tipo de comportamiento.'

Las personas tímidas muestran fácilmente que están muy avergonzadas por sus señales no verbales. Tienen pesadillas sobre situaciones que podrían enfrentar al día siguiente y cuando la situación ocurre, se han trabajado hasta que están casi inmovilizados. Estas personas son propensas a una gran cantidad de burlas de personas más fuertes y sufren terriblemente. Para superar: siga los pasos para *'Se congela bajo presión.'*

Devalúa su propio valor

'Uno de mis colegas devalúa ella habilidades. Ella actúa como si todo lo que salió mal debe ser su culpa, y es muy crítico de su trabajo y acciones. Ella busca tranquilidad diaria de otros que ella está haciendo un buen trabajo y necesita a otros para alabar sus acciones (sean o no ganados).'

La mayoría de las personas que hacen esto son ejecutantes promedio, pero casi piden a otros a encontrar fallas con todo lo que hacen. Ellos tratan de evitar recibir daño de otros mediante la identificación de sus propios defectos, antes de que nadie más puede hacerlo por ellos.

Si usted decide ayudarla, ella necesitará un confidente que no critique, pero le dará ella empatía. Ayúdela a darse cuenta de lo que ella está haciendo consigo misma con su constante autocrítica.

Explique cómo los demás pierden la fe en habilidad la mujer para hacer un buen trabajo. Tu colega necesita desesperadamente elogios y reconocimiento cuando ella tareas van bien. Asegúrese de proporcionar esto para ella.

Ella no tomará una decisión

'Cuando le pregunto a una colega dónde quiere ir a almorzar, su respuesta estándar es: "No me importa, donde quiera que quieras ir., está bien conmigo". He tratado de alentarla a expresar su preferencia, pero aún obtener la misma respuesta. ¡Entonces, no importa a dónde

Tratando con Situaciones Difíciles

vamos, ella se queja sobre la comida o el servicio! ¿Cómo debería manejar esto?'

Describa lo que ella acciones le están haciendo a usted ya otros cuando ella juega juegos como éste. Ella probablemente ni siquiera es consciente de que lo está haciendo, pero hay un método a esta locura. La persona deliberadamente no involucrada nunca está equivocada, pero ella tampoco tiene razón. Ella puede decir que no le importa qué decisión se toma, pero su lenguaje corporal probablemente mostrará lo contrario - así que vigile su lenguaje corporal.

En el futuro, insistir en que ella claramente indica lo que quiere hacer para el almuerzo - que el silencio o *'No me importa - dondequiera que quieras ir está bien conmigo...,'* es inaceptable. Si ella todavía no dirá su opinión, diga: *'¿Así que no le importa a qué restaurante vamos?'* Luego señale que no quiere quejarse por la comida o el servicio.

Comportamiento falso asertivo

'Nunca creerías cuando observas el comportamiento de mi colega, pero Bill me odia. En conversaciones privadas, él me deja saber cómo se siente, pero si alguien está alrededor, él es muy amable conmigo. Hace poco aprendí que él está esparciendo mentiras sobre mí.'

Las personas de esta categoría tienen problemas en, cualquier cosa, pero de las relaciones más superficiales. Pueden parecer abiertos, asertivos, cálidos e incluso extrovertidos, pero esto cubre la falta de honestidad.

Empiece diciendo: *'Sé que no eres mi mejor admirador, así que aprecio tus esfuerzos para ser amigable cuando los demás están alrededor. Lo que no me gustan son las historias usted se está extendiendo a otros sobre mí. Si usted tiene una queja sobre mí- dígalo a mi cara así que tendré la oportunidad de tratar con ella.'* Sé cortés con él, pero no dejes que se baje tu guardia, él puede que todavía te esté maltratando a tus espaldas.

El adulador

'Estoy bastante intrigado por los juegos que la gente juega para llegar al lado derecho de sus jefes, dar pases a eventos deportivos y hacer favores especiales para sus jefes. Estas cosas no tienen nada que ver con el trabajo - ¿por qué lo hacen, excepto para curry favor con sus jefes? Me niego a hacer esto y me pregunto si esto puede ser retenerme en el trabajo.'

Estas personas se observan preparándose para impresionar a sus jefes antes de entrar en la oficina de su jefe - ajustando sus chaquetas, viendo

Tratando con Situaciones Difíciles

si cada pelo está en su lugar, corrigiendo su postura. Algunos recurrir a decirle al jefe el chisme de la oficina. Son manipuladores que quieren ser notados, pero usan los medios equivocados.

Concéntrese en su propio comportamiento en lugar de preocuparse por el adulador. Usted no tiene que recurrir a las acciones insinuante de un adulador. En su lugar, concentrarse en hacer el mejor trabajo que pueda - por lo que su jefe se ve bien. Ayude tu jefe manteniéndolo él o ella informado sobre los problemas de la empresa que él o ella podría haber perdido.

Si tiene que hablar con el adulador, llévelo él o ella a un lado y pregunte por qué él o ella se complace en jugar este juego y lo que él o ella espera obtener de él. A continuación, explique su propia aversión a ese tipo de comportamiento.

Empleado excesivamente comprometido

'Bob siempre tiene una sonrisa y una palabra amigable para compartir y la gente al instante como él. Sin embargo, él promete que lo que usted quiere de él - después le deja abajo y no entrega en promesas. Este tipo de evasión de deber tiene que parar. Necesito contar con él cuando diga que va a hacer su parte del trabajo.'

Hágale saber que usted está contando con él para hacer lo que él prometió hacer. Diga, *'Usted me ha decepcionado en el pasado, prometiendo hacer tareas tu que no tenía tiempo para hacer. Estoy contando contigo para hacer esto. Si hay alguna posibilidad de que no puedas entregar, necesito saber ahora, no más tarde cuando sea demasiado tarde.'*

Está tratando de complacer a otros, pero acepta demasiadas asignaciones. El necesita saber tu está satisfecho con el trabajo que ha hecho.

Estas son personas agradables que no pueden decir *'No'* a las peticiones de otros. Les encanta la armonía y odio discutir, por lo que estarán de acuerdo en hacer lo que otros les piden que hagan. Evitan la confrontación con la esperanza de que no perjudiquen los sentimientos de los demás. Incapaces de manejarlo todo, posponen la acción y rompen sus promesas. Ellos no hacen daño a otros intencionalmente, pero a menudo causan dificultad para otros que dependen de ellos para seguir a través.

Tendrá que decidir si delegarle tareas adicionales.

Si el acepta hacer una tarea, explique que tu está confiando en el para completar la tarea. Hágale saber las consecuencias si usted está decepcionado en el futuro.

Trabajador de acecho

'Uno de mis compañeros de trabajo comenzó a seguirme. No me siento atraído por ella y le hago saber que no estoy interesado en una relación. Ella no ha sido obvia, pero a menudo la veo mirándome en el trabajo. Lo que me preocupa es que la he visto aparcada varias veces fuera de mi apartamento y la he encontrado en el supermercado demasiadas veces para que sea un accidente. ¿Cómo puedo hacer que deje ella de hacer esto?'

Este es un caso de acecho. Comience por documentar cada vez que usted nota su acecho. Si otros han observado ella comportamiento, pídales que documenten sus observaciones también. Entonces hable con ella - dándole una copia de su documentación. Explique que ella comportamiento debe detenerse. Si ella no lo hace, hable con su gerente de Recursos Humanos y / o representante sindical para que le hable con ella sobre su comportamiento inaceptable. Si ella persiste - hable con la policía y obtenga consejo sobre cómo debe lidiar con esta situación.

Abusos de correo electrónico

'Uno de mis colegas siempre me envía bromas sucias por internet. Tenemos una política de la compañía relacionada con esto, pero estoy renuente a hacer un escándalo por esto.'

Haga una copia de la política de correo electrónico de la empresa y envíela por correo electrónico a esta persona. Explique que al aceptar el correo electrónico inaceptable usted es igual de culpable. Si las bromas siguen llegando, muéstrele a su gerente una copia de algunos de los correos electrónicos ofensivos y su solicitud para que se detengan.

CAPÍTULO 4

DESGRACIADO EN EL TRABAJO

¡Odio mi trabajo!

'Estoy tan infeliz en el trabajo que tengo que obligarme a ir a trabajar cada mañana. ¡Es debido a los problemas de gestión - que no parecen importarle nada de sus empleados!'

Las empresas hacen muchas cosas para hacer la vida miserable para su personal y deben ser diligentes para eliminar tantas frustraciones de los ellos como pueden. Algunos empleados son desmotivados por empresas que:

Usar supervisión restrictiva

Es probable que obtenga menos satisfacción en el trabajo si su supervisor le da poca oportunidad de participar activamente en la forma de completar sus tareas. Mientras más empleados participen en cómo hacen las cosas, más cooperativas serán.

Los supervisores que utilizan un estilo de liderazgo autoritario se están preparando para fracasar. Si tiene uno de estos supervisores, hable con su supervisor sobre esto. Si su supervisor no escucha, puede que tenga que sufrir por un tiempo hasta que una promoción esté disponible. Otras alternativas son; tomar un movimiento lateral a otro departamento o como último recurso, salir de la empresa.

Falta de reconocimiento

Los supervisores desmotivan al personal si identifican sólo lo que sus subordinados hacen incorrectamente. Deben concentrarse en lo que hacen correctamente, lo que fomentará un mejor desempeño. Al corregir la conducta, en lugar de decir *'Cometiste un error,'* deberían decir: *'La próxima vez que hagas esto, me gustaría que lo hicieras así.'*

En la *'Escuela Vieja de Gestión,'* los supervisores creían que era su derecho a tomar crédito por cualquier nueva idea sugerida por sus subordinados. Como era de esperar, irrita y frustra a los empleados y desalienta cualquier nueva idea. Supervisores progresivos están aprendiendo que, si dan crédito a los empleados donde el crédito es debido, su personal está motivado para realizar mejor. Esto también alivia la mediocridad y la producción marginal. Dígale a su supervisor: *'Me siento muy desanimado cuando aceptas crédito por el trabajo que he completado.'* A continuación, explique cómo su falta de reconocimiento está afectando su nivel de orgullo en lo bien que hacer su trabajo.

Trabajo monótono

Cuando las empresas implementan *"rotación de trabajo"* para sus empleados, están tratando de hacer que los puestos de trabajo de los empleados sean más interesantes. La rotación de trabajo involucra a varios empleados que trabajan en sustancialmente la misma clase o nivel de trabajo y rango de pago. Los empleadores que usan la rotación de trabajo obtienen beneficios adicionales porque la gente puede llenar más de un trabajo. No culpe a su empresa si están haciendo esto. Están tratando de mantener su trabajo interesante. ¿Si su empresa no utiliza rotación de trabajo, por qué no sugieren que lo hagan?

Poca oportunidad para probar nuevas ideas

Otro desmotivador ocurre cuando los supervisores se niegan a escuchar a su personal mientras tratan de explicar maneras mejores, más rápidas o más eficientes de completar su trabajo. Ellos probable que escuche si utiliza comparaciones, identifica las ventajas / desventajas de las nuevas y antiguas maneras e identifica los ahorros de costos de su nuevo método propuesto.

No hay crecimiento de nuevas habilidades

En un momento dado, las empresas gastaron dólares de formación en su gente y todavía no podía mantenerse al día con la demanda de personas calificadas y competentes. Recientemente, las empresas han tenido que reducir presupuestos de formación. Las empresas pueden negarse a dar capacitación que creen que los empleados no pueden usar de inmediato. Los empleados cuyas promociones tienen de seis meses a un año, pueden tener dificultades para obtener una formación preparatoria.

Los empleados, que se encuentran en esta posición, sería prudente obtener y pagar por este entrenamiento ellos mismos. Esto asegurará que tu están listos para el próximo paso (sin que su empresa tenga que poner el dinero de entrenamiento). Esto le da al empleado una ventaja sobre los competidores para el puesto que no han obtenido este entrenamiento por su cuenta. Estos dólares de formación se gastan bien y una buena inversión para el empleado. A menudo los empleadores reembolsarán tales gastos por capacitación relacionada si el entrenamiento ocurrió mientras el empleado estaba en otra posición en la compañía.

Mal ajuste entre las habilidades y los requisitos del trabajo

Antes de la recesión económica, muchos empleados proyectaron que subirían la escalera en sus compañías muy rápidamente. Muchos encuentran que están demasiado calificados para sus posiciones actuales con pocas posibilidades de ascender en la empresa. Si la promoción esperada todavía está lejos en el futuro, pueden ser obligados a trasladarse a otra compañía.

Ira expresada en el trabajo

'Tengo un empleado cuya productividad ha caído drásticamente. Sé que el problema no proviene de un problema personal o familiar, pero la calidad de ella trabajo tiene que mejorar. ¿Cómo puedo saber qué está pasando?'

Su primer paso es tener una entrevista con ella y preguntar las razones de su pobre desempeño. Esté preparado con hechos para respaldar su creencia sobre ella trabajo. Usted puede encontrar las siguientes razones detrás de ella comportamiento:

Directo "Toma eso":

Por lo general, la primera respuesta de una persona a una condición de trabajo negativa es atacarla directamente. A menudo esto conduce a un esfuerzo muy productivo y creativo. Nuevos procedimientos pueden desarrollarse de esta manera. *'La necesidad es la madre de la invención,'* por lo que puede ser deseable alguna frustración. Sin embargo, si la condición no se detiene, él o ella puede mostrar abiertamente manifestaciones de hostilidad o puede utilizar métodos menos directos.

Ejemplo: Un gerente no reconoce la capacidad de un empleado para presentar nuevas ideas. El empleado deja de dar nuevas ideas. El empleado sabe cómo puede hacer un trabajo más rápido y mejor, pero se siente frustrado porque no puede completar una tarea a su manera. Podría convertirse en un empleado de *"medio de la carretera"* con visión de túnel.

Sabotaje - "Vamos a volver a ellos":

Sabotaje en el trabajo por lo general toma una forma mucho más suave que normalmente asociamos con esta palabra. Sin embargo, las formas sutiles de sabotaje son muy comunes. La ralentización del trabajo, el procedimiento omitido, y el pequeño *"error"* son evidencias del modelo de frustración / ira en el trabajo.

Ejemplo: Un asistente personal hace intencionalmente un café pésimo, porque ella no bebe café y siente que la toma de café no debe ser su responsabilidad.

Cumplimiento – "Si eso es lo que quieres ... "

Una excelente manera de expresar la ira en el jefe es hacer exactamente lo que él o ella pide, independientemente de las circunstancias. El jefe no puede criticar esta práctica, porque después de todo, es lo que él o ella dijo, pero no significa que se tome tan literalmente. A menudo, cuando un sindicato quiere hacer la vida difícil para la dirección, el sindicato comienza a ir por la letra, más que el espíritu del contrato.

Ejemplo: Le ha dado a un empleado un conjunto de instrucciones sobre cómo completar un proyecto, asuma que el usará sentido común y agregará la información relevante según sea necesario para completar la tarea. Él no lo hace, por lo que el informe es inútil.

Retiro emocional - "No eres tan importante":

A menudo vemos que los empleados se vuelven apáticos y simplemente *"pasan por los movimientos"* en el trabajo. Sus acciones nos dicen que no creen que su trabajo es importante; que las cosas realmente importantes para ellos están fuera del trabajo. Los aumentos de la productividad serían considerables, si el interés y la energía que muchos trabajadores pasan en convertirse en jugadores de bolos de la estrella se pudieran reavivar en el trabajo.

Ejemplo: Una empleada sigue su descripción de trabajo a un *"T"*. Como su gerente, usted sabe que ella es capaz de mucho más.

Volviéndose hacia adentro: ¡Debe ser yo!

Uno de los resultados más patéticos de la prolongada frustración es la tendencia de algunos a convertir su ira hacia adentro sobre sí mismos. En lugar de desahogar su ira contra las condiciones de bloqueo a través de medios directos o indirectos, el individuo comienza a atacarse a sí mismo y termina con una sensación de *"no soy bueno"*.

Ejemplo: Los empleados que han asumido riesgos y que han sido *"quemados"* pueden puede volverse introvertido y rehusarse a tomar decisiones utilizando la visión de túnel al completar las tareas. No tomarán riesgos y necesidad de sentirse seguro en cualquier decisión que tomen. Aquellos que han escrito advertencias en su expediente o que han sido reprendidos en público también reaccionarán de esta manera.

Cómo mejorar la productividad y satisfacción en el trabajo

Así que, ¿cómo puede mantener su empleado ganas de contribuir y ser más productivo?

1. *Proporcionar un ambiente de aprobación:*
   a) Un ambiente de aprobación puede ser creado por tomar los siguientes pasos:
   o Reconocer la importancia de sugerencias de empleados.
   o Escucharlos - si no ahora, arreglar para hacerlo más tarde.
   o Evite el asesino progreso tales como: *'¡Siempre lo hemos hecho de esta manera!'*
   o Explique por qué sus nuevas ideas no funcionarán. Si el empleado da una buena idea, implementarlo tan pronto como sea posible y asegúrese de darle crédito al empleado por la idea.

2. *Les permitan participación importante:*
   La evidencia es bastante convincente que cuando la gente puede influir en su propio trabajo de forma que ofrece la oportunidad de tener una voz decisiva, se convierten más interesados e involucrados. Empleados se sienten que su participación es significativa si se practica lo siguiente:
   a) Analizar su trabajo y decidir qué tareas se pueden mover hacia abajo. Si la tarea es fácil de hacer - es probable que pueda delegarse.
   b) Estar dispuesto a correr el riesgo de mayor participación de trabajo de sus subordinados.
   c) Alentar a sus empleados a voluntarios para las tareas que se sienten que pueden manejar.
   d) Dígale él o ella, cuando su decisión ha sido influenciada por las ideas del empleado

3. *Retroalimentación de rendimiento*
   Algunos directivos creen que la evaluación anual del desempeño es todo lo necesario para que el empleado para llevar a cabo correctamente. Por supuesto, durante los días de trabajo el empleado debe ser corregido si él o ella hace algo mal, pero de lo contrario, están por su cuenta. Empleados que trabajan para este tipo de gerente encontrar:
   a) Ellos no tiene una descripción actualizada y precisa de las tareas y cómo ellos debe realizarse.

b) No hay seguros de lo que se espera de ellos - él o ella tiene por lo tanto no hay objetivos fijados para cumplir con.

c) Rara vez oyen hablar de lo que hicieron a la derecha (excepto el silencio), pero parecen escuchar mucho acerca de lo que hice ellos mal.

4. ***Disciplina Consistente:***

Si los gerentes muestran favoritismo o tienen un choque de personalidad con los empleados, la disciplina constante es a menudo un espejismo. Para asegurar una disciplina consistente, un gerente debe:

a) Examinar periódicamente las normas y las normas para evaluar su pertinencia con las situaciones actuales.

b) Los empleados conocen las reglas de la empresa.

c) Siempre premiar o castigar.

d) Tener en cuenta las circunstancias atenuantes.

e) Documentar su acción y el razonamiento que utilizó para tomar una decisión.

f) Seguir para ver si la situación ha mejorado.

5. ***Derecho de apelación:***

Esto se utiliza sólo después de que se han hecho los intentos de serios tanto por el supervisor como por el empleado para resolver una disputa. La tercera persona (el mediador) suele ser un especialista en Recursos Humanos, un representante sindical o cualquier otro negociador capacitado que pueda permanecer objetivo sobre el conflicto. Las empresas que no ofrecen el derecho de apelación (que suelen ser empresas no sindicalizadas) están perdiendo una herramienta de gestión muy eficaz. Se recomienda a los gerentes lo siguiente:

a) Los supervisores no siempre tienen la razón. Procedimientos de apelación protegen a su pueblo de tus lapsos ocasionales en el uso de opiniones sesgadas

b) Asegúrese de escuchar con eficacia su empleado razonamiento.

c) Si usted y su empleado no está de acuerdo, implican otro tercero imparcial.

d) Estar dispuesto a cambiar tu mente.

e) Acoger con satisfacción este método de apelación como una ayuda, no como una amenaza. ¡Recuerde, usted también tiene acceso a esta herramienta de gestión!

Tratando con Situaciones Difíciles

Considere estas ideas y ver si no cambia la productividad de tus empleados.

Crisis de mediana edad

¿Has encontrado a ti mismo pensando, *'¿Es esto todo?'* Si es así, es posible que usted está atrapado en una vida media de la meseta tanto en su situación conyugal y la familia o debido al tipo de trabajo que estás haciendo. Es fácil de conseguir en la rutina y permanecer allí. ¿, Si su situación matrimonial o familiar es el problema - qué podría hacer para poner alguna chispa en su vida? ¿O es lo suficientemente grave como para considerar asesoramiento matrimonial o familiar? Si es así, que hacer una prioridad para usted investigar y pronto. La vida es demasiado corta como para perder la vida siendo feliz.

¿El trabajo solía ser emocionante, pero ahora lo encuentra y su vida a ser aburrido? Cada mañana te levantas y te vas a trabajar, luego regresas a casa. Cuando llegas a casa es la misma vieja rutina: lees el periódico, usted come la cena, mire la TV y vaya a la cama. Entonces usted se levanta y lo hace todo otra vez.

¿Qué vas a hacer con el resto de tu vida? Odias la idea de que tu trabajo va a ser así para siempre, pero no sabes cómo salir de la rutina o tienes miedo de fracasar en nuevos emprendimientos. Si estás diciendo algo de lo anterior - has estabilizado (no vas a ir a ninguna parte) y probablemente se sienten atrapados. Si puedes aceptar que estás al final de una fase, puedes empezar a planear una nueva.

Para muchos de nosotros, el trabajo es la base de nuestra identidad y autoestima, lo cual está bien, siempre y cuando tengamos éxito. Pero las promociones finalmente cesan, a veces provocando una terrible sensación de fracaso. El dominio del trabajo también puede traer sentimientos de tedio. Los odontólogos se cansan de llenar las muelas, los profesores se aburren con sus estudiantes y los abogados se cansan de los tribunales de divorcio.

Cuando esto sucede, hay una buena posibilidad de letargo se establecerá en; la productividad de la persona disminuye y la alegría de ir al trabajo cesa. La vida se convierte en una tarea tediosa - no una experiencia gratificante. Aunque diferentes estrategias trabajan para diferentes personas, hay cursos de acción que pueden sacarlos de esa meseta. Aquí hay algunas maneras de dejarlo atrás y ayudarle a seguir adelante con su vida.

Usar las habilidades de una manera diferente

Las personas con dificultades, que no pueden cambiar sus trabajos, pueden beneficiarse usando sus conocimientos y habilidades de diferentes maneras. Una forma es ser un mentor para los jóvenes en su organización. Ser mentor implica el desafío de ser el maestro sabio.

Cuando una persona llega a la edad media, es más probable que pasen por un período de renacimiento personal, especialmente si fomenta la creatividad y el crecimiento de los jóvenes. Usted creará una nueva forma de ganar autoestima y seguirá desafiando sus habilidades.

Otro desafío es involucrarse en su comunidad y / o gobierno. El sector de los voluntarios puede ser tan gratificante como su trabajo profesional, si lo aborda con el mismo tipo de compromiso. Aquellos que participan en la comunidad, tienen la oportunidad de luchar con diferentes temas, tener experiencia práctica, ser creativos, ejercer liderazgo y hacer una diferencia visible en la sociedad. Es otro lugar donde puedes usar tu liderazgo y tu sabiduría para ayudar a otros.

¿Por qué tantas personas se encuentran en el tipo equivocado de ocupación? Aquí están los porcentajes, que muestran por qué la gente deja la pista con sus carreras.

Razones por las que las personas eligen la carrera equivocada

1. Siguen el consejo de los demás en lugar de usar sus propios instintos - 30%
2. Ciegos a sí mismos a lo que el trabajo será realmente como - 25%
3. Suponga que pueden vivir con un salario inferior al que están acostumbrados - 20%
4. No echa un vistazo a posibles problemas durante su entrevista de empleo - 15%
5. No obtenga orientación profesional.

Por lo tanto, es muy importante que investigue lo siguiente:

1. Comprenda usted mismo - sus deseos, necesidades y deseos.
2. Saber qué opciones de carrera están abiertas y disponibles para usted.
3. Saber elegir una carrera adecuada evaluando sus habilidades transferibles
4. Saber dónde puede obtener la educación y / o la capacitación que necesita para iniciar una nueva carrera.

La gente suele decir: *'Hago mi trabajo y espero que algo más llegue.'* Aquellos que trabajan en grandes organizaciones son especialmente propensos a ser *"buenos"* - esperando a la buena hada para notarlos y llegar con una varita mágica. Sin embargo, si espera a los superiores (o al destino) para crear oportunidades, le da a los demás demasiada energía sobre su vida. Es su responsabilidad decir lo que quiere. Conoces tus habilidades mejor que nadie. Usted está en una posición única para hacer un caso por sí mismo, para cambiar el diseño de su trabajo, haciéndolo más difícil y por lo tanto más valioso.

Piense en los aspectos de su trabajo que le den satisfacción intrínseca y luego ampliarlos. Hable con su supervisor o con el Departamento de Recursos Humanos sobre los pasos que ha tomado para prepararse para su carrera. Asegúrese de que sepan que usted es serio y desea una oportunidad para cambiar de carrera. Si bien es poco probable que obtenga todo lo que quiere, es más probable que obtenga algo, que si no habla.

Cuando trabajaba como Gerente de Recursos Humanos, una joven vino a mí y me explicó que ella estaba en la cima de su nivel de oficina y quería saber qué tipo de oportunidades promocionales estaban disponibles para ella dentro de nuestra empresa. Le pregunté ella a dónde quería ir, qué ocupación había elegido. Ella respondió: *'Realmente no me importa qué ocupación entre, siempre y cuando sea una promoción y gane más dinero.'*

Le expliqué que ella había ido tan lejos como podía ir como generalista, que ahora tendría que especializarse. Ella todavía no parecía entender lo que me quería decir, así que sugerí carreras alternas.

'¿Está usted interesado en mercadotecnia, computadoras, recursos humanos, contabilidad, ventas, operaciones, producción o cualquiera otra área de especialidad?' La mujer se encogió de hombros y repitió su declaración original sobre el salario.

Ella no comprendió que las empresas no sólo ofrecen puestos de trabajo a las personas; ella necesitaba hacer algo para demostrar su interés, aptitud y habilidad en la carrera que había elegido. Esta mujer debería haberse preparado para las oportunidades promocionales, en lugar de esperar que su empresa *"encontrar"* las oportunidades para ella.

Por ejemplo: si decidió que quería llegar hasta la posición de gerente de compras, debería haber tomado la iniciativa y estar inscrito en cursos relacionados. Ella podría haberlos tomado por la noche para estar listo para la posición del comprador siguiente que estaba disponible.

La envié a pensar en el área que ella deseaba seguir, pero ella nunca me contactó de nuevo. Era demasiado trabajo para ella hacer este *"trabajo"*

Tratando con Situaciones Difíciles

ella misma. Ella no sabía que me podría haberla colocado en posiciones junior en la mayoría de las áreas que había identificado.

Cuando estaba escalando la escalera corporativa en Recursos Humanos, me encontré con una situación de *"22 capturas"*. Yo le había preguntado a mi compañía si pagarían los costos del entrenamiento de supervisión, así que estaría listo para una posición de supervisión. Su respuesta fue: *'No podemos pagar por ese tipo de entrenamiento para usted, porque usted no es un supervisor.'*

Discutí si podía pagar el entrenamiento. Debido a que era serio acerca de ser considerado para este tipo de posición, tomé la iniciativa y me matriculé para un curso de supervisión de seis semanas podría tomar después del trabajo. Cuando mi empresa publicó la posición de supervisión esperada, hablé con el gerente sobre mi solicitud para el puesto. Su respuesta aún está grabada en mi memoria cuando dijo: *'¡No podemos considerarle para ese tipo de posición, porque usted no tiene entrenamiento de supervisión!'*

Yo estaba preparado para esta eventualidad y produje una copia de mi certificado de entrenamiento. Debido a esto, y mi experiencia relevante con la empresa, ellos contrataron a regañadientes me para la posición de supervisión: y me se convirtió en la primera mujer designada para ocupar ese puesto en su empresa. Si yo no hubiera tomado la iniciativa, probablemente todavía estaría en una posición clerical o de bajos salarios.

La cantidad que invertido en este entrenamiento ha sido devuelto cien veces. Por lo tanto, si la falta de formación es su problema, pagar por eso usted mismo. Si su respuesta es que usted no puede pagar los costos - usted está haciendo excusas. Tener una venta de garaje o prescindir de otras cosas no esenciales. ¡Lo extraño es que mi compañía me reembolsó el costo de mi entrenamiento, porque era entrenamiento que ellos habrían pagado de todos modos después de haber obtenido la posición!

Decisiones de carrera

Hay cinco tipos diferentes de decisiones de carrera que una persona podría hacer en su vida:

1. Elegir una ocupación.
2. Elegir un trabajo.
3. Elegir de un programa educativo (de estudio o capacitación).

4. La elección de una carrera (una serie de puestos de trabajo, las ocupaciones y los programas educativos que conducen a una meta de carrera).
5. Elección de cómo pasar un período de tiempo (qué hacer la próxima semana, mes, año, etc. Este tipo de decisión de carrera a menudo abarca varios otros tipos de decisiones de carrera.)

¡Cualquiera que sea la decisión que tomes, hazlo! No espere a que su empleador o algo externo para activar su respuesta. Si necesita consejería profesional, consígala y dedique tiempo a decidir lo que quiere hacer con el resto de su vida.

¿Estás listo para una promoción?

Las empresas no deben promover a los empleados simplemente porque han hecho bien en su posición actual, pero sólo si pueden manejar un mayor nivel de responsabilidad. Los empleadores hacen las siguientes preguntas antes de considerar tu que para una promoción. A ver si tú eres listo:

¿Es usted competente en su posición actual?

a) ¿Si no eres competente en tu posición actual, ¿estabas en la posición equivocada para empezar?
b) ¿Podrías sobresalir en la nueva posición, porque puedes usar tus habilidades transferibles? O,
c) ¿Es posible que no estés listo para una promoción?
d) ¿Qué tan bien te has preparado para el siguiente nivel de promoción?
e) ¿Conoce realmente las responsabilidades de la nueva posición que está buscando?
f) ¿Necesitará más capacitación para prepararse para esa oportunidad promocional?

¿Han demostrado a su empleador que usted es serio?

¿Has ido a través de la orientación profesional, decide dónde quieres ir y demostrado a su empleador que usted es serio acerca de sus ambiciones? ¿Si es necesario, usted registrado en cursos que te ayudarán avanzar en tu carrera solicitada?

¿Puede usted comunicarse efectivamente?

Si usted no puede conseguir junto con compañeros, clientes y jefes, probablemente quedo donde estás y no ser considerado para una promoción. A menos que mejore sus habilidades de comunicación, no podrá comunicarse con los demás por el resto de su vida y vivir con una discapacidad permanente. Toma lecciones de voz para que puedas decir lo que quieres decir, cuando quieres decirlo.

¿Es usted una inversión a largo plazo?

Las empresas pueden ser reacios a contratar a usted si ven que no han pasado mucho tiempo con varias empresas. Ellos quieren recuperar cualquier dinero que gastan en la formación para usted, por lo ellos que estará buscando la estabilidad de su parte. Deje a su patrón saber que usted es serio sobre su opción de la carrera.

¿Es usted un buen modelo a seguir?

Si tuviera su elección, ¿estaría dispuesto a trabajar para alguien como usted? ¿Qué defectos tienes? ¿Está usted listo para trabajar en sus defectos y mejorarlos? ¿Los demás te respetan y aceptan tus ideas como válidas (o tienes que luchar hasta el final, para que ideas sean aceptadas)? Si este último es el caso, es posible que tenga que trabajar en sus habilidades interpersonales.

¿Se supervisará a otros?

Si nunca has supervisado otros antes, asegúrese de que obtener capacitación supervisión antes de pedir un ascenso. Obtener capacitación y ponerse por delante de algunos de sus competidores que quieren las mismas oportunidades de promoción.

¿Estás listo para ser un supervisor?

Algunas personas nunca hacen buenos supervisores. Por ejemplo, si usted es el vendedor superior de su departamento, pensar dos veces antes de aceptar una posición de supervisión. Necesita un nuevo conjunto de requisitos previos, si eres un supervisor. Por lo general, gente de ventas odio papeleo y supervisores de ventas tienen que hacer mucho papeleo. Gente de ventas amor tratar con una variedad de personas, tener retos y cuotas de ventas de reunión. Supervisores de ventas pueden encontrarse atada a una oficina o un escritorio y pueden pasar por alto la interacción animada con sus clientes.

Elegir la carrera correcta para usted es muy importante, no sólo cuando comienza su vida laboral, pero más tarde en vida. Flexible es una necesidad para el éxito.

Los beneficios de elegir la carrera correcta

Quienes trabajan en una carrera adecuado encontrarán vida tremendamente estimulante. De alguna manera encuentran que su trabajo los anima a hacer un trabajo aún mejor, que trae satisfacción extraordinaria a la persona. Estas personas afortunadas no pueden esperar para levantarme en la mañana y empezar el día corriendo. Los lunes para estos individuos, son excepcionales. Aquellos que tienen esta actitud hacia el trabajo, encuentran que tienen una oportunidad mucho mejor de progresar dentro de sus carreras elegidas.

Por otro lado, algunos tienen dificultad para tomar decisiones y esperan a que las fuerzas externas iniciar cambios en sus vidas.

Si eres uno de esos indecisos, recuerde que su indecisión puede elevar su nivel de estrés considerablemente. Usted probablemente puede recordar un momento en que esperó y esperó antes de tomar una decisión y es probable que puede recordar el alivio tu sentí cuando tú finalmente tomó una decisión.

Hay respuestas a este dilema, pero usted debe estar dispuesto a invertir tiempo, esfuerzo y dedicación para cambiar las cosas. ¡Comienza por tomar decisiones sobre dónde quieres ir con tu vida!

Muchas personas pasan por las *"brasas"* cuando llegan a los treinta y cinco o cuarenta. Hacen comentarios como, *'¿Es esto todo lo que hay?'* Ellos probablemente han alcanzado muchos de sus objetivos personales y profesionales y encuentran la vida muy aburrida y poco interesante. Esto probablemente sucede porque no han tenido otro objetivo listo para patear cuando llegaron cerca de lograr su objetivo actual.

Algunos trabajadores se ven obligados a establecer metas profesionales porque han sido abandonados de una posición (su trabajo ha terminado o fueron despedidos de sus trabajos). Para algunos, esto se convierte en una verdadera bendición disfrazada, porque se ven obligados a mirar sus vidas y hacer planes serios sobre dónde quieren ir. Para algunos, podría ser la primera vez que realmente se han preguntado qué quieren hacer con su vida profesional.

¡El establecimiento de metas requiere mucho esfuerzo, dedicación y tiempo, pero vale la pena! Si toma dos años para que usted decida dónde quiere ir, está bien, siempre y cuando usted está trabajando constantemente para encontrar la carrera adecuada para usted. No intente algo a menos que realmente quiera tener éxito en él. Hay demasiados competidores por ahí - la gente que sabe dónde quiere ir y cómo van a llegar allí.

Tratando con Situaciones Difíciles

La gran pregunta para muchos es cómo encontrar la carrera ideal. La mayoría lo encuentran cuando obtienen orientación profesional. Aquellos que han trabajado durante muchos años en un campo pueden sentirse frustrados y deprimidos, pero tan pronto como encuentran una nueva forma de canalizar sus habilidades y talentos, su perspectiva mejora inmediatamente. Usted podría considerar mirar el servicio de consejería de carrera que ofrecemos visitando:
www.dealingwithdifficultpeople.info/unique-career-counselling-service

Alguien más consiguió la promoción

Considere esta situación. Hay una posición promocional en su empresa que ha solicitado, porque cree que está bien calificado para ello. Usted presenta su currículo vitae para la consideración y aprende que alguien ha sido contratado para el puesto. Sabes que esta persona es menos calificada que tú, así que estás molesto. ¿Qué pasos debe tomar? ¿Cómo debe abordar esta situación? ¿Es demasiado tarde para hacer algo al respecto? No, no lo es. Pero simplemente quejándose al supervisor que emplea o diciendo, *'¿Cómo usted contrató a alguien que es menos calificado que yo?'* probablemente no funcione.

En su lugar, llame al supervisor que hizo la contratación y pedir quince minutos del tiempo (vamos a suponer que es un hombre). Si él le pregunta por qué, explique que es importante para usted obtener alguna información con respecto a la posición. Él levantará la guardia, pero si eres persistente te verá. Él espera que lo ataquen y será defensivo estarán a la defensiva, incluso antes tú de entrar en la habitación. Por lo tanto, su enfoque tiene que ser más sutil. (El enfoque duro de la mayoría de las negociaciones laborales no funcionará en esta situación.)

Usted podría comenzar por ser honesto y admitir que está molesto. Diga: *'Creo que sabes que estaba realmente deseando ser aceptado para esta posición y me ha molestado que no fui elegido. ¿Puedes ayudarme a determinar lo que estoy perdiendo en mis antecedentes que me impide ser promovido?'*

Él se sentirá un poco fuera del gancho porque estás discutiendo tus fallas, no cuestionando la decisión. Si él dice: *'La otra persona estaba mejor calificada que tú,'* tu respuesta debería ser: *'¿Podrías ser más específico sobre las calificaciones necesarias para el trabajo?'* Después de haber señalado las calificaciones, tu parafrasea lo que él tiene dijo y agregó: *'Tengo ese tipo de experiencia - de hecho, tengo más de lo que has dicho es necesario para esa posición, así que supongo que ese no es el problema.'*

El tendrá que admitir que tu tiene razón. *'Me supongo que no. Usted tiene siete años de experiencia en esa área.'* (Usted sabe que George, que consiguió el trabajo, tiene sólo cinco años de experiencia. No lo arroje al supervisor, guarde esta información para más tarde).

Ella A continuación pregunta: *'¿Qué otros tipos de calificaciones eran necesarios para esta posición?'*

Él puede sugerir algún tipo adicional de conocimiento o experiencia y tu respuesta podría ser: *'Yo no creo que eso sea un problema tampoco.'* Aquí tú le daría más hechos que demuestran que usted tiene estas cualificaciones también (suponiendo que lo haga). En resumen, siga dando razones fácticas por qué usted no cree que él explicación le elimina como candidato. Intentará sacar alguna razón plausible por tu que no consiguió el trabajo y él no será capaz de hacerlo.

Al final de la entrevista, dices algo así como: *'Bueno, no sé dónde me deja esto, porque parece que, por lo que acabas de decirme, yo era el mejor calificado para el trabajo. Como usted ha dicho, en lo que respecta a la experiencia, necesitaba cinco años de experiencia y yo tengo siete. Sé que George sólo tiene cinco. En lo que respecta a la educación, tengo... y sé que George sólo... Yo todavía no sé por qué obtuvo el trabajo y no me lo dieron. ¿Qué hacemos ahora?'*

Usted ha puesto a esta persona en una posición difícil. Usted ha presentado sus hechos de tal manera que él no puede negar que tu tiene razón.

Muchos dirían que todo lo que has hecho es enojar a la persona. Esto puede ser así, pero el supervisor se enojará porque tienes razón y él está equivocado. Este puede ser el momento de pedir que una persona imparcial se involucre. Si usted pertenece a un sindicato, uno representante podría ser llamado adentro para mediar. Si se trata de un entorno no sindical, se podría pedir a un representante del Departamento de Recursos Humanos que solucione el dilema.

Otra opción podría ser marcar el tiempo y dejar la reunión con este comentario; *'Bueno, es desafortunado que esto haya sucedido. Realmente me siento molesta, porque Debería haber recibido la promoción. ¿Puedo contar con usted para asegurarse de que no me pasarán por alto en la próxima promoción?'*

Este tipo de enfoque no es agresivo pero asertivo. Le permite permanecer tranquilo - pero también le da una mejor oportunidad de ser tratado con justicia en el futuro. Podría poner a la empresa en una posición muy difícil para exigir que retiren la promoción que ya han ofrecido a George. Si George hubiera recibido una oferta de trabajo por escrito, podría demandar a la compañía. Usted puede haber protegido a la compañía de ser traída a la corte por George. Incluso pueden recomendarle para una promoción en otro departamento. De hecho, esa es una de las cosas tu que podría pedirles que hagan.

¿Te sentirías cómodo haciéndolo de esta manera? Espero que sí, porque es una situación de ganar / ganar.

Trate de protegerse de ser pasado por alto para una promoción en el futuro, asegurándose de que su jefe sabe qué tipo de planes de carrera que tu tiene. Pídale a él o ella que busque cualquier oportunidad promocional que pueda ayudarle a llegar donde quiere ir. De lo contrario, no importa cuán buenas sean sus calificaciones, puede ser pasado por alto de nuevo.

Usted necesita asegurarse de que su empleador reconoce que usted es un candidato para la promoción. También puede hablar con personas del Departamento de Recursos Humanos. Explique que está buscando una oportunidad promocional y pida que se le mantenga informado sobre cualquier posición adecuada.

CAPÍTULO 5

SITUACIONES DIFÍCILES – PAREJAS

Mensajes confusos

Los hombres y las mujeres se comunican de manera diferente. No es necesariamente las palabras que usan, sino lo que sus palabras y acciones significan para ellos. Los enfoques masculino y femenino de las situaciones difieren de muchas maneras. Estas diferencias pueden acumularse hasta que la pareja se pregunte si piensan y actúan por igual en cualquier circunstancia.

He aquí una situación que muestra lo que a menudo sucede durante la comunicación entre los cónyuges. Una pareja acaba de regresar de vacaciones y la esposa está luchando para ponerse al día con la lavandería de la familia, las compras y la limpieza:

1. ***Intención del esposo:*** Él quiere que su esposa sepa que reconoce y el aprecia la carga extra que ella ha estado llevando. Él considera lo que podría hacer, para comunicar lo mucho que aprecia ella duro trabajo:

   a. Comprarle algunas flores.
   b. Llévala a cenar.
   c. Dile cómo se siente.
   d. Ser más útil en casa.

2. ***Acción del esposo:*** Decide en (d) y pone una carga de ropa en la lavadora.

3. ***Reacción de la esposa:*** Ella lo ve haciendo la colada, no se da cuenta de sus intenciones y tiene que decidir:

   a. ¿Le él está criticando ella por no haber lavado la ropa?
   b. ¿Está el tratando de decirle ella que no debería pasar tanto tiempo en el teléfono?
   c. ¿Está el tratando de ser útil?
   d. ¿Se él siente culpable por algo?

4. ***Efecto sobre la Esposa***: Ella decide que es (a) y se siente herido.

5. ***La esposa Codifica:*** 'No voy a dejarle saber él que él acciones me han hecho daño.' Debo

   a. No decir nada.
   b. Di *'Gracias.'*

6. ***La acción de la esposa:*** Ella decide decir 'Gracias.'

7. ***Efecto en el esposo:*** Ella entiende y aprecia lo que he hecho.

Esta es una situación clásica en la que la intención del marido era positiva y cariñosa. Sin embargo, el efecto sobre su esposa fue el contrario directo de esto. Un enfoque mucho mejor habría sido para él respaldar sus acciones, diciéndole ella cómo se siente (como se muestra en (c) las intenciones del marido). Usando retroalimentación verbal positiva, se habría asegurado de que su esposa supiera por qué la estaba ayudando.

Amistad Masculino / Femenino

'Mi esposa tiene amistades tan profundas con sus novias que a menudo me siento excluido. También almuerza con hombres con los que trabaja. Ella insiste en que esas relaciones son necesarias para que tenga éxito en su trabajo - que son sólo relaciones platónicas - sin hormonas involucradas en absoluto. Nunca he tenido una relación platónica con una mujer en mi vida, y no puedo entender por qué ella necesita este tipo de amistad.'

Parece haber grandes diferencias en los tipos de relaciones / amistades que se producen entre los hombres y los que se producen exclusivamente entre las mujeres. Estas diferencias son: La amistad femenina generalmente implica hablar sobre sentimientos y vidas personales. De vuelta en la era de su abuela, las mujeres llamaban a sus mejores amigas, sus novias. Después de desembolsar a sus maridos ya sus hijos por la mañana, estas amigas se reunieron en una casa u otra. Bebían café, chismes, compartían recetas y secretos, cuidaban y confiaban unos en otros. Esto cesó en el momento en que sus maridos aparecieron en la escena. El hombre de la familia ganó encima a las novias de la mujer.

Hoy en día, las mujeres se reúnen en diferentes circunstancias; en salas de conferencias y restaurantes. Hay menos tiempo para los intercambios diarios y los temas son diferentes. En lugar de discutir recetas, ellos más probable que discutan algunas crisis profesionales que están enfrentando y las más recientes ideas de comida rápida que pueden utilizar para prepararse para la cena.

¿Qué ha cambiado esta actitud en las mujeres? Debido a que los niños suelen alejarse de su grupo de apoyo de la infancia de sus hermanos y padres, se encuentran con problemas que sus padres nunca experimentaron. Problemas, tales como cómo una mujer puede subir la escalera corporativa; lo ella que debe usar para tener éxito; si deben considerar vivir en una relación defecto; qué pasa con el control de la natalidad y el aborto; cómo manejar los problemas familiares de dos ingresos; cómo equilibrar las responsabilidades de trabajo y hogar. Las

Tratando con Situaciones Difíciles

mujeres modernas en la fuerza de trabajo se enfrentan con todos o la -- mayoría de estos problemas. Aquí es donde otros amigos proporcionan la entrada y la experiencia.

Las experiencias de las dos generaciones se han vuelto tan diferentes en tan poco tiempo que las mujeres no pueden discutir estos problemas con sus padres. Si las mujeres realmente quieren hablar abiertamente, tener conocimientos de contemporáneos es crucial. Los factores que pueden tener un efecto negativo en las amistades, como casarse, tener un bebé o divorciarse, son más fáciles de superar cuando ellos han establecido vínculos fuertes de antemano. Las mujeres encuentran a algunos de sus amigos más cercanos en el trabajo y mantienen esas amistades mucho después de que se han movido a diversas compañías. Debido a su tiempo limitado, cuando las mujeres se reúnen, se zambullen a la derecha en sus problemas. No hay tiempo suficiente para chat y las conversaciones parecen tratar temas profundos y significativos.

A menudo, las mujeres recurrir a sus amigas para el apoyo emocional. El cambio es que estas amistades (a veces) a menudo pueden ser más fuertes y duraderas que las que comparten con sus maridos. Están encontrando sus amistades con otras mujeres para ser las relaciones más íntimas, profundas y duraderas en sus vidas. Esto es especialmente cierto cuando el marido no ha aprendido a ser verdaderamente íntimo y abierto con su esposa. Para muchas mujeres, estos lazos también son más fuertes que sus lazos familiares. Las mujeres ya no utilizan a sus amigos como miembros de la familia. En su lugar, los amigos se están convirtiendo en parte de una familia extensa. Inesperadamente, estas amistades resultan en matrimonios más fuertes, ya que los esposos ya no se espera que satisfagan las necesidades emocionales de su pareja exclusivamente.

Los hombres han tenido acceso a un sistema de amistades que las mujeres llaman la *"red de viejos chicos"* durante siglos. Se reunieron en tabernas, clubes profesionales y sociales exclusivos (no se permiten mujeres). Los hombres rara vez trabajaban en equipos o en red con mujeres. Los ---hombres en la era del *"baby boom"* son menos autoritarios y más orientados al equipo con las mujeres que los hombres mayores en el lugar de trabajo.

¿Los hombres se benefician, así como la mujer del nuevo énfasis en las amistades fuera de la familia o del círculo masculino? Sí, principalmente porque ahora es aceptable para ellos tener amigas cercanas. El mayor cambio en las amistades es que hombres y mujeres han aprendido a tener sólidas y duraderas amistades platónicas. Esto es especialmente cierto con las mujeres que están empleadas en la alta dirección de las empresas. Es una ocurrencia regular que ella tendrá almuerzo o incluso cena con colegas masculinos para discutir negocios ya menudo-fuertes amistades y tutoría puede ocurrir.

Los hombres han tenido acceso a un sistema de amistades que las mujeres llaman la *"red de viejos chicos"* durante siglos. Se reunieron en tabernas, clubes profesionales y sociales exclusivos (no se permiten mujeres).

Los hombres rara vez trabajaban en equipos o en red con mujeres.

Los hombres en la era del *"baby boom"* son menos autoritarios y más orientados al equipo con las mujeres que los hombres mayores en el lugar de trabajo.

¿Los hombres se benefician, así como la mujer, del nuevo énfasis en las amistades fuera de la familia o del círculo masculino? Sí, principalmente porque ahora es aceptable para ellos tener amigas cercanas. El mayor cambio en las amistades es que hombres y mujeres han aprendido a tener sólidas y duraderas amistades platónicas. Esto es especialmente cierto con las mujeres que están empleadas en la alta dirección de las empresas. Regularmente, ella almorzará o incluso cenará con colegas masculinos para hablar de negocios ya menudo amistades fuertes y la tutoría puede ocurrir.

Lamentablemente, sólo un tercio de los hombres solteros (en comparación con tres cuartas partes de las mujeres solteras) dicen que tienen un mejor amigo. Cuando los hombres tienen un mejor amigo, suele ser una amistad con una mujer. Si no existe una sólida red de amigos y simpatizantes, tanto los hombres como las mujeres pueden sufrir solo durante una crisis. Ambos necesitan un fuerte grupo de apoyo para manejar los rigores de la vida diaria.

Abuso emocional y francotirador

'Mi esposo y yo hemos caído en el hábito de pelearnos unos a otros y estoy cansado de ello. ¿Cómo puedo convencerlo de que esto es perjudicial para nuestra relación, para nuestros hijos y está alejando a nuestros amigos?'

Este es un tipo de abuso emocional que las parejas ocasionalmente o continuamente usar con utilizar entre sí. Cualquiera de los cónyuges puede sufrir este abuso. El verdadero abuso emocional implica un diluvio constante de comentarios intimidatorios y sarcásticos, exigiendo, reprendiendo, gritando, despreciando o chantaje emocional.

La crítica incluye lo siguiente:
1. Un cónyuge está contando una historia. El otro cónyuge sigue corrigiendo la historia.
2. Un cónyuge hace comentarios despectivos relacionados con el sexo del otro, obligando al cónyuge a defender su género. (i.e. *'Los hombres son tales conductores agresivos. ¡Actúan como si fueran dueños de la autopista!'* o Un cónyuge le dice chistes rubios.)
3. Empezar peleas en público, o delante de amigos o familiares.
4. Competir abiertamente con socios.
5. Algo salió mal, así que tiene que ser por algo que el otro compañero ha hecho (como pasar dinero). *'Tú siempre...'* o *'Por tu culpa...'*
6. No admitir que están equivocados, incluso cuando saben que lo son.
7. Competitivo - Si el cónyuge gana en un juego que están jugando, se vuelven irritables o de mal humor.
8. Si la pareja de una mujer quiere algo de privacidad o espacio, sigue preguntando: *'¿Qué pasa?'* Y ella no aceptará la explicación de que él quiere estar solo para pensar las cosas.
9. Establezca al cónyuge para disciplinar a los niños haciendo comentarios como *'¡Espere hasta que su madre / padre llegue a casa!'*
10. Tienen rencor, hacer pucheros o dar a otros el tratamiento silencioso.
11. Haga comentarios agudos o sarcásticos.
12. Hacer comentarios dolorosos sobre lo que el cónyuge parece, lo que llevan o lo que hacen.
13. Desenterrar viejos problemas e indiscreciones y no parecen dejar de lado los argumentos del pasado.

Estos comportamientos podrían ser el resultado del aburrimiento, la necesidad de poner a el cónyuge abajo, y / o una lucha de poder. Probablemente han caído por amor, y han perdido todo el fuego y la pasión que pueden haber tenido el uno hacia el otro. Es una especie de enfermedad que rara vez mejorará a menos que la pareja actúe para detenerla. Cualesquiera que sean las causas - es una forma de tortura que da malas *"vibraciones"* a la otra persona y constantemente disminuye el nivel de autoestima de la persona. Alguien necesita detener el comportamiento. Si continúa, probablemente se convertirá en divorcio o violencia. El asesoramiento es a menudo la única solución.

El chantaje emocional es donde el abusador juega con el miedo, la culpa o la compasión de la persona. Ellos constantemente menosprecian la autoestima de la otra persona y los niveles de confianza en sí mismos. l abusador emocional puede ser muy impredecible y propenso a cambios drásticos de humor.

Por ejemplo: Los amigos de Sandra y Ben habían observado cambios drásticos en su comportamiento desde su matrimonio hace cinco años. Sandra había sido una mujer burbujeante y extrovertida que amaba desesperadamente a Ben y se esforzaba por complacerlo. Ben estaba muy orgulloso de su hermosa y exitosa esposa y se jactó de ella con todo el mundo.

Al final de su tercer año de matrimonio, se había convertido en una persona tranquila y apologética que se esforzó tanto por complacer, que renunció a la mayoría de las actividades que le gustaban hacer antes de casarse. Ella dejó caer lentamente a todos sus viejos amigos y se volvió cada vez más retraída. Ben pasó de ser un hombre cortés, a alguien que se volvió abiertamente manipulador, despreciando y juzgando los logros de Sandra.

Las señales estaban allí - su matrimonio se había convertido en una relación emocionalmente abusiva. El abuso comenzó lentamente y cobró fuerza con el tiempo. La mayoría víctimas de abuso emocional son mujeres que creen que son responsables de la felicidad y el bienestar de su pareja o de otros. Ella cree que su trabajo es arreglar las relaciones y se sentirá culpable si no puede.

Más a menudo que no, los niños en estas relaciones son también emocionalmente abusados. A su vez, ellos seguir sus modelos y repetir el ciclo en la siguiente generación. Sociedad debe identificar los signos de abuso y tomar medidas para ayudar al abusado y las víctimas para cambiar.

Igualdad

'Me siguen diciendo que las cosas son iguales en el lugar de trabajo para hombres y mujeres que tienen los mismos talentos y habilidades. No lo creo por un minuto. ¡Las mujeres -especialmente las que tienen hijos- obtienen un trato bruto!'

Además de los conocidos problemas que enfrentan las esposas y madres que trabajan, hay uno que tiene consecuencias mucho más graves, porque comienza en el hogar.

Por ejemplo: Dos empleados (que trabajan para empresas separadas) se les da la misma situación para hacer frente. Uno es una mujer; el otro es un hombre. Ambos están casados, tienen un hijo de catorce años y una hija de nueve. Son las 2:00 pm. Debido a una emergencia, su jefe les dice

Tratando con Situaciones Difíciles

que es necesario que se vayan en un avión de las 8:00 pm para una reunión fuera de la ciudad mañana. En el trabajo, esto es idéntico para ambos empleados. Los problemas ocurren en casa.

Hombre: Llamó a su esposa - él le contó sobre su viaje.
Mujer: Ella llama a su marido - ella le contó sobre su viaje.

Hombre: 6 pm esposa sirve cena.
Mujer: 6 pm - Ella come la cena que ha preparado.

Hombre: Su esposa le ayuda a empacar su maleta.
Mujer: Ella empaca su propia maleta.

Hombre: Esposa comprueba la lista de artículos que necesita llevar con él;
Mujer: Revisa su lista de artículos ella que necesita llevar con ella;

Hombre: Esposa le pregunta si quiere que ella lo lleve al aeropuerto;
Mujer: Ella llama a un taxi para él pueda quedarse con los niños.

Regresan de sus viajes la noche siguiente a las 8 pm. Ambos están agotados y muy cansados. Ambos no han comido mucho desde el mediodía, (sus bocas están regando para un sándwich de jamón). Ellos entran por la puerta principal:

Hombre: Su esposa lo saluda el en la puerta con, *'¡Hola Miel!'* Le da un beso y le pregunta sobre su viaje; Sus hijos gritan, *'¡Hola papá!'*
Mujer: El marido y los niños están viendo la televisión. Él grita, *'Hola Miel.'* Sus hijos la conocen en la puerta y se quejan de lo que salió mal durante el día.

Hombre: Ella cuelga el abrigo de su marido.
Mujer: Ella cuelga su abrigo.

Hombre: Se desploma sobre una silla en la sala de estar, explicando lo cansado que está;
Mujer: Se desploma sobre una silla en la sala de estar, explicando lo -- cansada que está;

Hombre: La esposa pregunta si él ha comido todavía;
Mujer: Le pregunta a su familia: *'¿Has comido todavía?'*

Hombre: Su esposa le hace un sándwich de jamón y le da una taza de té;
Mujer: Ella prepara una taza de té y hace un sándwich de jamón. Ella hijos ven el sándwich y piden uno. Su marido deja la televisión para pedir un sándwich también. Debido a que no hay más jamón, ella tiene té y tostadas;

Hombre: La esposa deshace la maleta del marido y encuentra una botella derramada de enjuague bucal. La esposa lava el contenido de la maleta.
Mujer: Ella desembala la maleta y encuentra una botella derramada de crema para las manos. Ella lava el contenido de la maleta.
Hombre: Esposa se va a la cama, se siente cariñoso hacia él, pero sabe lo cansado que está. Ella lo cubre y le deja dormir.
Mujer: El marido se va a la cama, se siente cariñoso hacia la esposa y comienza a hacer avances. Ella murmura: *'Estoy muy cansada esta noche.'* Ella se sorprende por el siguiente comentario de su marido: *'¡Te dije que este trabajo sería demasiado para ti!'*

Este escenario señala las inequidades entre las presiones domésticas de hombres y mujeres. Las vidas de los hombres se hacen mucho más fáciles, porque generalmente vienen a casa a un compañero de cuidado, comida y empatía. Este compañero se llama *esposa*. ¡Es lamentable que, aunque muchos hombres están aprendiendo a nutrir, la mayoría de las mujeres no tienen el lujo de tener una *esposa*! Si lo hicieran, la mitad de sus frustraciones y la sensación de que *"algo falta en sus vidas"* se disiparían y habría una verdadera igualdad en el hogar.

Funciones del sostén de la familia / Child y del cuidado en el hogar

'Mi esposo ayuda alrededor de la casa, pero él no hace su parte. Ambos trabajamos, pero creo que estoy siendo corto cambiado, haciendo mucho más que la mitad de las responsabilidades domésticas y de cuidado de niños.'

Tradicionalmente, el trabajo de un hombre era ser el *sostén de la familia*. El trabajo de la mujer era cuidado en el *Hogar y cuidado de niños*. Ahora que las mujeres están compartiendo los deberes del sostén de familia, creen que los hombres deben compartir el hogar y los deberes del cuidado de niños también. Muchas esposas trabajadoras se preguntan cómo pueden mantenerse al día con su doble carga de trabajo. Las mujeres empleadas todavía pasan un promedio de dos horas y media al día una hora al día de un hombre que hace las tareas domésticas en casa.

Cuando una esposa pide más ayuda, a menudo la respuesta de su esposo es *'¿Qué quieres decir con que te ayudo por la casa?'* Este es el mismo esposo que *"ayuda"* al sacar la basura una vez a la semana. Es un hecho que él no está *'Ayudando a su esposa,'* él se está ayudando a sí mismo; simplemente haciendo parte de su parte.

Es posible que uno o ambos, no tienen tiempo para hacer su parte de la casa, patio y tareas de cuidado de niños. La persona en esta posición debe contratar a alguien para hacer su parte del trabajo o pagar a otros miembros de la familia para hacerlo. La persona que requiere la ayuda paga el sueldo del ayudante - sin importar si es el marido o la esposa.

En el pasado, cuando las mujeres se quedaban en casa con sus hijos, los niños rara vez, o nunca, ayudaban en el hogar; que simplemente, no era su trabajo. En la actualidad, en muchos hogares, cuando las madres trabajan lejos de la casa - todo el mundo ayuda. Esto construye la responsabilidad y el trabajo en equipo en los niños que los prepara para futuras responsabilidades.

Los hombres están aprendiendo que la crianza no tiene que ser un rasgo exclusivamente femenino, pero puede ser una característica muy masculina también. Estos son los maridos que ven a sus esposas arrastrarse de regreso del trabajo y decir: *'¿Tuvo un día difícil? ¿Qué te parece una taza de té?'* O *'Voy a arreglar la cena mientras tienes media hora para ti.'*

La pareja de dos carreras - ¿Puede sobrevivir ellos matrimonio?

'Antes de nuestro matrimonio, mi esposo prometió que haría su parte de las tareas domésticas y que cuando tuviéramos hijos, él también haría su parte. Cuando nos casamos ayudó en la casa e hizo un esfuerzo para cuidar a nuestra hija, pero su ayuda se detuvo ahora que estoy de vuelta en el trabajo.

Él parece resentido que estoy subiendo la escalera corporativa y está tratando de obligarme a tener otro hijo. Económicamente, no podemos permitirnos esto y no estoy dispuesto a sacrificar mi carrera por tener otro hijo en este momento.'

A medida que las mujeres ganan más dinero y asumen más responsabilidades en el trabajo, también participan más activamente en la toma de decisiones en el hogar. Sus maridos se ven perdiendo los privilegios y el poder que sus padres habían dado sin cuestionar. Y se rebelan. Los hombres, que antes del matrimonio, habían aceptado con entusiasmo un matrimonio igualitario, descubren que no les gusta su nuevo estilo de vida. Se defienden diciendo que pierden la paciencia cuando ven que sus esposas ponen las necesidades de su jefe antes que las suyas. Abiertamente admiten que lo principal que desean de sus esposas no es la estimulación intelectual. Lo que quieren es la afirmación de su masculinidad y que son el jefe en su relación.

Independientemente de la edad, el ingreso o el nivel educativo del marido, el empleo de una esposa parece tener un impacto negativo en la salud mental de los hombres. A medida que sus esposas se hacen cada

Tratando con Situaciones Difíciles

vez más exitosas, muchos hombres se asustan de que sus esposas independientes las abandonen.

Después de varios años, muchos hombres sienten que es hora de volver a un estilo de vida más tradicional. Este es el momento en que algunas de sus esposas están avanzando en sus carreras y son reacios a tomar tiempo libre para ser una *"esposa"* y tener hijos. En lugar de quejarse abiertamente de su incomodidad, los hombres vuelven su atención a detener la carrera de sus esposas. Es durante este tiempo que muchos maridos comienzan descuidando su parte de las responsabilidades caseras, haciendo cada vez menos y rebelándose si la esposa sugiere conseguir ayuda exterior. De alguna manera, piensan que una mujer demuestra su amor por su familia haciendo tareas domésticas y cuidando a sus hijos.

Las mujeres se frustran cada vez más cuando tratan de combatir la fatiga, encontrar soluciones para el resentimiento de su marido y sus propios sentimientos de culpa. Ellos encuentran que necesitan para cambiar su asertividad dentro y fuera sus dos entornos. Las mujeres admiten que sus trabajos interfieren con su tiempo personal con sus familias - pero no saben cómo cambiar las cosas.

Mientras luchan por hacer un trabajo familiar de dos carreras, tanto hombres como mujeres sufren, pero las mujeres están más abrumadas por su carga. Pronto, la carga física de trabajar, mantener un hogar y cuidar a los niños los desgasta. Algunos abandonan sus estándares de limpieza porque simplemente no hay suficiente tiempo o energía para sobrevivir a sus estándares anteriores.

Después de varios años de escalar la escalera corporativa, muchas mujeres son reacias a dejar el trabajo para tener niños. Persuadir a sus esposas a concentrarse en la maternidad se convierte en el camino ideal para muchos maridos para mantener su hombría. La fatiga hace que algunas mujeres retrocedan a la domesticidad a tiempo completo. Muchas mujeres gritan *"tío"* y sucumben a esto, dejando que sus maridos dominen sus matrimonios, pero pronto regresan al trabajo después de que su permiso de maternidad ha terminado debido a las realidades económicas.

Las mujeres que no han arrojado la toalla luchan para evitar ser dominadas por sus maridos y mantener la igualdad en sus matrimonios. Ellos reconocen que están enojados y por qué, hacer exigencias a sus maridos - lucha fuego con fuego. Cada uno de ellos espera forzar al otro a ver su punto de vista expresando su enojo verbal, sexual e incluso físicamente. Cuanto más los esposos critican a sus esposas, más frustradas se vuelven. La mayoría de los hombres admiten que lo que quieren de sus esposas es que les presten más atención, para estar más cerca y más amoroso. Rechazan los valores feministas y la hostilidad de sus esposas hacia ellos por no ayudar más.

Los esposos lamentan que no reciben sus esposas *"tiempo y atención"*. Se sienten como si están en el fondo de la lista de las prioridades de sus esposas y aun así se niegan a ayudar más en casa. Ellos sostienen que el trabajo de sus esposas es lo primero; que sus esposas han perdido su feminidad; que han dejado de ser esposas y madres y ahora son adictos al trabajo. Y luchan por ayudar aún menos. A veces, porque están tan enojados, los hombres comienzan a experimentar la impotencia sexual. Otros recurrir a las drogas y el alcohol o decidir que han tenido suficiente y buscar la satisfacción y el amor en otro socio.

No hay respuestas Pat a este dilema, pero a menos que la pareja abiertamente y honestamente discutir lo que les sucede detrás de las escenas - o recibir asesoramiento familiar, el matrimonio seguirá siendo un campo de batalla para la supremacía, perjudicando no sólo uno al otro, pero sus hijos, así como.

Obtención de ayuda en el hogar

'Dijiste que todo el mundo debería ayudar en casa, pero es más fácil decirlo que hacerlo.'

Si su familia no ayuda en casa, pruebe las siguientes estrategias para compartir las responsabilidades domésticas:

1. Anote todas las tareas que necesita hacer en la casa y el patio. Incluya todo. Haga una copia para cada miembro lo suficientemente viejo para leer.
2. Llame a una conferencia familiar.
3. En la conferencia familiar, pida a todos los miembros que se ofrezcan como voluntarios para realizar algunas de las tareas. Llene las tareas que usted se sienta cómodo manejando y haga que su cónyuge añada su o la suya también.
4. Se asignan las tareas restantes. (Y no dejes que sea *"querida mamá o papá"* quien los toma, mamá y papá tampoco tienen tiempo). Incluso los niños de dos años deberían tener tarea como:
   a. recogiendo sus juguetes;
   b. poner ropa sucia en el cesto;

c. ayudando con el polvo, haciendo los estantes y los cajones aseados;
5. Asegúrese de que su familia sabe que usted está confiando en ellos para hacer el trabajo bien la primera vez. Explique que no desea tener que regatear con ellos para completar las tareas y preguntar: *'¿Puedo contar con usted para hacer estas tareas?'* Obtener un compromiso de cada uno de ellos. Entonces, como un supervisor haría, el seguimiento y asegúrese de que hacer las tareas correctamente. Decida cuáles serían las consecuencias si estuviera decepcionado.
6. Dar recompensas. Se necesitan signos de amor y aprecio. Los adultos a menudo son recompensados por el trabajo bien hecho - los niños deben ser demasiado. Usted podría poner un valor monetario en las tareas que los niños se espera que hagan (en forma de una asignación) y deducir el dinero por cada incumplimiento del deber. Eventos especiales de la familia podrían ser arreglados para un trabajo excepcional. Deje que sus hijos ayuden a decidir qué implican estos eventos familiares especiales.
7. Mantenga un registro del trabajo terminado. Asegúrese de que cada niño conozca el cuándo las tareas deben hacerse. Si ellos usted está constantemente diciendo: *'No tengo tiempo,'* ayúdelos a planificar su tiempo, pero no haga del trabajo, usted mismo.
8. Asegurar que los niños tengan la capacitación que necesitan para cumplir con sus obligaciones.
9. Evite las luchas por el poder. Si los niños no dan su palabra de que harán la trabajo, pregúnteles por qué. Responder: *'Sé que sacar la basura no es exactamente una tarea que te gusta, pero alguien tiene que hacerlo. ¿Quién crees que debería hacerlo?'* Esté dispuesto a negociar, pero sea firme y razonable la tarea suele hacerse.
10. Para las tareas particularmente desagradables, tienen un sistema de rotación en el cual todos los miembros de la familia capaces de hacer la tarea toman un turno.

Gestión del tiempo en el hogar

La vida funciona sin problemas en la oficina - pero ¿por qué se desmorona en casa? ¿Dónde está la factura de gas? ¿Cuándo será la próxima cita con el dentista de Sally? ¿Qué comestibles tengo que recoger en mi camino a casa del trabajo?

Cuando usted tiene un estilo de vida dual - la carrera de equilibrio y los trabajo en casa - es por lo general los trabajo en casa eso puede derrotarte. Aprender a utilizar las técnicas de negocio en el hogar también.

La planificación es esencial para que sus tareas domésticas bajo control. Use listas para todo: comestibles, cosas que necesitan hacer alrededor de la casa y el patio. (Y quién se espera que los haga). Establecer prioridades. ¿Es realmente más importante tener una casa impecable o un patio o pasar una hora enseñando a Sally como hacer crochet o mostrando a Billy cómo patear un balón de fútbol?

Sus listas deben dividirse en:

Tengo que - Prioridad As
Necesito: Prioridad Bs
Espero que - Prioridad Cs
Olvídalo - Prioridad Ds

No te olvides el tiempo para ti mismo. Este es el área que generalmente es baja en la lista de prioridades, pero debe estar cerca de la parte superior. A menos que te sientas bien contigo mismo y lo que estás haciendo, podría convertirse en alguien que da y da a los demás, pero rara vez pone sus propios deseos primero.

Para que puedan ser más eficaces en el trato con todos los aspectos de sus vidas, los padres sabios aprenden que deben ser *"egoístas"* y hacer cosas especiales para sí mismos. Ponerse a sí mismo en primer lugar no es un pecado - es una necesidad (siempre y cuando no lo haga demasiado a menudo).

Delegar trabajos a su familia y seguimiento. Ese es el ingrediente esencial de la delegación - seguimiento. Esto se hace para asegurarse de que el trabajo se está haciendo correctamente, para dar elogios por un trabajo bien hecho y ayudar a mejorar la calidad del rendimiento. Tenga un plan establecido en cuanto a lo que usted hará si el trabajo no se hace. Sea consistente con la disciplina y justo con todos los miembros de su familia.

Utilice el enfoque de queso suizo para las tareas de la familia también. Poner el papel pintado en las paredes toma planeamiento y se puede hacer con *'tareas inmediatas.'* La primera tarea podría ser lavar las paredes, un segundo podría ser parche cualquier agujero en la pared, etc.

Al cocinar, hacer lotes múltiples - sólo toma un poco más de tiempo para hacer las comidas durante cuatro días que sólo para uno. Utilice su congelador tanto como sea posible. Deje de perder su tiempo recogiendo alimentos cada segundo día.

Algunos dejan la mayor parte de su trabajo en casa hasta el fin de semana, pero encuentran que su familia no tiene tiempo para hacer las cosas juntos. Un hombre decidió corregir esto e hizo las compras el jueves por la noche. Su esposa hizo una carga de lavado todos los días hasta que todo estaba hecho. Esto eliminó los seis lotes que normalmente hacía ella sábado, lo que le ató a su casa, a menos que fuera a una lavandería.

Contratar a un estudiante para hacer los trabajos que nadie tiene tiempo para hacer - cortar el césped, pintar la valla, la pala de la calzada, ayudar con la limpieza de primavera. En el verano, considere la posibilidad de contratar a un *"asistente de la madre"* para que el cuidado del bebé y el cuidado en el hogar se puede lograr al mismo tiempo. Tenga números de teléfono de emergencia listos. Deje *"listas de trabajo"* para sus hijos - haga que se sientan parte del *"equipo"* - que están contribuyendo algo a la unidad familiar. Recompensa buen rendimiento.

Los padres se enfrentan a desafíos comunes:

- ¿Cómo aprovechar al máximo su tiempo con sus hijos cuando el tiempo es una prima? o;
- ¿Cómo puede asegurarse de que sus hijos reciban el amor y la atención que necesitan cuando los padres están fuera de casa durante ocho horas al día?

Se debe realizar un esfuerzo consciente y planificado. Ambos padres necesitan encontrar tiempo para lo siguiente:

1. Tiempo individual con cada niño donde pueden tener un tiempo *"especial"* con el padre. Esto puede ser de 10 a 15 minutos cada día y un tiempo fijo el fin de semana.
2. Lleve un registro de las *"otras vidas"* de sus hijos: en la niñera, el jardín de infantes, la escuela, las actividades deportivas y artísticas, etc.
3. Aprender acerca de eventos especiales en la escuela y tomar tiempo para asistir. Hágale una responsabilidad de sus niños mantenerle informado.
4. Practicar la escucha efectiva - tratar de no ser crítico. No hagas contacto con tus hijos una inquisición. *"Escucha"* lo que sus hijos no están diciendo - ver sus, lenguaje corporal.
5. Por la planificación eficaz del tiempo, puede eliminar los pasos innecesarios al completar las tareas que le dará más tiempo con su familia.
6. Priorice las cosas que necesita hacer, recordando que sus hijos deben tener una alta prioridad para su tiempo de casa.

7. Solicite la ayuda de los niños o pida su presencia cuando esté haciendo las tareas, para que pueda *"charlar"*.
8. Planifique salidas especiales que cumplan con las necesidades individuales. En una conferencia familiar, que cada estado miembro de las cosas especiales que les gusta hacer como una familia. Trate de utilizar esta lista al planificar salidas especiales.
9. Aprenda a ser consciente de su propio nivel de estrés - no reaccione excesivamente a incidencias menores con sus hijos. Si ha tenido un mal día, explique esto a sus hijos y pregúntele si puede hablar con ellos más tarde (dé un tiempo específico, cuando es conveniente para ambos). No los ponga apagado demasiado tiempo - hacer un seguimiento de las cosas que necesitan para discutir con usted.
10. No se sienta culpable cuando necesite tiempo privado. Honre la necesidad de privacidad de sus hijos también.

Dar sentimientos de culpa

'Mis padres siempre están tratando de hacerme sentir culpable por las cosas que hago o no hago, hacen lo mismo el uno para el otro, ¿Cómo puedo manejar sus acusaciones?'

Algunas declaraciones culpables son:

'Pasé todo el día cocinando esta comida y tu tomó quince minutos para comer la comida. Lo menos que puedes hacer es ayudar a limpiar la mesa.'

'Ya no me llamas.'

'Son las tres de la mañana. ¿Cómo llegas tan tarde? ¿Quieres que sufra un infarto?'

'Si me amas, lo harías...'

'¿Qué pensarán nuestros vecinos de lo que tu han hecho?'

'¿Quieres que la abuela y el abuelo piensen que tienes malos modales? Prepárate y escribe esas tarjetas de agradecimiento.'

'¿Cómo te puedo creer ahora, cuando me mentiste la última vez que hiciste esto?'

'¿Cómo puedes sentarte allí viendo tu estúpido partido de fútbol cuando hay tanto que hacer por aquí?'

'Trabajo noche y día para traer a casa mi cheque de pago y tu recompensarme haciendo esto?'

'No me hubiera quedado con tu madre excepto para ti hijos.'

Manejar los sentimientos de culpa tratando con el tema. En primer lugar, tu identificaría qué comentarios o declaraciones estaban cargados de culpa. Entonces usted respondería dejando al manipulador saber que usted es consciente de la manipulación. En el último ejemplo, el padre estaba tratando de culpar a sus hijos porque se quedó en un matrimonio infeliz. Su hijo manejó el intento de su padre de hacerle sentirse culpable al responder: *'Usted acaba de intentar hacerme sentir responsable de cómo se siente porque se quedó con mamá. ¿Por qué sientes que fui responsable de esa decisión?'*

El padre replicó con explicaciones sobre por qué se quedó. El hijo repitió su comentario, *'¿Por qué sientes que fui responsable de **tu** decisión?'* El padre finalmente tuvo que admitir que tenía que asumir la plena responsabilidad de sus acciones, no de sus hijos.

Los padres de Sally siempre esperaban que ella se convirtiera en una maestra y dejó claro que su elección para convertirse en un contador estaba mal. Sally necesita aceptar que ella puede elegir hacer o ser algo diferente de lo que otros pueden esperar o quieren que sea. Es bueno tener la aprobación de otros, pero no en el riesgo de sus sentimientos de autoestima. Ella tiene el derecho de elegir cómo vive (siempre que no esté violando las leyes de la tierra). Sin embargo, ella también debe estar lista para tomar las consecuencias de su comportamiento y opciones.

Cuando otros tratan de empujarle emocionalmente, debe indicar cómo se siente. Cuando otros desaprueban lo que haces, no tiene nada que ver con lo que o quién eres como persona. Tenga en cuenta que, en última instancia, usted es responsable de sus emociones. Usted tiene el derecho de defender sus derechos y necesidades (incluso con sus padres y personas en posiciones de autoridad).

CAPÍTULO 6
SITUACIONES DIFÍCILES - ESPOSAS

Temperamental

'¿Cómo debo tratar con mi esposa, que es tan gruñona y negativa que me he sentido muy negativo también?'

¿Podría ella estar pasando por la menopausia o sufriendo de PMS (tensión premenstrual)? Si es así, animarla a ver a su médico para alivio.

Si no, ella puede haber llegado a ser un pensador negativo que podría también ser un quejumbroso, y un resonante. Estas personas son expertos en darle razones por que es malo para disfrutar de la vida. Estas mantas húmedas tomar el placer lejos de la vida para sí mismos y otros. Ellos reprenden a aquellos que parecen disfrutar de la vida y animar a otros a tomar la vida más en serio. Es difícil para otros disfrutar de la vida en un ambiente tan rígido.

Explica lo que ella comportamiento está haciendo a los que la rodean. Anímelo ella a centrarse en las cosas buenas de la vida, en lugar de las malas. Pregúntele si le gustaría que usara una señal para hacerle saber que lo está haciendo de nuevo.

Sugiera que ella tome un curso de asertividad o pensamiento positivo para cambiar su enfoque de la vida. La vida es demasiado corta para ser constantemente desagradable hacia los demás.

Aquellos que tienen cambios de humor (suben una hora, bajan el siguiente - hasta un día, bajan el siguiente) probablemente permitirán que el comportamiento y las acciones de otros afecten su día. Parece que ella ha caído en este hábito.

Cada día nos enfrentamos a situaciones negativas que causan emociones negativas. Mira todas las emociones que otros tratan de darnos: nos sentimos ansiosos, avergonzados, confundidos, deprimidos, decepcionados, avergonzados, desesperados, indefensos, manipulados, frustrados, vacilantes, humillados, insensatos, ignorados, inferiores, inseguros, intimidados, celosos, nerviosos, rechazado, resentido, restringido, triste, tonto, estúpido, sospechoso, tenso, preocupado, incómodo, molesto, victimizado o preocupado. ¡No es de extrañar que tengamos problemas de permanecer pensadores positivos!

Tratando con Situaciones Difíciles

La mayoría de nosotros reaccionamos ante estos estímulos negativos. Alguien nos lanza un comentario enojado; un amigo hace un comentario perjudicial o un padre trata de hacernos sentir culpables - y reaccionamos en consecuencia.

¿Su esposa mantiene el control sobre sus emociones y reacciones en esas circunstancias o reacciona automáticamente al estímulo negativo de los demás y se siente herido o se culpable?

Si ella puede aprender a manejar las pequeñas molestias, tendrá más energía y resistencia para manejar las difíciles y convertirse en una persona más positiva pensando.

Si ella cree que las circunstancias externas causan infelicidad y que ella no tiene control sobre esta infelicidad - ella está equivocada. Ella necesita aprender que los eventos negativos no pueden dañarla a menos que **ella les permita hacerlo**. La felicidad viene en gran parte dentro de una persona. Aunque los eventos externos pueden irritar o molestarla, ella todavía tiene control sobre cómo responde a cada situación negativa.

¿Tu mujer culpa a los demás por lo que siente? ¿Hace ella comentarios como, *'Él siempre me hace sentir tan inferior ...'* O, *'Ella me pone tan enojado cuando ella...'* O, su propia auto-charla diciendo: *'Lo hice mal de nuevo! ¿Cómo podría hacer algo tan estúpido?'* Ella está permitiendo que otros (y ella misma) arruinen su día permitiéndose sentirse mal sobre situaciones o asumir la culpa que ella no merece. Ella no ganará nada culpando a los demás por la forma en que se siente.

¿Cómo puedes recuperar el control? Aprenderías a extinguir situaciones negativas y no dejarlas afectarte emocionalmente. Si se permite absorber la sensación negativa, tendrá que deshacerse de la sensación de alguna manera - por lo que no debe dejar entrar. ¡Porque probablemente has estado en *"piloto automático"* al reaccionar a situaciones negativas en el pasado, esto técnica puede tomar considerable práctica antes de que se convierte en automático - pero valdrá la pena!

Miedos injustificados

'Mi esposa es una persona muy tímida que parece tener miedo de todo. Ella tuvo una infancia terrible y he tratado de asegurarme de que nuestro matrimonio la haga sentir segura, pero me encobro cuando veo el miedo en sus ojos. ¿Cómo puedo ayudarla a superar su constante estado de preocupación?'

Comience por tener paciencia con ella. Ella no está haciendo esto a propósito para hacerte enojar o molestar. Hacer que ella identifique lo peor que podría pasarle si su miedo se hiciera realidad. Pregúntele ella cuáles son las posibilidades de que su miedo se convierta en una realidad. Si no ha sugerido que ella reciba asesoramiento profesional; por favor, hazlo. Muchas personas que han tenido infancias terribles necesitan tener asesoramiento, por lo que pueden dejar atrás su pasado y comenzar la vida con una pizarra limpia y más confianza. La mayoría de los laicos no tienen las habilidades o la experiencia para hacer esto por su cuenta.

Su enfoque debe ser apoyarla mientras ella pasa por su consejería. El consejero puede requerir que usted tome consejería también, para que pueda entender el proceso y por qué ella actúa de la manera que lo hace. De esta manera usted puede ser más solidario con las necesidades de su esposa.

Estas personas usan a menudo frases para atarlos al pasado usando frases tales como:

- *'Si yo fuera más joven - más alto - más delgado - más atractivo...'*
- *'Debería haberlo hecho hace años.'*
- *'Debería haber sido más cuidadoso.'*
- *'Se suponía que... estoy tratando de... debería... tener que... necesitar... no puedo... o tengo que hacerlo...'*
- *'No puedo cambiar la forma en que soy porque...'*
- *'El problema con...'*
- *'Tu hizo...'*
- *'Tú siempre...'*
- *'Tú nunca...'*

Siempre que sea posible, animarla a eliminar estas frases de su vocabulario a menos que ella esté dispuesta a hacer algo constructivo sobre sus comentarios. Si estos temores injustificados la impiden realizar las actividades que desea hacer o se han vuelto abrumadoras, es hora de que ella busque ayuda profesional.

La víctima del miedo está tan dominada por la ansiedad y el miedo que despierta, ella evita la situación y evita así enfrentar el problema. Ella cree que las situaciones peligrosas o temibles son causa de gran preocupación, por lo que debe pensar continuamente sobre ellos. Algunas personas sufren de problemas como claustrofobia, agorafobia, miedo a las alturas, serpientes, arañas, abejas, la oscuridad, estar solo y de lo desconocido. Esto es irracional, porque la preocupación o la ansiedad:

a) Evita una evaluación objetiva de la posibilidad de un evento peligroso;

b) A menudo evitará que la persona se ocupe eficazmente de ella si se produce;
c) Pueden contribuir a lograrlo;
d) No pueden evitar eventos inevitables;
e) Hace que muchos acontecimientos temidos parezcan peores de lo que son.

Los peligros potenciales no son tan catastróficos como parecen. La ansiedad no los previene, sino que los puede aumentar. Preocuparse puede ser más dañino que los acontecimientos temidos. Un estudio universitario demostró que, de los acontecimientos que la gente teme;

> 40 nunca suceden.
> 30 por ciento ocurrió en el pasado.
> 22 por ciento es innecesarias, insignificantes o pequeños.
> 8 por ciento son reales, pero dividido en:
>> Los que la persona podría solucionar.
>> Los que la persona no puede resolver.

¡Todos deben amarme!

El otro día volví del trabajo para encontrar a mi esposa llorando. Ella había derribado una botella de refresco en el supermercado y se rompió. Cuando se le pidió a un empleado que limpiara el desastre, él le dio a mi esposa un aspecto sucio - no dijo nada - sólo le dio ella aspecto sucio. Esto la devastó y causó su arrebato en casa. ¿Por qué ella reacciona exageradamente ante este tipo de situaciones?

El objetivo de tu esposa en la vida es ser amado por todos - ella cónyuge, los niños, el jefe, los amigos, los encargados de tienda e incluso la persona que viene a la puerta de venta de revistas. Ella no ha aprendido que no puede complacer a toda la gente, todo el tiempo, por lo que se siente totalmente responsable y culpable si una persona muestra que no le gusta ella. Esto es irracional, porque es un objetivo inalcanzable.

Cuando se enfrenta a eventos inquietantes, ella debe decidir cómo tu trataría un episodio de este tipo.

Asegúrese de hacerle saber que usted tiene fe en ella ser capaz de cambiar su comportamiento.

Culpa

'Mi esposa siempre trae a colación todos los errores que he cometido en el pasado. Me molesta que mi esposa no me perdone por los errores que

Tratando con Situaciones Difíciles

he cometido en el pasado. La mayoría de estos errores son menores, pero ella tiene el recuerdo de un elefante y los saca cuando tenemos una discusión. ¿Por qué ella hace eso?'

Recuérdele que usted no puede cambiar el pasado, a pesar de cómo ella siente sobre él. Hágale ella saber lo injusto que cree que ella está siendo, para recordarle tu constantemente tú, errores pasados. Es importante que cuando cometiste un error, lo reconocieras (muchas personas encuentran difícil decir las palabras mágicas *'Cometí un error'*). Esta es una poderosa herramienta para luchar contra las personas que aman recordándote sobre tus fracasos. *'Tienes razón. No hice un buen trabajo arreglando los armarios de la cocina. He aprendido mucho de esa experiencia y ese error no se repetirá.'*

Cuando ella trae el pasado a decir, *'¿Por qué se trae eso de nuevo? ¿Qué tiene eso que ver con lo que estamos discutiendo?'*

Vivimos en una sociedad culpable. Permitimos que otros nos hagan sentir culpables. Y como si la crítica de otros no fuera suficientemente mala, todos parecemos tener un pequeño duendecillo dentro de nosotros que ama criticar. Esta voz hace comentarios tales como: *'¡Lo hiciste otra vez! ¿No puedo hacer nada bien?'*

Nos sentimos culpables si no podemos entender lo que alguien está diciendo por teléfono o nos sentimos culpables porque cometemos errores o identificamos cosas que hemos hecho en el pasado de las que no estamos orgullosos. En lugar de revolcarse en la culpa, piense en cómo haría las cosas en el futuro. Si una disculpa es necesaria para quitar la culpa - luego disculparse.

Si usted ha dado una situación su mejor esfuerzo - eso es todo lo que puede esperar de ti mismo. Por alguna razón la sociedad nos ha enseñado a sentirnos culpables si cometemos errores. Si usted cometió un error - reconocer que es sólo eso - un error y simplemente no hacerlo de nuevo. Los errores son para aprender y no deben hacernos sentir como si fuéramos un fracaso. Dejar de ser hipercrítico y empezar a utilizar el refuerzo positivo. *'¡Estoy orgulloso de la forma en que pinté esa habitación!'*

Cuando otros tratan de hacerte sentir culpable, identifica lo que significan los comentarios. Analizar si hay alguna verdad en los comentarios, y luego actuar en consecuencia. Reconocer cuando otros están tratando de manipularte tratando de hacerte sentir culpable.

Tratando con Situaciones Difíciles

También es un hecho triste que, en la vida cotidiana, recibimos noventa y ocho por ciento de críticas y sólo dos por ciento de alabanza. Digamos que usted ha trabajado muy duro pintando el baño y está muy orgulloso de su logro.

Tu espera pacientemente por el reconocimiento de los miembros de tu familia. ¿Es probable que llegue el reconocimiento? En muchos casos - no - eso no sucede. Lo que es más probable que escuche, es una pequeña parte de la tarea que usted hizo mal (*'Te perdiste este lugar'* o *'La pintura goteaba aquí.'*)

Desafortunadamente, si alguien nos critica, podemos aceptar automáticamente los comentarios sin duda. Esto permite que el que da la crítica controle cómo nos sentimos acerca de nosotros mismos. Esto obviamente puede afectar seriamente nuestro nivel de confianza en nosotros mismos.

Entonces podemos tener la sensación de que hicimos un trabajo pobre y aceptar los sentimientos de culpa que acompañan a la crítica. Aprenda a evaluar la relevancia de los comentarios de otras personas. ¿Se justifican sus sentimientos de culpa? ¿Podría estar respondiendo negativamente porque esa es la forma en la que siempre ha respondido en el pasado? Reevalúe la situación. ¿Qué tipo de trabajo cree que tu hizo? ¿Estabas originalmente satisfecho? ¿Por qué no te agrada ahora?

Si usted es el receptor de la crítica (si es constructiva o destructiva) todavía puede sentir como responder a la defensiva. Antes de permitir que su mecanismo de defensa comience, considere lo siguiente:

1. Controlar sus pensamientos y comportamiento. Tenga en cuenta que puede haber algo de verdad en la crítica.
2. Si la crítica es válida, disculparse. Deje que la persona sepa qué pasos usted tomará para corregir el comportamiento o el problema. Esforzarse por no repetir este fracaso o causar el problema en el futuro. Deje atrás sentimientos de culpa. No dejes que la crítica te abruma, y deja que te afecte durante el resto del día. En su lugar, aprender de sus errores.
3. Cuando otros te critican, no sientas inmediatamente que debes tomar represalias. En su lugar, escuche atentamente los comentarios de la persona sobre la situación.
4. Pida detalles si la crítica es vaga. Por ejemplo, la persona dice: *'No me gusta su actitud.'* Esto es muy vago, así que pregunte a la persona por detalles. (Mire su tono de voz). No haga sus comentarios acusatorios, de lo contrario la persona se pondrá a la defensiva).

'¿Qué hay de malo en mi actitud que te preocupa?'
'Bueno, hiciste algunos desagradables comentarios a Patricia cuando nos visitó. Sé que no estás de acuerdo con todo lo que dice, pero siento que debes ser cortés con ella porque es mi amiga.'
Ahora tienes algo específico que puedes corregir.
5. Confirme su comprensión del problema (paráfrasis).

No suba a una concha cuando otros le critican por algo. A menudo establecemos este tipo de mecanismo de defensa en nosotros mismos. Si algo o alguien nos lastima (sobre todo alguien que estamos cerca) es probable que retire y *"lamer nuestras heridas"*. Esto puede duplicar los efectos negativos del problema.

Maneje la culpa con hechos - no deje que sus emociones en el camino. Por ejemplo, por ejemplo, una madre que se quedó en casa con sus hijos le preguntó a Audra, una madre soltera que trabajaba: *'¿Por qué no te quedas en casa con tus hijos?'*

'¿Crees que sería una mejor madre si me quedaba en casa con mis hijos y ser apoyado por el dolé, en lugar de ir a trabajar para mantener a mi familia?'

'Bueno, no realmente ... pero sigo pensando que tus hijos necesitan que estés a su lado.'

'Eso no sería práctico en mi caso. No puedo evitar preguntarme por qué estás tratando de hacerme sentir culpable por mi decisión de volver a trabajar.'

Cuando otros tratan de empujarle emocionalmente, debe indicar cómo se siente. Cuando otros desaprueban lo que haces, no tiene nada que ver con lo que o quién eres como persona. Usted tiene el derecho de defender sus derechos y necesidades, así como ellos tienen el de derecho a defender sus propios derechos. Su tarea es encontrar el medio entre agradar a los demás y complacer a sí mismo.

Esposa robar del trabajo

'Mi esposa Cheryl trabaja en una oficina. Ella ocasionalmente trae lápices de colores, clips, bolígrafos, fieltros, papel y grapas a casa del trabajo. Nuestros hijos me han visto y comentado acerca de ella robo. Sé que tengo que hablar con mi esposa sobre su robo del trabajo. ¿Qué debo decirle que ella no suene como predicación?'

Explica cómo te sientes al respecto. Por ejemplo, llámela en el trabajo y diga: *'Cheryl, necesito hablar contigo hoy, por algo que me preocupa. Vi a Judy el otro día cuando llegaste a casa del trabajo con papel forrado. Esta tarde, ella me preguntó si estaba bien tomar artículos de la escuela de la manera en que usted toma algunos del trabajo.*

Le sugerí que ella te preguntara sobre esto, cuando llegues a casa. Así que, quería advertirte sobre esto. Probablemente no te hayas dado cuenta de cómo ella percibe lo que estás haciendo. Ella quiere saber si está bien robar - porque eso es exactamente lo que es. ¿Cómo crees que manejarás esto?'

Esto preparará a Cheryl para la situación y la hará mirar de cerca el ejemplo que ella está fijando para sus niños. Entre usted, decida un curso de acción racional y lo que debe decir a sus hijos sobre lo que Cheryl ha estado haciendo.

Hubo un tiempo en que los robos del inventario sólo afectaron a las industrias que tenían de inventario *"atractivos"*. Cada vez más, todos los tipos de inventario están siendo objeto de robo - no sólo ensamblajes completos, sino también las partes, e incluso las materias primas están siendo robados. Algunos empleados van mucho más allá de algunos lápices. No es que sean cleptómanos, sino más bien es mostrar desdén hacia la gestión. Algunas de estas personas roban cantidades mucho mayores de lo que podrían usar. En cierta medida, es su manera de superar las reglas, al volver a pagar a aquellos que tienen posiciones de autoridad.

Por lo general, el empleado que constantemente roba es un empleado pobre - no sólo debido a él o ella o robar - pero por otras razones también. No es sólo que él o ella tiene una baja consideración para la propiedad de la empresa, pero con frecuencia él o ella también piensa poco de la empresa para la que él o ella trabaja.

No es económicamente justificable encerrar todo, ni es posible atrapar a todos los culpables, pero si la administración elimina algunas de las tentaciones, tendrán menos pérdidas. Tener sólo una o más personas a cargo de los suministros de oficina puede reducir el hurto. El hecho de que los empleados firmen para papelería y equipo es otro. El empleado que lleva a casa unos cuantos lápices de colores para que ella hijo pueda completar un libro para colorear está poniendo un mal ejemplo. Asegúrese de hacer esto claro a su esposa.

Esposa sexualmente acosada en el trabajo

'Mi esposa volvió a casa del trabajo el otro día, muy molesta y llorando. Pasé la noche tratando de averiguar qué le había sucedido en ella trabajo. Al principio, ella dijo: "Yo me encargo". Pero a medida que

Tratando con Situaciones Difíciles

avanzaba la velada, ella no se calmó. Insistí en que ella me dijera qué estaba mal.'

'¡Estoy siendo acosado sexualmente en el trabajo!' ella finalmente explicó. ¡Mi primer impulso fue ir a trabajar con ella al día siguiente y golpear al tipo en la nariz!'

'¡Eso es lo que temía que quisieras hacer! Lo que necesito son soluciones al problema. Eso me dará otro problema a tratar. Por eso no quería hablarte de esto en primer lugar.'

Nos sentamos y determinamos las alternativas disponibles para ella. Le dije que debía renunciar a su trabajo, pero ella era inflexible que amaba su trabajo, y nadie iba a obligarla a dejarlo.

Decidimos que la mejor alternativa sería llamar a la Comisión de Igualdad de Oportunidades de Empleo en nuestra área para conocer cuáles eran sus derechos y cómo manejar su situación. Al día siguiente, mi esposa llamó a su oficina y dijo que estaba enfermo (ella realmente no podía trabajar ese día).

La Comisión de Igualdad de Oportunidades de Empleo nos aconsejó documentar todo lo que había sucedido; tratar de encontrar testigos de las acciones y determinar si este hombre había acosado a otras mujeres antes. Ella tuvo que enviar copias de esta documentación al hombre que la acosó, su supervisor y su gerente. Según la ley, si el personal superior "se volvía la otra mejilla" e ignoraba su situación, ella también podría acusarlos de acoso. Su silencio significaría que toleraban el acoso sexual. Debido a sus altos cargos, están legalmente obligados a intervenir y hacer algo para detener el acoso.

Mi esposa se enfrentó al hombre, el hombre se disculpó con ella, y prometió que no la acosaría de nuevo.

Discuto el acoso sexual en varios de mis seminarios, explicando lo que es el acoso sexual, lo que las víctimas pueden hacer al respecto y dónde pueden ir a quejarse formalmente. Una de las principales quejas de acoso es la de contar chistes sucios. En las clases en las que hay participantes tanto hombres como mujeres, a menudo recibo comentarios como: *'¿Por qué los hombres tienen que limpiar su acto sólo porque las mujeres trabajan ahora en un campo dominado por hombres? Ellos son los que invaden nuestro territorio, por lo que deberían tener que cumplir con nuestras reglas - ¡no sus reglas!'*

Mi respuesta normal a este comentario es: *'Sé que es difícil cambiar sus patrones de conversación debido a este cambio en el lugar de trabajo.*

Tratando con Situaciones Difíciles

¿Me gustaría preguntarles a todos los que se oponen cambiando su idioma, ya sea que usen este tipo de lenguaje en casa?' La mayoría está de acuerdo en que no usan ese tipo de lenguaje en casa. *'Entonces, ¿por qué crees que es aceptable en un lugar profesional?'*

Mi siguiente pregunta es: *'¿Alguno de ustedes tiene hijas que tengan edad suficiente para trabajar?'* Normalmente, unas cuantas manos suben. Les pregunté: *'Cuando tus hijas tengan edad suficiente para trabajar, digan diecisiete, ¿qué harías si supieras que alguien la acosó sexualmente ella? ¿Qué harías si tu hermana, tu novia, tu esposa o tu madre fueran acosadas?'*

Una respuesta común es, *'Le daría un puñetazo en la nariz.'* Mi siguiente comentario es. *'Entonces, ¿cómo crees que los novios, maridos y padres de mujeres sexualmente acosadas se sienten acerca de **tus** acciones? ¿Por qué crees que está bien tratar a las mujeres de esa manera?'*

Esto por lo general pone la situación en una luz más clara. ¡De repente se dan cuenta de que si le gustaría "golpear a alguien en la nariz" si alguien acosaba a su esposa, hija o madre, entonces tal vez la mujer que están acosando tiene un padre, marido o novio que podría estar pensando en haciendo lo mismo a ellos!

Muchos de ellos no sabían qué podría llamarse comportamiento de acoso sexual. Estos serían:

Verbal:

- Contar chistes sucios con connotaciones sexuales;
- Pedir favores sexuales;
- Comentarios sobre la anatomía sexual de una persona;
- Perseguir una relación no deseada;
- Elogios no deseados con connotaciones sexuales; o
- Condescendencia o paternalismo que socava el respeto a sí mismo.

Visual:

- Mirar fijamente la anatomía sexual de alguien;
- Mantener un contacto visual largo e incómodo;
- Dar mensajes sexuales;
- Coquetear de manera no verbal; o
- Imágenes pornográficas.

Físico:

- No deseados tocar o hacer contacto físico; o
- Estar demasiado cerca.

Tratando con Situaciones Difíciles

Esto podría ser un hombre acosando a una mujer (la queja más común), una mujer acosando a un hombre, un hombre acosando a otro hombre o una mujer acosando a otra mujer. Por ejemplo, si yo (una mujer) le dije bromas ofensivas y se negó a dejar de decirles, otra mujer podría acusarme de acoso sexual (una mujer acusando a otra mujer). Lo mismo ocurre con un colega varón que también podría acusarme de acoso sexual si se opone a mis bromas lascivas (el hombre acusando a carga a una mujer).

¡Él quiere un poco de paz y tranquilidad!

'Cuando llego a casa del trabajo estoy agotado y todo lo que quiero es un poco de tiempo tranquilo antes de ser bombardeado con mis hijos y la charla de mi esposa. Pero, usted lo adivinó - soy atacado tan pronto como consigo a través de la puerta con todos problemas y cosas que sucedió a ellos durante su día. ¿Cómo puedo convencerlos de que necesito este espacio cuando primero llegue a casa del trabajo?'

La manera de comenzar es comunicando sus deseos. Llame a una conferencia familiar donde le explique lo importante que es para usted tener un período de *"tiempo fuera"* cuando llegue a casa del trabajo. Explicit lo que necessities y when you will be ready to deal with their problems. Utilice conferencias familiares para discutir cualquier problema que ocurra que afecte a toda la familia.

Batalla de los sexos

'Cuando llego a casa del trabajo, mi esposa sigue y sigue sobre lo que le sucedió durante el día. Sigo esperando una "línea de puñetazos" o algo interesante que pueda relacionarme y estar interesado, pero me parece ella habla de cosas mundanas como el nuevo detergente que compró.'

Un día, no ocurrió nada significativo y su marido dijo: *'¿Cuál es tu punto?'*

La esposa se sintió devastada porque su marido pensó que lo ella que hacía durante todo el día era insignificante. ¿Él por otro lado, se preguntó qué era tan importante sobre el uso de un nuevo detergente? Se sentía decepcionado porque ella desperdició tiempo hablando de asuntos que no eran importantes para él.

Podría ayudar si usted entiende las necesidades de su esposa. Para ella, el detergente que usa para limpiar la ropa es importante. El problema es probable que usted tiene diferentes expectativas de lo que necesita el uno del otro.

Cuando una mujer se casa, espera que su marido sea su mejor amigo. Los hombres no saben qué tipo de conversación quieren las mujeres; No te lo pierdas cuando no está allí y malinterpreta el lenguaje corporal del otro. La comunicación de los hombres se centra en la importancia de la información dada, mientras que la comunicación de las mujeres se centra en las interrelaciones. Cuando las mujeres se reúnen, hablan de cuestiones personales - situaciones que ocurren en casa y en el trabajo. Los hombres son más propensos a hablar de deportes, política, asuntos de negocios y otros temas, pero mantenerse alejado de hablar de sus vidas personales.

En la comunicación entre mujeres y hombres, la mujer hace la mayoría de las preguntas. Las mujeres ven preguntas como una manera de continuar una conversación, mientras que los hombres ven preguntas como solicitudes de información. Por lo tanto, los hombres son menos propensos a hacer preguntas personales. Ellos creen que si ella quiere decirle algo - ella le dirá. Los hombres a menudo piensan que las preguntas muestran intrusión, mientras que las mujeres creen que expresan interés e intimidad.

Otro hábito que da a las mujeres la impresión de que los hombres no escuchan es que cambian de tema con más frecuencia. Las mujeres hablan largamente sobre un tema: los hombres saltan de un tema a otro. Cuando las mujeres hablan entre sí, a menudo se superponen mutuamente las conversaciones, terminan las oraciones de cada uno y anticipar lo que el otro está a punto de decir. Si las mujeres hacen esto mientras conversan con los hombres, muchos hombres ven esto como una interrupción - que es grosero y muestra una falta de atención a lo que han estado diciendo.

Cuando una mujer expresa su punto de vista, sus oyentes suelen expresar su acuerdo y apoyo, mientras que los hombres señalan el otro lado de la cuestión. Las mujeres ven esto como deslealtad y una negativa a ofrecer apoyo a sus ideas. Las mujeres usan la charla para establecer la relación. Prefieren otros puntos de vista expresados como sugerencias e indagaciones más que como desafíos directos o argumentos. Los hombres se sienten más cómodos con un modelo de oposición. Una discusión se convierte en un debate: una conversación se convierte en un deporte competitivo.

Las mujeres usan los pronombres *"tú"* y *"nosotros"* mucho más que los hombres. Los hombres son más propensos a atenerse a los hechos y las opiniones. Esto llega a las mujeres como autoritario, no comprendiendo que ilustra la forma masculina de la comunicación en lugar de una demostración de supremacía.

Las mujeres a menudo expresan sus comentarios como si fueran preguntas. *'Nuestra reunión comenzará ... a las tres?'* Esta inflexión creciente al final de una oración deja al oyente con la impresión, de que ella no está segura de lo que está diciendo. Una mujer en una reunión de la junta del club comunitario dijo: *'Ummm, me gustaría decir algo. Esto puede sonar tonto - es sólo un pensamiento - pero quizás antes de discutir las estrategias del programa, debemos descubrir nuestros objetivos. Quiero decir, no sé lo que piensas, pero suena lógico para mí...'* Ella ideas fueron ignoradas por los miembros masculinos.

Las mujeres hacen más ruidos de escucha como, *'uh-huh...'* para alentar a la otra persona. Los hombres esperan una atención silenciosa de su oyente e interpretan una corriente de ruido de oyente como reacción excesiva o impaciencia por parte de su oyente femenina. Los hombres también creen que estos ruidos significan que la mujer está de acuerdo con él, cuando ella puede no estar de acuerdo con él en absoluto. Debido a que los hombres no hacen tantos ruidos de escucha, las mujeres asumen que realmente no están escuchando. Los hombres son menos propensos a hacer señales no verbales y muchos siguen haciendo lo que estaban haciendo antes de la conversación comenzó. Las mujeres son más propensas a asentir con la cabeza, dar contacto visual directo, y detener cualquier otra cosa que podría haber estado haciendo cuando la conversación comenzó.

La esposa quiere más intimidad

'Mi mujer ya no me habla. Ella está enojada conmigo porque no voy a hablar de lo que está dentro de mí, que guardo demasiado para mí y no comparto mis sentimientos con ella. Ella Me dice que quiere más intimidad, pero no entiendo exactamente lo que quiere de mí.'

Intimidad implica tener plena confianza en otra persona. La intimidad se obtiene *"dejando que todo salga"* y permitiendo que otros sepan lo que está sucediendo dentro de ti. Esto implica revelar cómo se siente realmente acerca de lo que la otra persona hace y considera los sentimientos de la otra persona al comunicarse con ellos. Esto implica una cantidad considerable de empatía. Al revelar su verdadero yo, la otra persona casi puede saber cómo reaccionará a las situaciones. Si se preocupan por ti, te protegerán automáticamente de situaciones que podrían desestabilizarte o molestarte y encontrar maneras alrededor de situaciones difíciles para que no te sientas herido.

Cuando miramos las relaciones de supervivencia, encontramos que la pareja son buenos amigos y se tratan mutuamente con respeto. Comparten valores y confían unos en otros implícitamente. La confianza es la base de cualquier relación y sin ella, una pareja no se sentirá segura de revelar su yo interior. Si no se sienten seguros, no pueden ser vulnerables. Si no son vulnerables, no pueden intimidad.

La habilidad de dejar que la gente vea el *"yo real"* puede ser eclipsada por el temor de que otros puedan usar esta arma en su contra en el futuro. ¿Es esto lo que te impide ser íntimo con tu esposa? A menos que establezca esta confianza, la verdadera intimidad no ocurrirá.

Si miras a personas que conoces (del mismo género o géneros mixtos) hay varios pasos que tomas para llegar a la etapa en que llegas a la intimidad.

Una persona revela información confiada. La segunda persona acepta esa confianza y revela información similar. A medida que la confianza crece entre estas personas, amplían su confianza y revelan cada vez más. Esto podría ser casi instantáneo o podría tomar meses para ocurrir, dependiendo de la zona de confort de los participantes. Sin embargo, este sentimiento de intimidad podría terminar repentinamente, si una persona hace algo que el otro ve como una traición de esa confianza. Para muchas parejas, la traición final es la infidelidad o la amenaza de la infidelidad.

En el matrimonio, las mujeres usan la charla para crear intimidad, donde expresan abiertamente sus sentimientos y pensamientos. Los hombres usan el tacto para crear intimidad (usar la comunicación no verbal) y usar la charla para mantener la independencia. Los hombres están en guardia para protegerse de otros que podrían querer empujarlos alrededor.

La mayoría de las mujeres se sienten cómodas admitiendo sentimientos negativos, pero la sociedad casi ha prohibido que los hombres admitan estas debilidades percibidas.

Por lo tanto, esto limita él opciones para expresar sentimientos. La sociedad dice que se les permite mostrar felicidad y enojo, pero no se les permite mostrar ningún sentimiento entre esas dos emociones. Por lo tanto, cuando los hombres se sienten ansiosos, decepcionados, celosos, tristes, heridos, rechazados, estúpidos, intimidados, inseguros, avergonzados o ignorados, su apariencia externa puede mostrar engañosos signos verbales y no verbales de ira. Este comportamiento ambiguo confunde a las mujeres y aumenta la brecha de comunicación hombre / mujer. Por otro lado, cuando algunas mujeres se enojan, terminan en lágrimas. Esto da a los hombres la impresión de que se siente herido, en lugar de enojado, lo que aumenta la confusión de los hombres.

Muchas mujeres se quejan de que los hombres en sus vidas no comparten sus pensamientos y sentimientos con ellos. Sienten que sus hombres no confían en ellos, al no dejarles saber cuáles son sus sentimientos. Esta vulnerabilidad masculina impide que muchos hombres y mujeres compartan verdadera intimidad. El marido tendría que examinar lo que realmente sentía en ese momento y poner esos sentimientos en palabras. Para que este proceso funcione, los hombres requieren una enorme confianza en sus parejas.

Algunos hombres toman la oportunidad y confían sus sentimientos más íntimos a sus esposas, pero desafortunadamente, sus esposas no guardan esa información para sí mismos, así que los maridos pierden confianza en sus esposas. Las mujeres deben tener mucho cuidado de no revelar las confidencias de sus esposos sobre sus sentimientos a los demás, especialmente con sus amigas.

Si los hombres dan a los demás (especialmente a sus esposas) el armamento y revelan sus debilidades, muchos hombres temen que el conocimiento pueda ser utilizado contra ellos en el futuro - por lo que se resisten a la intimidad verbal. ¿Es esta la situación en su caso? ¿Ha confiado en ella con información privada y ella no mantiene esa información confidencial? Si esto es lo que ella ha hecho, explica cómo ella traicionaste tu por revelar tus secretos más íntimos con los demás; que esta es la razón de tu falta de intimidad. Cuando los hombres se sienten molestos por algo, la mayoría de ellos necesitan tiempo y privacidad para reflexionar sobre la situación. Ellos ven la insistencia de sus esposas en compartir el problema como una interferencia en este proceso. Si sus esposas persisten, los hombres sienten que están siendo molestados, así que se vuelven más introvertidos. Esto conduce a aún más frustración.

Las esposas deben retroceder, dejando a sus maridos saber que están allí cuando están listos para hablar sobre su problema. En lugar de darle al marido el deseo inicial de alejarla de él, el marido debe tratar de entender que su esposa necesita *"hacer todo mejor"*.

Ella no enuncia sus palabras

'Mi mujer murmura. ¿Cómo trato con ella cuando ella no habla con claridad, entonces elige peleas conmigo y dice que tengo un problema de audición? Sé que no hay nada malo en mis oídos porque sólo tengo este problema con mi esposa.'

Mucha gente murmura. Ellos fallan en enunciar sus palabras, así que las palabras corren juntas. Note cuando ella comunica con otros. ¿Otras personas tienen problemas para entender sus comentarios también? Sugiera que ella registre algunas de sus conversaciones con otros, para que ella también pueda escuchar lo que otros oyen.

Si las personas que murmuran sus palabras tienen problemas para ser comprendidas, ciertamente parece que vale la pena que tomen medidas para mejorar esta habilidad. De lo contrario se están permitiendo a sí mismos permanecer discapacitados en la habilidad de comunicación más importante de todos - hablando. Ellos pueden mejorar esto uniéndose a los clubes Toastmasters o Toastmistress o tomando cursos de oratoria. Aprenderán el control de la respiración, cómo proyectar sus voces y cómo hablar claramente y secuencialmente cuando hablan.

Tiene una voz aguda

'Mi esposa tiene una voz aguda que aumenta aún más cuando está excitada, enojada o molesta. Creo que he empezado a odiar el sonido de su voz.'

Comience suavemente, explicando cómo su voz le afecta. Si la voz de su esposa le molesta, su voz probablemente molestará a otros también. Si ella no te cree, haz que pregunte a sus amigos si su voz es aguda. Sugiera que ella grabe ella conversaciones con otros para que pueda escuchar lo aguda que es su voz. Si ella acepta que requiere trabajo, puede tener clases de dicción o de lenguaje que le ayuden a aprender a modular el tono de su voz.

Porque muchos de mis seminarios funcionan por tres días, pasé varios meses bajando la echada de mi voz así mi audiencia encontraría mi voz más agradable. Ahora se ha convertido en mi voz normal. Ella puede hacer lo mismo, si quiere intentar cambiarlo.

Malentendidos

'Mi esposa y yo estamos siempre malentendidos el uno al otro. Escucho atentamente lo que él dice, pero no entiendo qué ha ido mal.'

Esta pareja viajaba a otra ciudad. La mujer estaba sedienta, así que le preguntó a su marido: *'¿Te gustaría parar para un descanso?'*

Él respondió: *'No, todavía no estoy listo para una,'* así que no se detuvieron.

El resultado fue que la esposa se enfadó con él porque ella sentía que él no consideraba sus deseos. Esto es lo que causó su confusión.

Tratando con Situaciones Difíciles

Desafortunadamente, el marido no vio que su esposa había querido parar para satisfacer sus propias necesidades. Ella debería haber sido más directa y explicada con más claridad: *'Tengo sed. Por favor, deténgase en el próximo restaurante.'*

Las mujeres usan conversación como una forma de brindar apoyo. Los hombres usan conversación para estar a cargo o para evitar que otros los empujen alrededor. Ella debería haber declarado claramente lo que quería de él.

Mi esposa no puede leer mapas

'Me siento tan molesta con mi esposa cuando lee un mapa. En vez de leerla de la manera correcta, ella gira el mapa alrededor de modo que el mapa esté haciendo frente a la manera que estamos conduciendo. Norte siempre se supone que está en la parte superior de un mapa.'

Esta diferencia en los mapas de lectura se produce debido a las diferencias entre el cerebro izquierdo y el cerebro derecho entre hombres y mujeres. La mayoría de los hombres son mejores en conceptualizar el espacio y la distancia que las mujeres, y son más capaces de visualizar objetos en tres dimensiones. Para facilitar su comprensión de la dirección que debe ir, ella girará el mapa según la dirección que el coche está haciendo frente y dirigirá a su marido dar vuelta a la izquierda o a la derecha, por consiguiente. ¿Por qué quejarse cuando ella método funciona para ella?

Necesito Soluciones - No Apoyo Emocional

'Mi mujer no me ayuda cuando estoy enferma.'

Su marido se había quejado de que no sentía ganas de levantarse de la cama, de que no se sentía muy bien. Su esposa le acarició la frente y le dio simpatía. Él se molestó porque ella no parecía interesada en hacerle sentir mejor. Ella dio apoyo emocional: él quería soluciones.

¡Nunca consigo mi manera!

'¿Por qué siempre tengo que hacer lo que él quiere hacer?'

Ella había dicho, *'Quiero ir a una película esta noche. ¿Qué quieres hacer?'* O *'El sótano es un verdadero desastre. ¿Qué le parece que lo limpiemos este fin de semana?'*

Su marido interpretó ella comentarios como órdenes, el negó a hacer lo que ella le dijo que hiciera. Él se siente manipulado, por lo que respondió con resentimiento. Ella piensa que ha hecho sugerencias y presenta sus peticiones como ideas, no como demandas. Él respondería mucho mejor si ella hubiera hecho peticiones directas - no sugerencias. *'Creo que ya es hora de que vemos una película.'* Y, *'Este fin de semana, debemos limpiar el sótano.'*

¡Mi esposa me acosa!

'Mi esposa me acosa! ¿Cómo puedo evitar esto?'

Los hombres se quejan de que las mujeres y son demasiado emocionales. En los hombres, las situaciones estresantes desencadenan un rápido aumento del ritmo cardíaco y la presión arterial (lucha o respuesta de vuelo). Cuando se siente que el aumento de la presión arterial en la anticipación de un argumento, su cuerpo y el cerebro reaccionan, en la autopreservación. Es más probable que la naturaleza de mantenimiento de la paz de las mujeres elija un camino a través del conflicto usando el compromiso o la negociación.

También es posible que la esposa acosa porque ella no cree que su marido estaba escuchando a ella cuando ella habló sobre un tema anterior. Ella cree esto porque él no la mira a los ojos cuando habla, la interrumpe más a menudo y no muestra verbalmente que está prestando atención a ella, así ella que repite lo que dijo antes. Piensa que esto es molesto.

Estas opiniones contradictorias de las situaciones, puede ser resuello (proporcionando la pareja tienen la paciencia). Por lo tanto, siempre que no entienda por qué otros están haciendo o diciendo algo, pregúnteles por qué lo están haciendo. Si reaccionan emocionalmente, pídales que expliquen lo que están sintiendo en ese momento y qué provocó la reacción. Es sólo a través del esfuerzo de ambos cónyuges que estas situaciones se pueden resolver.

Indeciso

'Mi esposa es muy indecisa y tiene un tiempo terrible tomar medidas cuando ella necesita para tomar decisiones importantes. Ella les pide a todos sus amigos que la ayuden a tomar decisiones importantes y si ella recibe consejos contradictorios, es aún peor.

Ella vacila entre varias opciones o cambia su curso de acción tres o cuatro veces antes de tomar incluso una decisión tentativa. ¡Ella conducta me está volviendo loca!'

Empiece diciéndole ella cómo se molesta cuando ella actúa indecisa. Recuerde que este tipo de persona tiene un tiempo terrible tomar decisiones y necesitan preguntar a todos los que se encuentran, para

Tratando con Situaciones Difíciles

ayudarles a tomar decisiones. Ellos buscan la solución perfecta y están en borde si no pueden encontrar uno. Una vez que deciden, descubren un defecto en él, y cambian sus mentes otra vez.

Ellos entierran la cabeza en la arena con la esperanza de que, si posponen la decisión por un tiempo suficientemente largo, el problema desaparecerá o alguien más hará la elección para ellos. Son muy consistentes en su incapacidad para decidir y asumir que no harán la elección correcta. Incluso el más simple de los errores disminuir el sentido de autoestima de la persona. Algunos pueden usar tácticas dilatorias para conseguir incluso con otros.

Si ella tiene que tomar decisiones, pídale que anote todas sus opciones y soluciones. Pídale ella que identifique los pros y los contras de cada opción - luego anime a que decida y anote los pasos que tomará para que esto suceda. Si ella viene a usted pidiendo su consejo, pare de responder automáticamente. En su lugar, pregúntele: *'¿Qué crees que debes hacer?'* Eventualmente ella verá que es capaz de tomar decisiones por sí misma. Dele plazos para cada decisión que usted espera que ella resuelva. No debilitar y tomar la decisión. Haz que ella lo haga.

Ella es una preocupada.

'Mi esposa es una preocupada. Ella salta a conclusiones y hace suposiciones en lugar de pedir más información sobre la verdadera situación.'

Los preocupados frenan sus sentimientos negativos, viendo sólo el lado oscuro de cada asunto y esperan lo peor. Su preocupan por la situación, hasta que están convencidos de que las cosas van a salir mal. Algunos se preocupan en un estado, donde están estresados hasta el límite, y no pueden hacer frente en absoluto. Examine el lenguaje corporal de ella esposa para encontrar pistas sobre cómo está lidiando con ella problemas.

Darle retroalimentación constante sobre lo que ella logra. Explica que estás preocupado porque ella se ha convertido en un pensador negativo y quieres ayudarla a superar ese hábito negativo. Piensa en algún tipo de señal que puede utilizar para hacerle saber que ella está preocupando innecesariamente - otra vez. Tener paciencia - puede tomar mucho tiempo para ella para superar esto y ella puede permanecer un corriera toda su vida. Es parte de ella personalidad pensar en el peor escenario en lugar de mirar hacia adelante a una más agradable.

Dependiente

'*¡Mi esposa me está ahogando! Ella es tan dependiente de mí que me está haciendo querer permanecer lejos de nuestra casa. Ella espera todo el día para que yo vuelva a casa y monopolice mi tiempo tanto que no tengo privacidad en absoluto. Le he dicho ella repetidamente que me está ahogando, y le he pedido algo de espacio, pero no me escucha. ¿Qué tengo que hacer - amenazar con dejarla antes de que me escuche?'*

Esta es una forma de comportamiento pasivo. Los dependientes creen que deben depender de los demás y deben tener a alguien más fuerte para confiar. Si bien todos dependemos de los demás de alguna manera, esta no es una razón para alentar la dependencia, ya que conduce a la pérdida de la independencia, el individualismo y la autoexpresión. La persona dependiente está a merced de quienes los protegen.

Ella no puede hacer las cosas por sí misma o aprender nuevas habilidades y sufre de inseguridad cuando sus defensores no están disponibles. Ella debe luchar por la independencia y la responsabilidad y aprender a negarse a aceptar ayuda solo porque otros la ofrecen. Tomar riesgos, que posiblemente podrían resultar en fallas, aún vale la pena intentarlo. Fallar no es una catástrofe.

La mayoría de los adultos dependientes crecieron en hogares donde los padres enseñaban a sus hijos a ser dependientes y confiaban en ellos. Las mujeres en estos hogares generalmente cambian su dependencia de sus maridos cuando se casan. Esta es una respuesta casi automática. Si ella hubiera vivido sola antes de casarse, probablemente habría perdido a su personaje dependiente.

Tu esposa necesita de tu apoyo para ver que ella tiene una vida independiente. Por desgracia, ella se fue de la casa de su padre a su matrimonio. Ella comportamiento pasivo la impide intentar acción independiente. Trate de enviarla ella a formación de asertividad o comprarle algunos libros sobre el tema. Usted podría sugerirle que ella consiga un trabajo fuera del hogar para ayudarla a tomar decisiones independientes.

Cuando ella le pida ayuda para decidir - detenga usted automáticamente de dar ayuda. En su lugar, pregunte, *'¿Qué crees que debes hacer?'* Nueve veces sobre diez, ella sabrá lo que debe hacer - sólo quiere confirmación. Cuando ella da cuenta de que sabe lo que debe hacer, verá que puede tomar más decisiones por sí misma.

CAPÍTULO 7

SITUACIONES DIFÍCILES – MARIDOS

El tratamiento silencioso

'Mi esposo tiene el hábito de enfurruñarme y de darme el tratamiento silencioso cuando se enoja con algo. ¿Cómo puedo hacer que él se comunique conmigo cuando tenemos desacuerdos, en lugar de decir, '¿Sea lo que sea que diga, querida?' Esto me enfurece y provoca aún más dificultad con nuestra comunicación.'

El enfado o *"el tratamiento silencioso"* es una forma de agresión indirecta. Ignorar a otros o darles el tratamiento silencioso al negarse a discutir los temas con ellos es manipulador e injusto para el destinatario. Esta reacción negativa es una situación de perder-perder para ambas partes. A menudo la persona que da el tratamiento silencioso gana la batalla, pero prolonga la guerra. Si no resuelven los problemas (y eliminar los *"molestia"* que se han acumulado en ambas pantallas de molestia) el problema resurgirá más tarde.

Esto no quiere decir que la gente no pueda alejarse de una discusión hasta que se haya calmado, pero debe regresar dentro de un tiempo razonable y resolver la situación con la otra persona. Hágale saber a su esposo que sus acciones son injustas, y un acto de agresión indirecta. Explique que es importante que todos debatan y resuelvan las situaciones molestas inmediatamente para que no se acumule y terminen causando una gran explosión más tarde.

Cuando hablo sobre el tratamiento silencioso en mis seminarios, pido la opinión de mis participantes sobre si creen que los hombres o las mujeres usan el tratamiento silencioso más. El consenso es que las mujeres lo utilizan mucho más que los hombres. Las explicaciones son que tradicionalmente, las mujeres no debían discutir, por lo que ganaron la ventaja al negarse a hablar de un tema. Más tarde, cuando las mujeres se sintieron más cómodas expresando sus opiniones opuestas, encontraron que seguían usando esta táctica. Cuando se les preguntó por qué seguían haciendo esto, su respuesta fue a menudo: *'Él nunca me escucha, así que ¿por qué me molestaría expresar mi opinión?'*

La asunción por parte de las mujeres de que *'Él nunca me escucha'* se deriva de las diferencias en los estilos de comunicación hombre-mujer. Las mujeres se enfrentan directamente con los ojos anclados en las caras del otro cuando conversan. Los hombres se sientan en ángulos entre sí y buscan en otra parte de la habitación - periódicamente se miran el uno al otro y muchas veces se reflejan los movimientos del cuerpo. La tendencia de los hombres a apartarse de ellos cuando conversan y porque el parece estar mirando a un lugar en la pared en lugar de mirarlos, da a las mujeres la impresión de que los hombres no están escuchando. Sin embargo, muchos hombres admiten que no *"sintonizan"* si la mujer parece estar repitiéndose a sí mismos.

Esto no significa que los hombres no utilicen el tratamiento silencioso ellos mismos. Por el contrario, casi el 45 por ciento del tratamiento silencioso ocurre cuando los hombres se niegan a hablar de lo que realmente está sucediendo. En la sociedad moderna, los estudios demuestran que los hombres y las mujeres usan el *"tratamiento silencioso"* casi igualmente y ambos merecen un rap en los nudillos para animarlos a no usar esta maniobra manipuladora. Por ejemplo, una esposa nota que su marido no es comunicativo, por lo general una señal de que algo está mal.

Ella dice: *'¿Qué pasa, querida?'*

'Nada,' responde.

'Puedo ver que hay algo mal. ¿Por qué no me dices qué está pasando?'

'¡Te lo dije, no quiero hablar de eso!'

Esto sólo pone al hombre en una isla más grande de soledad. No sólo ha rechazado la ayuda bienintencionada que se le ofreció, sino que ha agravado sus problemas empujando a su esposa lejos de él. Esto es probable porque su problema implica la necesidad de explicar sentimientos que él puede creer es un signo de debilidad y ser reacios a revelar esta posibilidad a otros.

Uso del Humor

'Cuando salimos en público, mi esposo constantemente me avergüenza por sus puñaladas de humor. La mayor parte de esto está dirigida contra mujeres y llegué al escenario donde estoy listo para decirle que me alejaré de él y volveré a casa si lo hace de nuevo. ¿Por qué lo hace?'

Esta es una forma de *"francotirador"*. Haz que se dé cuenta de que estás seriamente serio acerca de esto. Explica cómo te sientes cuando el usa ese tipo de sarcasmo: *'Cuando haces bromas acerca de las mujeres, me obligas a tener que defender mi género. Esto es malo, cruel y destructivo para nuestra relación. ¿Cómo te sentirías si me estuviera constantemente echando abajo a los hombres y contando chistes sobre ellos? Si sigues haciendo esto me veré obligado a...'*

Los hombres tienen un sentido del humor distorsionado. Sí, lo sé, declaraciones de este tipo me pueden meter en el agua caliente, pero no hay evitar la verdad.

A menudo la división más amplia entre quién está adentro en la broma y quién se deja hacia fuera está entre los hombres y las mujeres porque no encuentran necesariamente las mismas situaciones divertidas. Las mujeres a menudo se preguntan por qué los hombres no piensan que sus bromas son divertidas y otras veces se preguntan de qué se ríen los hombres.

Humor de los hombres a menudo se refiere a la sexualidad o partes sexuales del sexo opuesto. Estos incluyen chistes obscenos o hostiles (con una intención de agresividad, sátira o defensa), bromas cínicas (críticas y blasfemas) y bromas escépticas. Estos chistes mencionan sujetos prohibidos, participan en comportamientos ofensivos o infantiles, se deslizan más allá de los límites del buen gusto y con frecuencia violan los tabúes morales. Este tipo de bromas tiene elementos hostiles (similares al juego áspero y el empujón de muchachos jóvenes) que se utilizan para ventilar la agresión. De esta manera, la comedia masculina se siente más personal e insidiosa para las mujeres, que ven los golpes verbales como *"debajo del cinturón"* y no justo.

El humor de los hombres también se burla de las convenciones sociales; y algunos acusan a las mujeres de no reírse de una buena broma. A menudo lo que las mujeres están oyendo no es divertido, sino más bien hostilidad y sarcasmo disfrazado de humor. Cuando se trata de humor, los hombres dan y las mujeres reciben la mayor parte del tiempo.

Las mujeres son más propensas a la consola, en lugar de reírse de cualquier persona considerada una *"víctima"*. Esta es una de las razones por las que ciertas formas de comedia slapstick atractivo mucho menos a las mujeres que a los hombres. Los hombres son más propensos a como la comedia slapstick (como los tres chiflados que se pinchan en el ojo) que muchas mujeres no encuentran el menos gracioso.

Los chicos jóvenes obtienen más placer en usar el humor hostil que las chicas. A una edad temprana, estos chicos a menudo eligen dibujos animados agresivos como los más divertidos. Incluso a la edad de tres años, los chicos son más propensos a actuar de manera tonta y hacer caras, que las niñas. Muchos hombres han practicado estos comportamientos desde la infancia.

Las mujeres son más propensas a bromear acerca de los poderosos; no los lamentables, concentrarse en los grandes problemas y cuestionar la forma en que el mundo está puesto juntos. Tradicionalmente utilizan el humor auto despreciable incluso si erosiona su autoestima. No es amenazante para una mujer bromear sobre sí misma u otras mujeres. Sin embargo, si ella cuenta una broma sobre la aristocracia de poder masculino frente a un miembro de ese grupo, el hombre puede sentirse amenazado y enojado.

El humor femenino demuestra un rechazo a tomar la autoridad seriamente y las mujeres son menos probables mirar para arriba a sus supervisores que hombres. El humor de las mujeres dirige algo de su material más efectivo a los hombres, cuestionando su autoridad y mostrando cierta cantidad de desdén. Las mujeres ven las *"reglas del juego"* en los negocios como juegos principalmente infantiles que sólo los *"chicos"* deberían considerar jugar. De esta manera, la comedia femenina puede ser más ominosa que la de los hombres.

Las mujeres son más propensas a evocar una imagen que es bien conocida por otros como, *'Recuerde cómo Tim Allen en el Demostración del mejoramiento del hogar hizo...'* Ella comunicación dice: 'Tengo una imagen en mi mente. ¿Tienes la misma imagen?'

Comunicación no verbal

'Mi marido constantemente me confunde debido a la forma ambigua con la que se comunica con los demás. Lo que él dice verbalmente a menudo difiere ampliamente de lo que me está diciendo su lenguaje corporal.

Por ejemplo, está siendo tratado por una lesión en la espalda muy dolorosa y el dolor que sufre muestra claramente en su rostro. Sin embargo, cuando le pregunto acerca del dolor, él responde que, "No es demasiado malo". ¿Debo creer su comunicación verbal o no verbal?'

"Escuchamos" lo que la gente dice en parte a través de lo que su lenguaje corporal, su tono de voz, etc., nos dicen. Si usted necesita decidir si creer la comunicación verbal de una persona o su comunicación no verbal - yo siempre opto por lo no verbal. He descubierto que sólo los estafadores y los mentirosos compulsivos pueden mentir de manera consistente sin que su lenguaje corporal diga lo contrario. Esto es porque han dicho sus mentiras tan a menudo que creen las mentiras que están diciendo.

Explique lo que ha observado y pídale que sea más honesto en sus respuestas sobre su salud. Hágale saber que no hay desgracia en estar en el dolor y todo está bien para que él comparta su situación con usted.

Tratando con Situaciones Difíciles

Dile que sientes que no te está confiando, porque no está siendo honesto contigo.

Un signo común del lenguaje corporal se ve cuando ponemos nuestra mano sobre el brazo o el hombro de una persona que está molesta. Nos estrechamos la mano con los demás. Esto originalmente significaba que les estábamos mostrando que no teníamos un arma en nuestra mano y demostró que venimos como un amigo. Ahora, puede significar que estamos dando nuestra palabra; que el intercambio a seguir está por encima del tablero y que somos confiables. O simplemente podemos decir: *'Hola. Me alegro de conocerte.'* en lugar de estrechar la mano.

Tenemos indicios de que una persona está molesta, impaciente o ansiosa cuando los vemos golpear el puño sobre una mesa, etc. Podrían cambiar su peso de un pie a otro. Cuando fruncen el ceño, podría significar que no entienden lo que se dice o que pueden estar en desacuerdo con lo que se dice. La mandíbula apretada (más notable en los hombres) muestra que están trastornados, enojados o ansiosos.

El habla rápida o abrupta puede indicar a una persona que está molesta, preocupada, emocionada, ansiosa o enojada. Si aumenta el volumen de su voz, puede estar nervioso o enojado. La mujer que levanta el tono de ella voz y el hombre que deja caer el tono de la voz están demostrando que están nerviosos o enojados. Los movimientos corporales de salto indican nerviosismo, ansiedad, fatiga o enojo.

Un rostro enrojecido podría identificar aquellos que están avergonzados, emocionados, enojados o que se sienten calientes. Una cara roja también puede mostrar que ellos pueden tener presión arterial alta o están pasando por la menopausia. Tendrías que buscar otras señales no verbales para confirmar cuál era el caso.

Los brazos cruzados sobre el pecho pueden significar que se sienten a la defensiva, físicamente torpe o físicamente frío (¡por ejemplo, si son un paciente obligado a sentarse en una habitación fría con un vestido de examen escaso!)

Los hombres, que quieren demostrar su poder, girarán una silla alrededor y se sentarán a horcajadas. Otros pondrán sus pies encima de un escritorio y no los quitarán cuando alguien entra en el cuarto. Las personas con hambre de poder ocupan más espacio en sofás o bancos de lo que es debido.

Una postura caída puede significar que la persona está cansada, relajada o deprimida. La persona que se encoge de hombros puede ser indiferente

Tratando con Situaciones Difíciles

o no sabe la respuesta a una situación. Aquellos que evitan el contacto visual podrían ser tímidos, aburridos o podrían ser debido a sus antecedentes culturales. Este comportamiento es a menudo mal interpretado como un signo que muestra una falta de confianza en sí mismo, cuando la causa puede ser algo muy diferente. Ellos pueden vivir en una cultura que considera el contacto visual con los ancianos o aquellos en posiciones de autoridad como irrespetuoso.

Las personas que carecen de seguridad muestran esto por su lenguaje corporal. Su postura muestra la derrota, hay poco contacto visual, sus voces son suaves, llevan una sonrisa fija y ocupan el menor espacio posible.

¿Es la lectura del lenguaje corporal de una persona a toda prueba? No, porque a menudo es la combinación de varias señales que señalan el camino a lo que realmente están diciendo. Aprender a entender las señales requiere práctica, pero una vez aprendido, es una de las habilidades de comunicación más valiosas que puede tener. ¡Lea todo lo que pueda acerca del lenguaje corporal y comience a practicar!

Hora pico

'¡Odio el tráfico de las horas punta!'

Byron conduce a casa del trabajo, sintiéndose muy cansado de un día estresante en el trabajo y se encuentra humeante porque el tráfico es respaldado de nuevo! Se siente como el pasara la mitad de su vida esperando y estrelló la puerta de su dormitorio. en el tráfico para llegar a casa. Finalmente llega a casa, pasa a través de la sala de estar más allá de sus hijos y estrelló la puerta de su dormitorio. Él ha permitido que el embotellamiento lo trastornara. Y no se detiene ahí.

¿Qué pasó con el dos hijos que estaban sentados en la sala de estar viendo la televisión cuando el pasó por allí? Ellos probable que se pregunten lo que hicieron para hacer para hacer papá tan enojado. Esto los pone en el borde, así que se gritan el uno al otro durante la cena. Se puede ver cómo el mal humor de Byron tiene un efecto dominó sobre su familia.

Byron sabe que es probable que se enfrente a los atascos de tráfico en camino a casa. Eso el que sucede tres de cada cinco veces - así que ¿por qué él ha permitido eso a ser tan molesto? Cuando el conducía a su casa, tenía la opción de cinco formas de reaccionar.

Él podría:

Tratando con Situaciones Difíciles

- Trate de dejar el trabajo media hora más tarde. Esto puede llevarlo a casa sólo diez minutos más tarde que ahora, pero con mucho menos hostigamiento porque la hora punta terminaría.
- Varíe el trabajo horas (antes o después) para detener los negativos que el recibe ahora.
- Compre algunos DVDs que tengan música calmante y escúchelos mientras conduce a casa.
- Permita más tiempo para conducir a casa.
- No se enoje mientras conduce en tráfico de hora punta.

Él debe elegir lo que es mejor para él.

No puedo decir 'no'

'Mi marido se mete en problemas cuando otros le piden que haga algo por ellos. Él quiere decir "No," pero parece terminar diciendo "Sí" en su lugar y se compromete a sí, mismo lo que eventualmente le causa serios problemas.'

Si él tiene problemas para decir *'No'* a las peticiones, cada paso adelante puede ayudarlo a aprender cuándo y cómo decir *'No'* de manera cómoda y efectiva. Sugiere que él pruebe lo siguiente:

Paso 1: Identifique una situación en la que él haya dicho *'Sí'* de manera inapropiada.

Paso 2: Identificar las razones por las él que dijo *'Sí'*. ¿Le preocupaba él que tuviera que decir *'Sí'* de lo contrario podría dañar la relación o parecer malo a la persona? ¿Estaba preocupado por los sentimientos de la otra persona?

Paso 3: Ayúdelo a prepararse para la próxima ocasión para evitar que la situación vuelva a suceder.

Paso 4: Anímelo a practicar su nueva respuesta con usted. Ensayar con usted u otra persona no involucrada puede ayudarle él a tener la confianza él que necesita para llevar su plan a la terminación.

Anímelo a que sepa lo que quiere, antes de que decida decir "Sí" y no se deje sentirse obligado a devolver un favor a un amigo.

Marido adicto al trabajo

'Mi marido ha sido un adicto al trabajo durante años, pero la situación es peor ahora. Nuestros hijos y yo nunca lo vemos y él siempre está cansado. No hay necesidad de que él trabajar tan duro como él hace. Estamos financieramente bien, pero él no me escucha. ¿Por qué trabaja

tan duro? El no escuchará cuando le explico lo que está pasando con nuestra familia.'

Hay que admitir que somos workaholics parece una marca negra en nuestro personaje. Sin embargo, nunca es débil para darse cuenta de que nuestra vida está fuera de equilibrio y que quizás nuestras prioridades necesitan reajuste. La sociedad nos ha enseñado que nunca podremos trabajar demasiado. El trabajo define nuestro carácter y consume cerca de cincuenta a sesenta por ciento de la vida de la mayoría de los adultos. La primera pregunta más común que se hace cuando la gente se reúne es *'¿Qué haces?'* Es una norma social o un protocolo aceptable. Cuando la gente pasa demasiado tiempo en actividades de ocio, la sociedad levanta una ceja, pero anima a los que pasan los fines de semana en la oficina en lugar de en el lago.

El trabajador obsesivo puede manifestarse en niños, adolescentes y aquellos en sus primeros años adulta, pero generalmente ocurre más a aquellos en sus cuarenta y cincuenta años. La adicción al trabajo suele suceder a las personas de clase media que rara vez son llevados al trabajo excesivo por necesidad económica. Algunos workaholics poco a poco se convierten emocionalmente lisiado y adicto al control y el poder en un impulso compulsivo para obtener la aprobación y el éxito.

Como cualquier otra adicción, el adicto al trabajo puede dañar no sólo él salud y la familia, sino que puede causar ansiedad y depresión severas. Todos queremos aceptación y respeto por el trabajo que hacemos. Sin embargo, muchas personas se encuentran atrapados en un impulso compulsivo hacia el éxito y la aprobación. Muchos ni siquiera se dan cuenta de que esto está sucediendo, hasta que ocurre una crisis importante como un divorcio o ataque al corazón.

Algunos workaholics provienen de familias disfuncionales cuyo patrón de comportamiento e interacción con otros han sido afectados por alguna forma de adicción (alcohol, drogas, comida o perfeccionismo). Como adultos, se enorgullecen de estar libres de cualquier adicción. *'¡Eso nunca me sucederá!'* Es una declaración familiar. Los miembros de la familia de adictos al trabajo pueden convertirse en codependientes y pueden caer en la trampa de apoyar la adicción, ya que tratan de *"mantener la paz"*.

La mayoría de la gente asume que todos los workaholics son infelices, pero eso no es siempre verdad. Otra escuela de pensamiento tiene una opinión diferente, que, contrariamente a la opinión pública, algunos adictos al trabajo no son esclavos de su trabajo - están haciendo

Tratando con Situaciones Difíciles

exactamente lo que quieren hacer. Ellos son felices haciendo exactamente lo que les gusta hacer - el trabajo - y no puede obtener suficiente de él.

Sin embargo, hay tres tipos básicos de workaholics:
- Aquellos que trabajan porque realmente aman trabajar - aman su trabajo - trabajan duro y largo, porque se les da el placer de hacerlo. Están bajo estrés, pero rara vez sufren de angustia.
- Aquellos que no están motivados por el entusiasmo, sino por sentimientos competitivos, presiones de trabajo, recortes presupuestarios, problemas financieros, problemas familiares o relaciones. Están bajo estrés y sufren de angustia.
- Aquellos que trabajan porque se sienten obligados a hacerlo (comportamiento compulsivo). Su estrés se convierte en angustia y sufren por ello.

Suena como si su marido encaja en el tercer grupo. Estos workaholics normalmente temen el fracaso; de ser pensado como perezoso; que otros descubrirán que no son tan buenos como creen que son o están resbalando en su nivel de habilidad. Los signos típicos para los de la segunda y tercera categoría son:
- Siempre están trabajando, pero están resentidos al respecto - a menudo traen trabajo a domicilio por la noche y los fines de semana;
- Sufre de trastornos nerviosos;
- No coma ni ejercite bien;
- Rara vez pasan tiempo con su familia;
- Nunca tome tiempo libre del trabajo cuando ellos enfermo. (Son los que pasan el virus de la gripe al resto del personal porque trabajo cuando no deberían hacerlo); y
- No saben cómo relajarse, jugar o simplemente no hacer nada y muchas veces (erróneamente) usar deportes competitivos para *"relajarse"*.

Algunos workaholics son los adictos que utilizan el trabajo como su droga de la opción. Más malas noticias son que los workaholics son infernal para trabajar con, son exigentes y no muy eficaces. Pueden ser lisiados emocionales cableados, en poder y control. La obsesión los impulsa en su búsqueda de la perfección, la aprobación y el éxito. Siempre están corriendo, siempre ocupados, incluso cuando están de vacaciones. Característicamente los adictos al trabajo odian tomar vacaciones, a menos que puedan combinar vacaciones y negocios. Sólo sentarse en una playa sin hacer nada los pone nerviosos. Siguen preguntándose por qué el teléfono no suena y suelen tener un teléfono celular y su contestador automático con ellos de vacaciones, *'Así que no se pierda ningún mensaje.'*

Habla en serio con tu marido. No dejes que abandone tu charla sin explicar por qué está trabajando tan duro. Asegúrese de que él sabe el efecto que su comportamiento está teniendo en su familia. Una pregunta muy simple que preguntarle, lo que podría sorprenderlo el al mirar de manera realista lo que está haciendo es*: 'Supongamos que nuestro médico le dijo que sólo tenía seis meses para vivir. ¿Qué harías durante esos seis meses?'*

Probablemente diría que pasaría más tiempo con su familia, viajar algo más que trabajar más duro. Esta comprobación de la realidad, podría iniciarlo el en el camino a cambiar sus prioridades. Si eso no funciona, puede que tenga que identificar algunas de las consecuencias que podrían suceder si el comportamiento no cambia (prepárese para esto antes de la reunión). La consejería matrimonial podría ser justificada, especialmente si el admite que está trabajando para alejarse del él situación familiar.

Los tres tipos de workaholics desafortunadamente pueden presionarse tan largo y tan difícilmente que sufren de lo que solía ser llamado un colapso nervioso. La terminología más moderna para esta dolencia es burnout.

Para comprobar si hay señales de agotamiento, hágale las siguientes preguntas:

- ¿Abajo o deprimido la mayor parte del tiempo?
- Él siente que no hay esperanza de que su vida mejore.
- Él siente que a nadie le importa.
- Él se queja constantemente.
- El siente una intensa presión o competencia en el trabajo.
- Siente que no importa cuánto el haga, no será suficiente.
- Teme que se vaya a derrumbar cualquier día. O,
- Tiene dificultad para comer y / o dormir adecuadamente.

Si el siente dos o tres de éstos, podría estar en problemas. El necesita un descanso completo de todas las presiones de la vida y debe estar bajo atención médica. Ayúdelo el a identificar las actividades que puede dejar o delegar a otra persona. Él no es probable que reduzca su estrés en el trabajo a menos que pueda trabajar menos horas o ir en licencia de estrés.

¿Podrían usted o sus hijos ayudar más en casa? Las familias que trabajan juntas como un equipo pueden ser de gran ayuda para aquellos que se están acercando al agotamiento. Asegúrese de que esta situación no se repita en el futuro, porque los adictos al trabajo tienden a volver a los viejos malos comportamientos.

Olvidadizo o negligente

'Mi esposo convenientemente olvida las cosas. Su comentario habitual es: "Lo siento, lo olvidé". O "¡Pensé que estabas cuidando eso"! O, "¡No sabía que querías que me detuviera en la tienda a comprar leche"!

¿Realmente él está olvidando de todas esas cosas o es esta su forma de manipularse fuera de hacer las cosas?

Este es el comportamiento pasivo resistente. Los que muestran este rasgo esperan que los demás les recuerden lo que deben hacer, los plazos que deben cumplir y quién es responsable de hacer qué. Pídale que le dé acuerdos verbales y por escrito (si es necesario). Este rasgo es especialmente destructivo en una situación de trabajo.

Explique que no es tu trabajo recordarle las citas o las actividades que el necesita para asistir. Dele el un calendario para su propio uso donde puede poner fechas importantes y actividades.

Si le pregunta: *'¿Cuándo debo llevar a David a su práctica de hockey?'* Pídale que mire el calendario. Si él se olvidó de escribirlo, sugiera que él le pregunte a su hijo o llame para confirmar la hora. Hágale asumir la responsabilidad de sus acciones al no dejarlo contar con usted para rescatarlo. Él está estableciendo un modelo de papel pobre para sus hijos, que probablemente recoger su mal hábito y el uso de la misma táctica en los demás.

Prohibido desde el dormitorio

'Mi marido, ronca tan fuerte, que ni siquiera puedo estar en el mismo piso que él, y mucho menos dormir en la misma cama que él. Esto todavía no me da un buen sueño porque sigo leyendo acerca de la apnea del sueño y el peligro que él podría estar en si lo tiene. ¿Qué puedo hacer para que se dé cuenta de que tenemos un problema grave?'

Tomar el corazón. El ronquido tiene orígenes nobles que se remontan a los días prehistóricos. Para aquellos que necesitan soportar los ronquidos, este conocimiento probablemente no compensará las horas de sueño que han perdido. Tampoco compensará a los roncadores, que han sido golpeados e incluso expulsados de sus propias camas. Un estudio reciente sugiere que no debemos golpear a un hombre que ronca, porque:

a) ¡Podía defenderse y golpearte!

Tratando con Situaciones Difíciles

b) Puede que no lo sepa, ¡pero él puede estar protegiéndote!

Ronquidos pueden ser los restos de un antiguo dispositivo protector que ha sobrevivido a su uso. Algunos creen que las hormonas masculinas pueden ser el culpable, para los hombres roncan mucho más y mucho más fuerte que la mayoría de las mujeres. Además, los ronquidos ocurren durante el período de sueño más profundo de una persona, cuando su mente consciente es menos consciente de su entorno y cuando el roncador es más vulnerable.

¿Por qué los hombres roncan mucho más fuerte que las mujeres? Bueno, hay una explicación. Cuando nuestros antepasados humanos dejaron la seguridad de la selva y se aventuraron en la tundra materializa dora hace unos cinco millones de años - el sueño resultó ser uno de los momentos más indefensos del hombre del día. Así, la naturaleza intervino y proporcionó a los hombres un mecanismo de defensa único. Permitió a los hombres pronunciar los ruidos que rompen la tierra que practican todas las noches. Mediante la imitación de los sonidos de sus depredadores más comunes (los gatos nocturnos carnívoros y las hienas) los primeros hombres podían transmitir durante toda la noche: *'¡Oídme rugir! ¡Déjanos en paz o tendrás que lidiar con un poderoso guerrero!'*

Ese conocimiento probablemente no va a ayudar a hombres y mujeres modernos (excepto para darles una risita o dos). Entonces, ¿qué hacer para detener el ruido y traer la paz a los hogares una vez más? Muchos recurren a tratamientos inusuales como grabar una pelota de tenis entre los omóplatos del hombre. Otros dan un codo agudo para sacudir a la persona para que se retire del objeto ofensivo. Algunos recurrir a usar un dispositivo que mantiene la boca cerrada por lo que no puede respirar a través de sus bocas o recurrir a dormir sentado hasta acumular hasta seis almohadas detrás de ellos. La mayoría de estos remedios proporcionan sólo alivio temporal.

Entonces, ¿qué funciona? Primero, él necesita tener un chequeo completo con un doctor.

Las personas que roncan usualmente lo hacen porque hay una obstrucción al flujo libre de aire en sus pasajes respiratorios, a menudo causado por exceso de tejido en la úvula y el paladar blando cerca de su garganta. Un tratamiento con láser puede eliminar los ronquidos en la mayoría de los pacientes mediante el uso de una técnica que quema el tejido en los pasajes en la parte posterior de la boca y la nariz, la remodelación y la reforma de las aberturas que permite un mayor flujo de aire. Después de tres a cinco visitas de oficina de diez minutos bajo

Tratando con Situaciones Difíciles

anestesia local, ochenta y cinco a noventa por ciento de los pacientes que reciben el tratamiento con láser dejan de roncar. La mayoría encuentra el tratamiento un proceso casi sin dolor.

Mucho más grave que el ronquido en sí es *"apnea del sueño"*, que ocasionalmente acompaña a los ronquidos. A menudo, esta forma distinta y rítmica de roncar (cuatro o cinco veces en rápida sucesión, luego una pausa de veinte a cuarenta segundos, luego una nueva erupción) resulta de un bloqueo de los pasajes de aire del roncador. Esto puede ser causado cuando la lengua de la persona cae de nuevo en la boca y sus músculos de la garganta relajarse. Muchos carecen de la capacidad de dormir y respirar regularmente al mismo tiempo. Este ronquido hace que el cerebro se despierte para que el cuerpo es estimulado a jadear por aire. Las personas con mandíbulas cortas o de retraimiento son propensas a esta condición.

Muchos enfermos tienen cuellos grasos que estrechan los pasajes de la garganta aún más. El primer tratamiento prescrito en esos casos es la pérdida de peso. También hay medicamentos que promueven la respiración regular y pequeñas máscaras nasales que usan algunos pacientes. La máscara está conectada por un tubo a un soplador en miniatura que fuerza el aire en la nariz para mantener los conductos respiratorios abiertos.

Una operación simple para cortar el forro de tejido en la parte posterior de la garganta, remedios la mayoría de los casos. Sin embargo, los casos extremos pueden requerir una traqueotomía. (Si ronca constantemente o ronca y se siente bien en la mañana, probablemente no tenga apnea).

Me esposo es un pobre oyente

'¿Cómo trato con el mal hábito de mi marido de hacerme repetir todo lo que digo? Utilizo el mismo volumen de voz cuando repito mi mensaje, así que sé que él no me estaba escuchando la primera vez me que hablaba.'

'Otro hábito que tiene, es que nunca me mira cuando estoy hablando. Este hábito es realmente molesto y causando problemas en nuestra relación.'

Ella le contó a su marido sobre el problema que ella había tenido ese día cuando ella tomó su coche adentro para el mantenimiento. Después de explicar todos los detalles que ella había preguntado, *'¿Qué crees que debería haber hecho?'*

Tratando con Situaciones Difíciles

Él respondió con *'¿Qué?'* Mostrando que no había *"sintonizado"* con lo ella que había estado diciendo.

Ella podía haber recibido más atención de él si había iniciado su conversación explicando lo que quería de él. *'Necesito tu opinión sobre cómo piensas que debería haber lidiado con una situación que enfrenté hoy.'* Entonces ella le habría dado la información de fondo sobre los problemas que ella había enfrentado para que le prestaran servicio a su auto.

También debe hablar de ella preocupaciones sobre él hábito de no escuchar y explicar cómo ella siente cuando él *"sintoniza a cabo"*.

Como se describió anteriormente en este capítulo, las mujeres se enfrentan directamente con los ojos anclados en las caras de los demás al conversar. Los muchachos y los hombres se sientan en ángulos el uno al otro y miran a otra parte en la habitación - periódicamente mirándose el uno al otro. A menudo reflejan los movimientos del cuerpo de la persona con la que están hablando. La tendencia de los hombres a apartarse de ellos cuando conversan les da a las mujeres la impresión de que los hombres no le escuchan, cuando de hecho, lo hacen. Las únicas veces que los hombres realmente miran a la persona que está hablando por cualquier período de tiempo sí;

a. Están tratando de evaluar si el hablante está mintiendo o no,
b) El hablante es hostil y él puede que tenga que tomar una acción defensiva o
c) Están evaluando a una mujer atractiva.

En este último caso, van a echar un vistazo sobre el cuerpo de la mujer mientras escuchan ella comentarios. Esto es muy molesto para el orador, porque sus ojos reflejan que realmente no está escuchando lo que ella está diciendo, pero él la está evaluando como una mujer.

Otra vez que no se sintonizan es cuando una mujer trata de hacer que hagan algo que no quieren hacer. Usted tendrá que determinar si podría ser culpable de hacer esto repitiendo sus comentarios cuando usted piensa que él no pudo haber estado escuchando.

Cuestiones explosivas

'El otro día, mi esposo y yo estábamos discutiendo el tema del aborto y terminamos en un partido de gritos y no hemos hablado una palabra civil el uno al otro desde entonces. ¿Cómo debería haber manejado esta situación?'

Hay muchos temas que encajan en este grupo, donde usted está en un lado de un concepto, y un familiar, amigo o conocido está decididamente en el otro lado del concepto. Cuando te encuentras en este tipo de conversación (donde ninguna de las partes se mueve) trata de decir: *'Tienes derecho a tu opinión, igual que yo. Convengamos en no discutir este tema en el futuro.'*

Si la persona persiste en discutir el tema, diga: *'Estoy firme en mi decisión de dejar este tema porque ambos no estamos dispuestos a comprometer nuestras opiniones. No hablemos más de esto.'*

Si la persona continúa persistiendo, utilice el expediente atascado, *'Le he dicho, no discutiré este tema otra vez.'* Si es necesario, pídales que den cuenta de sus acciones. *'¿Puede usted decirme por qué volvió a plantear esa cuestión, cuando le he dicho dos veces que no quiero hablar de esto?'*

Asegúrese de usar esta técnica sólo para situaciones excepcionales, no como una excusa para situaciones en las que simplemente quiere ganar. Utilícelo específicamente para cuestiones sobre valores y moralidad.

¡Estamos Perdidos!

'¿Por qué los hombres no piden direcciones cuando se pierden?'

La mujer dijo: *'Estamos perdidos. Paremos y preguntamos a alguien por las direcciones.'*

Esposo, *'Déjame tener ese mapa, no debería haber confiado en ti para las direcciones.'*

En este caso, su marido pasó la siguiente media hora tratando de averiguar dónde están, en relación con donde quería ir. ¿Por qué no pidió instrucciones a los demás? Explicó que no quiere que nadie sepa que está en problemas - prefiere encontrar su salida para sí mismo. De esta manera, nadie puede tratar de hacerle sentir estúpido.

Si la mujer conducía, se siente muy cómoda preguntando a otros por direcciones y no puede entender la obstinación de su marido en tratar de hacerlo por su cuenta.

Mi esposo - el experto

'¿Por qué mi marido siempre tiene que ser el experto y dar tres o cuatro soluciones a mis problemas? Se está haciendo para que ni siquiera hablar de las situaciones difíciles que he enfrentado durante el día, porque siempre tiene una mejor manera de tratar los problemas que yo.'

En una conversación con su esposo la esposa había explicado su frustración por su incapacidad para perder peso. Ella se molestó cuando su marido enumeró cinco soluciones a su problema.

Cuando la mujer discutió problemas con su esposo, esperaba recibir un oído comprensivo y escuchar ruidos como, *'Veo...'* O *'Uhm hmm...'* En cambio, el hombre creyó que ella había identificado ella problema para que él pudiera ayudarla a resolverlo. Porque él creía esto, él hizo varias sugerencias sobre cómo ella podría solucionar ella problema. Su esposa se sentía como si él le estaba mostrando que ella no podía manejar el problema por sí misma, por lo que se siente herido.

Cuando las mujeres tienen una queja, a menudo buscan apoyo emocional (no soluciones). Cuando los hombres escuchan una queja, se sienten desafiados a encontrar una solución.

Lo el que debería haber dicho era: *'¿Quieres mi ayuda con este problema?'* Antes de bucear con soluciones. Las intenciones del hombre eran buenas. La comunicación masculina dicta que cuando alguien identifica un problema para ellos, deben identificar soluciones - no dar simpatía.

El marido no hablará de su trabajo

'Cuando mi marido llega a casa del trabajo, nunca discute lo que le sucede durante el día.'

En un reciente seminario con hombres y mujeres, me di cuenta de que un hombre había sido muy hablador mientras su esposa se sentaba en silencio a su lado. Hacia el final de la tarde, mencioné que las mujeres frecuentemente se quejan de que sus maridos no les hablan. El hombre estuvo de acuerdo con mi comentario y dijo: *'Ella es la habladora de nuestra familia.'* El público se echó a reír, mientras el hombre parecía perplejo y dolido.

'Es cierto -dijo él. Cuando vuelvo del trabajo, no tengo nada que decir. Si ella no mantenía la conversación, pasaríamos toda la noche en silencio.'

Esta situación señala la incongruencia de los habituales estilos conversacionales de hombres y mujeres. Los hombres hablan más que las mujeres en situaciones públicas y suelen hablar menos en casa. Este patrón ha causado estragos en los matrimonios. La solución es tanto para hombres como para mujeres para adaptarse y superar la brecha entre sus diversos estilos de conversación.

Conflictos no resueltos

'Mi esposa y yo estamos teniendo cada vez más conflictos no resueltos.'

Los roles emocionales que juegan los hombres y las mujeres durante argumentos se relacionan con el grado de poder que sienten dentro de una relación. Debido a que las mujeres a menudo se encuentran en un papel subordinado, caen en el hábito de restringir la ira o expresarla de manera pasiva (como lloriquear o llorar). La auto-revelación y la discusión de los sentimientos son más cómodos para las mujeres. Si esto no sucede, las mujeres pueden sentirse amenazadas.

Muchos argumentos entre parejas comienzan cuando una mujer trata de iniciar una discusión sobre un problema que enfrentan juntos. El hombres - al menos al principio - probablemente tratará de evitarlo. Una vez que la discusión se pone en marcha, los hombres quieren llegar a una solución *rápida*. Las mujeres, sin embargo, quieren discutir el problema, encontrar posibles soluciones e identificar cualquier ramificación, antes de que tomen una decisión.

Las mujeres son más propensas a ver un conflicto como proveniente de dentro de la relación; los hombres ven el conflicto como algo que proviene de algo fuera de él. La mayoría de los conflictos son sobre la confianza, el poder o la intimidad. Las mujeres se quejan de que sus hombres se retiran de los conflictos y no comparten lo suficiente. Los hombres y las mujeres que responden a los conflictos defensivamente, obstinadamente o que se retiran constantemente, pueden hacer el mayor daño a su propia felicidad y la de su pareja. Aquellas parejas que nunca luchan porque temerosos de molestar a su matrimonio, pueden ser más infelices en el largo plazo que aquellos que luchan.

En el matrimonio, cuando la fricción surge, muchas mujeres creen que el matrimonio está funcionando bien siempre y cuando puedan discutir sus problemas (que las mujeres creen construye la intimidad). Los hombres sienten que el matrimonio no está funcionando si constantemente necesitan hablar de ello. Los hombres preferirían encontrar una solución rápida y pasar a otra cosa.

Odia el conflicto

'Mi esposo odia el conflicto. Es tan malo que él permanece mudo o se aleja de situaciones que deben ser tratadas. No se defiende, aunque otros lo acusen injustamente de hacer algo.'

Estas personas odian la controversia, la confrontación y la discusión, por lo que permanecen en silencio. Son gente agradable, pero guardan sus

Tratando con Situaciones Difíciles

ideas para sí mismos. Esta es para evitar que otros descuenten él ideas. Incluso cuando están disgustados o están enojados, se niegan a criticar. Sienten que no tienen control en situaciones de confrontación, por lo que mantienen sus pensamientos para sí mismos.

En lugar de mostrar que están agitados, responden con una sonrisa que es más de una mueca. Incluso si ellos sienten enojados o heridos, este gesto nervioso sígnalas sus verdaderos sentimientos. Ellos pasivamente mantener sus sentimientos a sí mismos. No importa lo que pase; ellos sonríen. Este conjunto ambiguo de señales confunde a otros que instintivamente saben que algo está mal.

Utilice retroalimentación. Haga preguntas abiertas. *'Puedo ver que no está de acuerdo y dar la bienvenida a sus sugerencias. ¿Cómo ve la solución a este problema?'* Espere él respuesta. Si usted tiene que tomar una decisión, pídale el que escriba sus pensamientos sobre el problema y si el problema es con usted, establezca un tiempo para que usted discuta el tema polémico. Explique que usted espera que él sea honesto y que prometa escuchar atentamente lo que dice. No deje que salga de la reunión sin expresar sus ideas o el lado de la situación.

Controlar al esposo

'Toda nuestra vida de casada, mi marido se ha encargado de nuestras finanzas. Últimamente, me he preocupado, porque las estadísticas indican que es probable que muera antes que yo. Quiero que me lo explique todo, así que estaré preparado, pero él no deja de decirme: "No quiero que te preocupes por esas cosas".'

Usted debe discutir sus deseos con él y explicar por qué tu necesita saber la información. Haga una lista de todas las cosas que usted necesita saber y discutir cada artículo. Comience examinando sus cuentas bancarias. ¿Hay préstamos pendientes? Aprenda dónde están las cuentas y las cantidades que hay en cada cuenta.

A continuación, haga una lista de las inversiones que usted y su esposo han hecho, incluyendo los fondos, de jubilación mantenidos en dos nombres tú. Revise los formularios del impuesto, sobre la renta del año pasado para determinar qué tipo de ingreso se hizo y liste cualquier otro detalle financiero que necesita incluir. Sea firme en su necesidad de conocer esta información.

Sin voluntad

'Han pasado veinte años desde que mi marido y yo preparamos nuestras voluntades. Desde entonces, nuestros hijos se han casado y tienen hijos.

He estado tratando de hacerle actualizar nuestras voluntades, pero hasta ahora no he tenido mucha suerte.'

Haga una cita con su abogado para actualizar al menos su propia voluntad. Dile a tu marido sobre la cita y sugiere que él asista también para actualizar su propia voluntad.

Toma todas las decisiones

'Durante nuestro matrimonio, he notado cada vez más que mi marido ha tomado el poder cuando se toman decisiones importantes (y algunas menores). Quiero tener mi opinión, pero el ignora mis deseos.'

El matrimonio es una sociedad y parece como si tú la suya no está funcionando en el área de la igualdad. Explique cuán importante es que se le dé una oportunidad igual cuando se toman decisiones. Comienza enumerando todas las decisiones que él ha tomado en el último momento, donde tus deseos no reciben atención. Explique las consecuencias si esto sucede nuevamente y esté listo para seguir con esas consecuencias.

Esposo celoso

'Mi marido es un hombre muy celoso - no sólo en relación con su relación conmigo - sino en otras áreas de su vida. Está celoso cuando un compañero de trabajo obtiene una promoción y cuando uno de nuestros hijos se graduó de la universidad se enfurruñó durante días porque nunca tuvo la oportunidad de graduarse. ¿Cómo puedo explicar cuán destructivos han sido sus celos y evitar que vuelva a suceder?'

Él sufre de los celos y el resentimiento y no puede aceptar que los demás han ganado cualquier reconocimiento o la condición que han logrado en la vida. Probablemente siente que los logros de otros se obtuvieron a través de la *"suerte"* y que él es privado porque la vida no ha sido tan amable con él.

Así que él pone a otros abajo (y se hace sentir más importante) y trata de desacreditar los logros de otros. Incluso puede querer venganza, e incluso si el ataque no es provocado, puede desahogar su frustración en otros con actos hostiles.

Explica lo que ese tipo de comportamiento celoso está haciendo a los demás. Pídale el que explique por qué tiene una naturaleza tan celosa. Una vez que él admite que tiene un problema, hágale saber cuándo sus celos están levantando su fea cabeza otra vez. Animarlo y darle muchos elogios por lo que ha logrado. No es probable que esté celoso, si continúa recibiendo estímulo. Mostrar interés en él - sus metas, ambiciones y éxitos y minimizar sus fracasos percibidos. Parece que necesita desesperadamente este tipo de aprobación. Puede que no haya tenido mucha aprobación durante la mayor parte de su vida y el anhela ese tipo de atención.

CAPÍTULO 8

SITUACIONES DIFÍCILES – NIÑOS

Niños en control

¿Has observado a los padres diciendo?: *'¡Por la decimocuarta vez, no puedes tener una barra de chocolate!'* O, ¿usted ha estado haciendo ese tipo de comentario?

¿Es usted un padre de trabajo que viene a casa del trabajo - brazos llenos de comestibles y tiene que navegar alrededor de libros escolares, zapatos, abrigos, etc. para pasar la puerta? ¿Entra en la cocina que estaba impecable cuando salió esa mañana, para encontrar el mostrador cubierto con tanto lío que no hay lugar para poner las bolsas de supermercado? Por lo tanto, usted pone las bolsas de la tienda de comestibles en la mesa de la cocina y mire alrededor de su cocina desordenada y observe que las rebanadas de pan de una nueva barra de pan se están secando en el mostrador; ¿mantequilla esto hay goteando de un tazón en el mostrador, y te das cuenta de un tarro abierto de mantequilla de cacahuate con un cuchillo saliendo de ella? Y usted grita, *'¡Entre aquí y limpie este lío!'*

¿O, usted sigue a todo el mundo en casa recogiendo ellos pertenencias y poniéndolas donde deben estar? ¿Estás cansado de hacer esto? Entonces es el momento para que usted aprenda una técnica valiosa. Esta técnica es utilizada por el grupo de *Amor resistente* que normalmente son llamados cuando preadolescentes o adolescentes se salen de control y necesitan una mano firme. ¿Pero, por qué esperar hasta que sus hijos estén en problemas? En su lugar, comience a usar estas técnicas cuando sus hijos tengan tres años o menos con la filosofía de los tres *"huelgas - estás fuera"* defendida por este grupo. Esto anima a los niños a entender la filosofía de asumir la responsabilidad de sus acciones y que habrá consecuencias si actúan o rompen reglas familiares o comunitarias. Entonces, ¿cómo se empieza? Primero, comience por aprender la técnica de la retroalimentación.

Para refrescar tu memoria; los tres pasos en el proceso de retroalimentación son los siguientes:

PROCESO DE RETROALIMENTACIÓN

a. Describa el problema o la situación a la persona que causa la dificultad. Dar ejemplos.

b. Defina qué sentimientos o reacciones el comportamiento le causa (tristeza, enojo, ansiedad, dolor o trastorno).

Sugiera una solución o pídale que proporcione una. La mayoría de los niños cambiarán el comportamiento no deseado si son corregidos de una manera amistosa y no amenazante. Pero hay excepciones a la regla. Algunos niños mayores pueden no estar de acuerdo en hacer lo que tu quieran, sentir que no vale la pena cambiar para adaptarse a usted, o tener un hábito que es difícil de cambiar. Otros cambian su comportamiento por un tiempo, pero lo hacen de la vieja manera otra vez. En cualquiera de estas situaciones donde el comportamiento negativo continúa, son necesarios nuevos pasos de retroalimentación.

PASOS DE RETROALIMENTACIÓN

1. Siga a. segundo. y C. pasos del proceso de retroalimentación.
2. Segunda instancia: repetir # 1.
3. Tercera instancia:
   (i) Pídale al niño que explique por qué sigue haciendo algo que le molesta (el niño debe ser lo suficientemente maduro como para entenderlo).
   (ii) Explique las consecuencias si el comportamiento o la situación se repite.
4. Seguimiento con consecuencias.

Si el niño tiene menos de cuatro o cinco años, tu dejarías de lado 3 (i) porque el niño no tendría el poder de razonamiento para responder a esa pregunta. Pero si el niño es mayor que eso, que les hará pensar acerca de por qué todavía estaban haciendo algo que te molesta. Esto a menudo parará el ciclo o por lo menos iniciará una conversación para identificar por qué él comportamiento inaceptable todavía está ocurriendo.

Empieza a usar esta técnica con niños de tres años. Digamos que estás cansado de recoger los juguetes de Johnnie todas las noches. Obtener la ayuda de Johnnie para completar esta tarea. Di, *'Johnnie, es hora de ir a la cama. Es hora de recoger tus juguetes.'* Johnnie te ignora, y sigue jugando con los juguetes. Repite, *'Johnnie, es hora de acostarse. Es hora de recoger tus juguetes.'* Johnnie te ignora, y sigue jugando con los juguetes. Usando la técnica de *"tres strikes y estás fuera"*, dices, *'Johnnie, es hora de recoger tus juguetes. Si no los recoges, tendré que ponerlos en una bolsa de plástico y no podrás jugar con ellos durante un mes.'* Si Johnnie no recoge sus juguetes, siga con las consecuencias.

Es importante que considere cuidadosamente las consecuencias. Las consecuencias deben coincidir con la situación. Por ejemplo, si regresas a casa a una cocina desordenada todas las noches, en lugar de gritando a tu hijos - llame a una conferencia familiar y diga: *'Estoy cansado cuando llego a casa del trabajo por la noche y estoy muy molesta cuando llego a casa a una cocina tan desordenada. Espero que cada uno de ustedes limpie después de sí mismos. Si no lo haces en el futuro, no tendré otra opción que empezar a eliminar los privilegios.'*

Entonces ella dejaría de conducir a sus hijos a sus eventos como clases de música o actividades deportivas. Para los adolescentes, ellos usted podría tener que hacer sus propias comidas o hacer su propio lavado y planchado (que son plenamente capaces de hacer de todos modos).

Si está cansado de recogiendo después de tú hijos, llame a una conferencia familiar y diga*: 'Te he estado diciendo por meses para recoger sus cosas y ponerlas donde pertenecen. A partir de ahora, si encuentro tus cosas dispersas por toda la casa, las pondré en una caja y haré una subasta para venderlas al mejor postor. Incluso si uno de estos artículos es un libro de la escuela o un o un juguete especial, el dueño tendrá que hacer una oferta para él.'*

Esto convencerá a sus niños que usted significa lo que usted dice y no desearán que un hermano pueda pujar para su juego juguete especial. Nunca amenace las consecuencias a menos que usted esté dispuesto y sea capaz de llevar a cabo las consecuencias. Asegúrese de que su cónyuge utiliza la misma táctica - ambos deben dar un frente unido y los abuelos no deben interferir (ya que son propensos a hacer, diciendo que usted es demasiado duro con sus hijos).

El resultado - no más gritos con sus hijos donde se encuentra diciendo: '*¡Por la decimocuarta vez, no se puede tener una barra de chocolate!'*

'¿No puedes hacer nada bien?'

Cuando los niños son jóvenes, dependen de sus cuidadores para hacerlos sentirse bien o mal sobre sí mismos. La mayoría de los padres y cuidadores nutren y aman y quieren que sus hijos se sientan amados. Desafortunadamente, algunos cuidadores no se dan cuenta de la devastación que la crítica destructiva causa al ego frágil de un niño. A medida que maduran, todo en sus vidas puede basarse en sus experiencias pasadas, valores y prejuicios.

El nivel de autoestima de los niños está fuertemente influenciado por la forma en que son criticados. La crítica constructiva habla del comportamiento de un niño. Una forma de crítica destructiva es etiquetar al niño, en lugar de discutir el comportamiento del niño. La crítica destructiva es exactamente eso - destructiva. Se consume en la psique del niño hasta que niño pierde autoestima.

Por ejemplo, *'Benny, eres el chico más desordenado que conozco.'* que él etiquetó Benny, y es una forma de abuso emocional.

En su lugar, diga: *'Benny, esta es la tercera vez que derramó su leche.'* Esto discute el comportamiento de Benny. Benny puede cambiar su comportamiento, pero realmente no entiende cómo puede dejar de ser descuidado, mudo o estúpido.

Muchos padres etiquetan a sus hijos tan a menudo que crecen con *"cintas negativas"* que repiten a lo largo de sus vidas. Muchos nunca se deshacen de estas cintas negativas. Otros necesitan terapia extensiva para borrarlos.

Realizo seminarios que ayudan a los participantes a aumentar su autoestima y sus niveles de confianza en sí mismos. Recuerdo un seminario en el que observé a uno de los participantes. Este hombre tenía unos treinta y cinco años, era alto y guapo, bien vestido y parecía tener su *"acto"* juntos. Durante el seminario, cuando hablé de las cintas negativas y les pedí a los participantes que buscaran su pasado para determinar si tenían alguna cinta negativa en la cabeza, el sentó pensativamente durante bastante tiempo. Entonces sus ojos se iluminaron y escribió algo en su libreta. Nuestro siguiente paso fue determinar qué impacto tenían esas cintas negativas en sus vidas y las actividades que esas cintas les habían impedido intentar. Comenzó a escribir y llenó una página entera de su cuaderno.

Al final de la sesión, me contó su historia. Cuando tenía trece años, creció quince centímetros (6 pulgadas) en seis meses. Ahora todos sabemos lo que sucede con los niños que crecen tan rápido - se vuelven como cachorros del Pastor Alemán - torpes, desordenados, pierden su destreza y equilibrio manual. La mayoría de los niños superaría esta torpeza. Por desgracia, no se le permitió superar esta etapa porque todo el mundo - sus padres, hermanos, sus amigos, profesor de gimnasia e incluso su entrenador de fútbol - le recordó cómo lo torpe, un-coordinado que era. Cuando él tenía quince años, tenía seis pies y tres pulgadas de alto, ¿un candidato perfecto para qué deporte? Lo adivinaste - baloncesto. ¿Pero él intentó para el baloncesto? No, no intentó jugar al baloncesto. ¿Por qué no hizo eso? Porque él pensaba que era torpe y no coordinado.

Cuando llegó la hora de salir y bailar con las chicas, tampoco lo intentó, porque él no estaba coordinado. ¿Arreglar autos? No - porque él no tenía destreza manual. ¿Aprende a usar una computadora? No - porque él no tenía destreza manual.

En su lista había cosas que no había intentado hacer durante veintidós años porque sentía que fracasaría en cualquier intento que hiciera. Y todo a causa de la cinta negativa que se había colocado en su cerebro cuando era un adolescente vulnerable. ¡Qué lástima! ¿Seguía siendo ese adolescente torpe? Por supuesto que no, pero en su cerebro todavía lo era. Le pregunté, *'Ahora que usted sabe acerca de esta cinta negativa, ¿qué vas a hacer?'*

'¡Voy a probar todas las cosas en mi lista - empezando con aprender a jugar al baloncesto!'

Por lo tanto, si te encuentras utilizando etiquetas (especialmente en un niño) - disculpas inmediatamente. Diga: *'Lo siento, no merecías ese comentario, lo que quise decir era...'* Luego debes discutir el comportamiento que te ofendió.

No tan inteligente como tu hermano

Crecí pensando que era tonto y tenía un mal recuerdo. En la escuela estaba un año atrás de mi hermano. Fue un acto difícil de seguir. Nunca parecía estudiar y siempre obtuvo notas altas en todas sus pruebas y exámenes. Luché durante años tratando de mantenerse al día con él, pero nunca parecía ser capaz de llegar más alto que el bajo nivel del 80 por ciento. No ayudó cuando uno de mis maestros dijo: *'No eres tan inteligente como tu hermano, ¿verdad?'* Siempre sentí que tenía un mal recuerdo y que era un fracaso en la escuela.

Años más tarde, cuando tuve un negocio de entrenamiento exitoso, mencioné estos sentimientos a mis padres. Mi madre le dijo: *'No estabas tratando de seguirlo, ¿verdad?'*

Le respondí: *'Por supuesto que era... él era mi modelo que seguir.'*

'¿No sabías que nació con un regalo especial?'

'¿Y no me la diste?' Me reí cuando respondí.

Ella también se rio y dijo: *'¿No sabías que tu hermano nació con una memoria fotográfica? ¡Él puede decirle en qué página se encuentra un párrafo en un libro que leyó hace tres semanas!'*

Tratando con Situaciones Difíciles

'No, nunca me di cuenta de eso. Siempre sentí que no tenía buena memoria.'

'¿Qué quieres decir? ¡Mira toda la información que tienes que recordar cuando estás presentando un seminario de capacitación y ver qué tan exitoso eres!'

¡De repente, mi memoria estaba bien y yo era capaz de quitar esa cinta negativa de mi cerebro!

Crítica destructiva

Estos son ejemplos de la crítica constructiva y destructiva de, los padres y cuidadores dar a niños vulnerables:

Crítica destructiva: *'¿Usted es no tan inteligente como tu hermano, es usted?'*
Crítica constructiva: *'Usted realmente sobresalen en los deportes. ¿Podrías intentar un poco más difícil conseguir mejores notas?'*

Crítica destructiva: *'¿No puede hacer nada bien?'*
Crítica constructiva: *'Ya sabes que puede hacer algo mejor que esto. Mira lo bien que hiciste en tu última prueba.'*

Crítica destructiva: *'¡Qué persona tonta eres! Esta es la tercera vez que lo has hecho mal.'*
Crítica constructiva: *'Tu Parecen estar teniendo problemas con este proyecto. ¿Hay algo que puedo hacer para ayudarle?'*

Crítica destructiva: *'Usted debe saber mejor.'*
Crítica constructiva: *'Jim, eres demasiado viejo para tirando cosas en la casa como es. ¿Me puedes decir por qué haces esto?'*

Crítica destructiva: *'Eres una niña traviesa.'*
Crítica constructiva: *'Jill, no escribir en la pared!'*

Crítica destructiva: *'Eres un mal muchacho.'*
Crítica constructiva: *'Billy, solo he limpiado la casa. Por favor, recoger sus pertenencias'*

Crítica destructiva: *'¡Eres tan desconsiderado!'*
Crítica constructiva: *'No permito ese tipo de comportamiento. Por favor disculpas a Bob para no compartir los juguetes.'*

Crítica destructiva: - *'¡Jenny, eres una chica tan descuidada!*
Crítica constructiva: *'Jenny, por favor, ten cuidado con tu juego de pintura. Si los derramas, dejan marcas en el suelo y en las mesas.'*

Crítica destructiva: *'¡Ojalá nunca hubiera tenido hijos!*

Crítica constructiva: *'Tú fue muy ruidoso esta tarde. Por favor, vaya a su habitación para que pueda pasar un rato tranquilo antes de la cena.'*
Crítica destructiva: *'María, este es un D. ¿Cómo eres estúpido?'*
Crítica constructiva: *'Mary, hablemos de tu boleta de calificaciones. Estoy preocupado por la marca tu que tiene en matemáticas.'*
Crítica destructiva: *'¿Por qué te ves tan desordenado?'*
Crítica constructiva: *'Lennie, por favor vuelva a su habitación y poner sobre un traje limpio.'*
Crítica Destructiva: *'¡Qué mocosa estropeada eres!'*
Crítica constructiva: *'Jim, no podemos tolerar ese tipo de comportamiento. No debes tirar juguetes en la casa.'*

Estos mensajes de crítica destructiva son todos insultos y son casi imposibles para el niño. Vienen de una persona en una posición de poder. Esto (como era de esperar) pone a estos niños a la defensiva y les da sentimientos negativos sobre sí mismos. La mayoría de estos comentarios etiquetan al niño y les dan sentimientos de culpa por no ser lo que los adultos poderosos quieren que sean.

Las etiquetas son muy destructivas. Si un padre le dice a un niño, *'No me gusta su actitud.'* Debido a que el padre no ha definido el comportamiento específico que el niño utiliza, el niño realmente no sabe cómo empezar a mejorar. Este padre ha puesto cintas negativas en su cabeza que pueden permanecer allí hasta que esté lo suficientemente maduro para darse cuenta de que las cintas ya no son verdaderas. ¡Pero mira el daño que se ha hecho al niño mientras tanto!

Si usted identifica que los niños están recibiendo cintas negativas de otras figuras de autoridad, intervenga inmediatamente para corregir el problema. Todos los padres deben ocasionalmente sentarse en las clases de la escuela de sus hijos para determinar si sus maestros están usando etiquetas para criticar a sus estudiantes. Los padres deben hablar con el maestro si identifican críticas destructivas y si es necesario, hablar con el director de la escuela. Tenga cuidado con el tipo de crítica dada por las niñeras y los trabajadores de guarderías y corregir a sus hijos si usted los captura criticando a otros incorrectamente.

Comportamiento compulsivo

'Creo que mi nieto sufre de un comportamiento obsesivo-compulsivo. Hace acciones una y otra vez. Es terrible viéndolo lavarse las manos.

Tratando con Situaciones Difíciles

Pensarías que era un cirujano lavándose para una operación. Se lava antes de las comidas, después de las comidas, cuando regresa de la escuela y después de hacer su tarea. A pesar de que sólo tiene ocho años, su habitación está inmaculada con todo en su lugar. Él Tiene un ataque si otros niños entran en su habitación o juegan con sus juguetes. El pasa mucho tiempo lavando sus juguetes

He mencionado mis preocupaciones a mi hijo ya su esposa, pero dicen que él es sólo un niño limpio. Creo que es mucho más que eso, y creo que el debería recibir ayuda psiquiátrica. ¿Qué debo saber sobre esta enfermedad?'

Su nieto suena como si necesitara el desesperadamente ayuda. Sus rituales son compulsiones para él. Necesita orden y simetría en todo lo que ve y hace y entrará en pánico si no puede tener esa simetría. Normalmente no aliento a los abuelos a intervenir, pero en este caso parece como si los padres están haciendo la vista gorda al problema de su hijo.

Su nieto suena como si necesitara ayuda desesperadamente. Sus rituales son compulsiones para él. Necesita orden y simetría en todo lo que ve y hace y entrará en pánico si no puede tener esa simetría. Normalmente no aliento a los abuelos a intervenir, pero en este caso parece que los padres están haciendo la vista gorda al problema de su hijo.

Si usted es capaz de determinar el nombre del médico de su nieto, haga una cita para discutir sus preocupaciones. Es inusual para la escuela no haber notado este problema. Puede comunicarse con el consejero de la escuela, explicar sus preocupaciones y pedirle que observe las acciones de su nieto en la escuela. Un libro que puede ayudar con este trastorno es **"El niño que no pudo dejar de lavarse"** por la Dra. Judith Rapoport.

Baja autoestima

'Mi hija miope alrededor de la casa diciendo que ella es un fracaso en todo. Ella tiene pocos amigos, se niega a probar algo nuevo y está empezando a fallar en la escuela. Ella aletargada actitud negativa comienza a afectar al resto de la familia. Hay constantes disputas en la mesa.'

'Mi hijo ha experimentado un tremendo estallido de crecimiento y es aproximadamente cinco pulgadas más alto que sus compañeros de clase. Él toma una costilla porque su peso no ha mantenido con su altura y él es bastante desnutrido y desnutrido buscando. ¿Cómo podemos ayudarle en esto ¿momento difícil?'

'Mi hija está bien tratando con sus compañeros de clase, pero se convierte en una adolescente tímida, torpe y atrasada cuando interactúa con los niños. Nuestro equipo de béisbol se trasladará a otra ciudad en un autobús chaperones para un juego. uno de los jugadores la invitó a acompañar al equipo. Ella se niega a ir, diciendo: '¿Qué diría yo? Probablemente me burlaré de mí mismo. No, no puedo ir.' ¿Cómo puedo ayudarla a sentirse más cómoda en situaciones con grupos mixtos?'

Los adolescentes ya no buscan la aprobación de sus padres y maestros; pero buscan la aprobación de su grupo de pares. Las encuestas tomadas en las escuelas secundarias junior y senior revelan que el enfoque principal de los adolescentes en la vida es a menudo sus relaciones con sus amigos. La mayoría de los adolescentes sufren de baja autoestima al menos parte de su adolescencia. Para ellos, todo el mundo es más popular, se ve mejor, se viste mejor o son más inteligentes. Son demasiado altos o cortos, desarrolladores tempranos o tardíos, tienen acné y otros problemas de piel, son demasiado pesados, delgados o piensan que son mudos.

Se preguntan qué tipo de adulto se convertirá (una perspectiva aterradora cuando miran a sus cuerpos en desarrollo). Muchos se mirarán en el espejo, tratando de imaginar el producto terminado y rara vez llegar a una respuesta a menos que parezca un padre. Debido a que los desarrolladores tempranos parecen más viejos, la sociedad a menudo los trata como si fueran más viejos (cuando no están listos para ese papel).

Muchos padres cometen el grave error de comparar hermanos en su familia, causando sentimientos negativos para todos los involucrados. Sólo porque Jane es un estudiante 'A,' no esperes que Roland lo sea. Mientras Roland esté haciendo todo lo posible, eso es lo que sus padres deberían esperar. Acepta a Richard como es. Los padres que no siguen los deportes podrían perder completamente el hecho de que Roland es el jugador estrella de baloncesto para su equipo de la escuela y hacer luz de este logro. ¡No es de extrañar que Roland esté enojado con su familia! Los únicos que lo aprecian plenamente son sus compañeros de equipo de baloncesto y los que siguen el baloncesto en la escuela.

Como padres, necesitamos entender lo importante que es ayudar a nuestros hijos a saber que tienen el derecho de expresar sus deseos y necesidades. Los niños que han desarrollado un fuerte sentido de su propio valor al asistir a preescolar a menudo se llevan bien con otros niños. Respete las fortalezas y habilidades de sus hijos. Elogie sus éxitos. Probablemente tratarán de negar su éxito porque la mayoría de los adolescentes se sienten avergonzados por la atención pública que reciben de sus padres. En secreto, están muy contentos con el reconocimiento.

Todo el mundo tiene una habilidad especial o dos. Ayude a su hijo a cultivar el suyo e identifique las áreas donde es probable que tengan éxito. Por ejemplo, *'Marge, te has portado tan bien en aprender a tocar el piano que creo que probablemente harías bien con un teclado electrónico. ¿O te gustaría probar uno para ver si te gusta?'* O, *'Jim, te encanta el baloncesto tanto, ¿ha considerado ponerse en contacto con la YMCA para ver si buscan entrenadores de baloncesto para el campamento de verano?'*

Niños desatendidos

'Tanto mi esposo como yo trabajamos para llegar a fin de mes, pero sentimos que estamos descuidando a nuestros hijos. Pasamos tanto tiempo en el trabajo y haciendo tareas en la casa que no tenemos mucho tiempo de calidad para nuestros hijos.'

Muchas familias tienen poco tiempo para pasar unas con otras o con sus hijos. Todo se acumula y tienen prisa. La respuesta a esto es conseguir que todos en el hogar participen en completar las tareas. No son sólo los maridos que necesitan aliento para ayudar en casa. Algunos niños creen que la madre debe hacer las camas, limpiar los platos de la mesa y atender a todas sus necesidades. Los niños que crecen creyendo que mientras son niños, ellos están en esta tierra para no tener nada, pero la diversión, se les priva de una de las experiencias de aprendizaje importantes de la vida.

Si los padres atienden a sus necesidades, están levantando solamente a los niños dependientes, a menudo exigentes que están esperando un *"paseo libre"* a través de vida. Muchos de estos niños terminan dependiendo de los eventos externos para hacerlos felices. Estos niños rara vez logran el emocionante sentido de la independencia que viene de saber que pueden hacer lo que sea necesario para tener éxito.

Los padres nunca deben hacer por los niños
Lo que pueden hacer por sí mismos.

Las parejas que comparten la crianza de los hijos y los deberes domésticos, lidiar mejor que las parejas que siguen las prácticas tradicionales. Sus hijos se convierten en parte del *"equipo"*, asumen la responsabilidad de sus acciones y participan en el buen funcionamiento del hogar. Ambos padres pueden ayudar a que esto suceda.

Acostado

'¿Cómo sé cuándo mis hijos me están mintiendo?'

Seamos honestos. Sus hijos le han mentido en el pasado y probablemente le mentirán en el futuro. El razonamiento habitual detrás de la mentira es evitar el castigo por mala conducta, y en la vida posterior, debido a la presión de los compañeros. Cuanto más viejo se convierta el niño, más mentirosos convincentes pueden llegar a ser y más probable es que piensen que mentir está bien. A la edad de doce años, ya no consideran la mentira como malvada y la mayoría de los adolescentes se convierten en mentirosos consumados.

Tener respeto por los padres, ayuda a los niños a resistir un poco la presión de los compañeros, pero la influencia de los compañeros aumenta a medida que envejecen. Es difícil para los padres para luchar contra la presión ejercida, si su hijo se mete con una multitud mal. Si es necesario, pueden tener que cambiar la escuela del niño o enviarlo él o ella lejos para un verano con parientes para quitarlos de la mala influencia.

Picos de mentira a los catorce años, cuando los adolescentes se vuelven más seguros. Es probable que los padres traten con ellos como personas independientes, por lo que la lucha por el poder disminuye y los adolescentes aprenden las altas consecuencias de ser atrapados. Cuanto más inteligente es el niño, menos trampa, posiblemente porque se dan cuenta de que las consecuencias de ser atrapado, tal vez no valga la pena correr el riesgo.

Lo que hacen los padres sobre mentir, determina si sus hijos siguen mintiendo. Los niños más pequeños pueden aprender de los cuentos morales sobre las personas que mienten. Por ejemplo (si son fans de deportes) explican que como Ben Johnson fue acusado de tomar esteroides muchas personas no confían en él ahora. Describa cómo cuanto más mienten, menos gente confía en ellos y cuestiona su honestidad. Identificar las diferencias entre pequeñas mentiras que salvan los sentimientos y las mentiras de las personas que traicionan la confianza.

¿Cómo puede saber si sus hijos están mintiendo? Vigile su lenguaje corporal. Cuando los niños están orgullosos de lo que han logrado, están abiertos con su lenguaje corporal. Cuando se sienten culpables o sospechosos, ocultan sus manos en sus bolsillos o detrás de sus espaldas.

Tratando con Situaciones Difíciles

Si se les acusa de algo, seguramente les darán una mirada incrédula y dirán: *'¿Quién - yo?'* Para tratar de hacerte creer más, pondrán su mano sobre el pecho (un signo no verbal de honestidad).

No asuma que sus hijos están mintiendo. Es mejor creer en ellos y engañarse que creer que están diciendo una mentira cuando están diciendo la verdad.

Cuando encuentres a un niño diciendo una mentira, dale disciplinas separadas a la mentira y por la ofensa, asegurándose de que el castigo se ajuste al crimen. Explique que es mentira que no le gusta, no ellos (tratar con sus comportamiento - no con ellos como individuos). Trate de determinar por qué el niño está mintiendo. ¿Podría haber una causa subyacente? Muéstrelos por el ejemplo, admitiendo sus errores, después muestre cómo usted trata y corrige sus errores. Busque otras señales de mentira tales como:

Evite el contacto visual (generalmente mire hacia abajo);

- Parpadea rápidamente;
- Trague varias veces;
- Limpiar la garganta y menudo, lamer los labios;
- Cubrir la boca al hablar;
- Se encogen hombros
- Frote la nariz;
- Rascarse la cabeza mientras hablan;
- Pon tu mano en la garganta;
- Frote la parte posterior de su cuello (especialmente común en los hombres que están mintiendo).

Si usted ve estos signos, tiene una buena indicación de que están mintiendo. Un solo signo no significa necesariamente que están mintiendo; por lo general es una combinación de estos. La mayoría de las personas que mienten, no pueden respaldar sus mentiras con hechos. Por lo tanto, en caso de duda, pedir hechos.

Cuenta cuentos sobre otros

'Mi hijo siempre cuenta cuentos sobre el comportamiento de los otros niños en su guardería. ¿Cómo puedo explicar que esto evitará que él tenga amigos y no debería hacerse a menos que la acción del otro niño sea realmente seria?'

Decir cuentos sobre otros a menudo se produce debido a los celos o como venganza por algo que les sucedió. Está tratando de desacreditar a los demás, así que se ve mejor a los demás. Utilice la retroalimentación para explicar su disgusto. Asegúrese de que lo alaba por sus logros y que no está satisfecho con su uso de esta táctica para llamar la atención sobre sí mismo.

Contando cuentos es una especie de juego de poder; una acción donde los niños tratan de hacer que los demás se vean mal. Las víctimas comunes de las historias son hermanos y hermanas, porque eso es parte de la rivalidad entre hermanos. Es un método que los niños usan para asociarse con sus padres. Esperan apreciación, recompensas, amor y atención extra.

Los niños pequeños pueden sonar como si estuvieran contando historias, pero simplemente están dando a sus padres la información que creen que deberían tener. En esta etapa rara vez hay malicia intencional en las historias. Cuando lo oyes contar historias:

1. Explique al niño que no debe contar historias sobre otros. El niño debe entender la diferencia entre hablar de asuntos sin importancia y describir hechos importantes, como otro niño que necesita ayuda. Su hijo debe saber que él o ella puede acudir a usted si él o ellos realmente tiene miedo de algo que otro niño está haciendo. Esto podría estar corriendo hacia la calle sin mirar para ver si los coches están llegando, u otros están jugando juegos peligrosos.
2. Trate de no prestar atención a él contar historias, pero no ignore al niño.
3. No asuma que el narrador tiene razón y castigue a la persona con quien habló. Investigue cuidadosamente antes de actuar; de lo contrario el cajero de la historia creerá que usted ha condonado el comportamiento.

Hijo finge estar enfermo

'¿Qué hago cuando mi hijo finge estar enfermo? Ha estado perdiendo mucho la escuela últimamente.'

Los niños que regularmente se quejan de la enfermedad pueden estar inconscientemente utilizando sus cuerpos para expresar su infelicidad en lo que está sucediendo en su vida o como una forma de expresar el estrés. O podría ser una forma de llamar la atención sobre otros problemas. Pueden copiar los síntomas que han visto utilizados por sus amigos u otros miembros de la familia para que puedan recibir una atención extra.

¿Su hijo pretende ser enfermo justo antes de que sea el momento de sus partidos de fútbol? ¿O sucede en medio de la noche (que podría ser una enfermedad legítima o podría identificar a un niño que es tiene miedo de la oscuridad)?

Mire atentamente las veces que cree que su hijo está fingiendo enfermedad. ¿Es temprano en la mañana y posiblemente no quiere ir a la escuela? ¿Es sólo en días lluviosos o nublados? (¿Podría él tener miedo del aligeramiento o del trueno?) ¿Es él cuando él hace frente a tener una prueba en la escuela? ¿Sucede en los dos días a la semana que haces trabajo voluntario lejos de su casa? (¿Quiere que te quedes en casa, así que estarás allí cuando vuelva de la escuela?)

Si su médico ya ha descartado las razones físicas y el niño todavía se queja de enfermedad, asegúrese de que tu averiguar qué está causando él enfermedad, en lugar de decirle que usted sabe que está fingiendo su enfermedad. Hablar de los sentimientos el que tiene el cuándo se queja de dolores.

Pregunte sobre el trabajo escolar, está el llevando bien con sus amigos y cualquier otra cosa que usted piensa podría estar causando la dificultad. Esto puede animarlo a hablar el de los problemas ocultos con los que no se sentía libre discutiendo con usted antes. Cuando él esté sano, tú le dará una atención extra y le mostrará el valor de él empresa, por pasar tiempo con él. Si la enfermedad persiste y el médico ha descartado una enfermedad física, podría ayudar a que el niño (ya menudo los miembros de la familia) vea a un consejero.

Por otro lado, algunas madres echan de menos a sus hijos mucho más que a los niños, y sufren más ansiedad de separación. Cuando las madres están acostumbradas a ser el centro del mundo de sus hijos, pueden sentirse solas.

Algunos niños pierden la escuela debido a quejas tales como dolores de cabeza y malestar estomacal. Lo que asusta a muchos de ellos no es la escuela, sino que deben dejar a sus madres, que dependen de ellos para la compañía y la comodidad. Estos padres pueden instar a sus hijos a ir a la escuela, pero su comportamiento no verbal muestra que todavía quieren que el niño se quede en casa.

Tratando con Situaciones Difíciles

Ellos constantemente se preocupan por la salud de sus hijos y mantenerlos en casa para los más pequeños de dolencias. A menudo, el asesoramiento profesional es necesario para romper el ciclo.

Por asegurar que esto no suceda; los padres deben tener otros intereses que sus hijos. Aquí es donde los buenos amigos, pasatiempos y un estilo de vida desafiante son la mejor defensa contra la soledad de los padres.

El trabajo escolar está sufriendo

'Mi hija Rachel se está quedando atrás en la escuela. Ella está en segundo grado y no parece ser capaz de recoger las lecciones. ¿Qué debería hacer?'

El primer paso es hablar con ella maestro y estoy seguro tú de que tiene. Es posible que tenga que proporcionar un tutor o hacer algún trabajo con ella en su casa para ver que ella puede mantenerse al día.

Otra es enseñarle a su hijo la técnica de parafrasear. ¿Se puede imaginar lo frustrante que es para un niño tener un maestro dar instrucciones sobre cómo hacer algo y el niño no entiende las instrucciones? ¿La mayoría de los niños sólo miran a los demás para ver cómo están para completar una tarea, pero piensan cuánto mejor sería, si pudieran descubrir a sí mismos, en lugar de confiar en los demás?

Usando paráfrasis, el niño diría al maestro: *'¿Quieres decir que quieres que yo...?'* De esa manera, ella podía ver si lo que la maestra decía y lo que ella entendía, eran lo mismo.

Tratar con Tantrismo

'Mi hijo tiene cuatro años y todavía tiene rabietas. Sucede una pequeña decepción y le está dando una patada y gritando.'

Cuando los niños pierden su temperamento y expresan su ira de manera inapropiada, es importante mirar más allá del estallido para detectar lo que lo causó. Te darás cuenta de que detrás de cada arrebato hay algo de sentimiento negativo que el niño necesita afrontar. Ayúdeles a aprender cómo hacer frente a sus sentimientos negativos. Por ejemplo, si le dijiste que fuera a la cama y el recurrió a una rabieta, podrías encontrar que estaba en medio de un juego importante con su hermano mayor (estaba ganando). Esto no significa que te ceder a entregues a la rabieta. En su lugar, explique qué si él le había hablado de la importancia del juego en lugar de gritarle ella, ella podría haberle permitido terminar el juego. Señale que todo el mundo necesita para hacer frente a ocasionales situaciones embarazosas o frustrantes.

Tratando con Situaciones Difíciles

Debido a que él tenía una rabieta (en lugar de explicar su necesidad de terminar el juego) que tendrá que ir a la cama sin una historia de acostarse (o cualquier otro retiro de privilegios).

Nunca recompensa el comportamiento inaceptable con privilegios.

Si su hijo tiene rabietas en público, sáquelo inmediatamente. Explique qué en el futuro, tendrán que quedarse con una niñera y perder excursiones especiales debido a su comportamiento. Esta táctica es especialmente eficaz si hay otros niños bien educados que acompañarán a los padres mientras que el niño que se comporta mal se quede en casa con una niñera. De esta manera, su hijo recibirá aislamiento - lo contrario de lo que él esperaba obtener de tener berrinches.

Monstruo de dos años

'Mi hijo de dos años es muy brillante, pero todavía no puede poner frases juntos. Él es propenso a berrinches, especialmente cuando él no consigue su camino.'

Sólo está siendo una típica niña de dos años. Este es un momento muy frustrante para los niños pequeños. Tratan de comunicarse con nosotros, pero no entendemos lo que están tratando de decirnos.

Comparo esta incapacidad de comunicar, a un adulto que ha tenido un derrame cerebral que afecta su habla. ¡Qué frustrante debe ser para estos dos individuos!

Los padres necesitan dedicar más tiempo y esfuerzo a entender lo que sus hijos están tratando de comunicar. Este esfuerzo extra cosechará muchos beneficios - un niño más feliz y un final a los berrinches causados por las frustraciones de la comunicación del niño.

Niños que luchan

'¿Cuándo deben intervenir los padres para romper los argumentos entre dos hijos?'

Trate de que sus hijos resuelvan sus propias diferencias a menos que se hayan vuelto físicamente o emocionalmente agresivos entre sí. Si eso sucede, separarlos y tomar medidas para detener el comportamiento de que ocurra en el futuro. Mira detrás del comportamiento para ver por qué están actuando de la manera que son. ¿Se sienten excluidos? El comportamiento agresivo es a menudo la forma en que los niños expresan sentimientos dañados, porque no conocen otra forma de expresar su frustración.

Tratar con matones

'Mi hijo de siete años ha cambiado drásticamente de comportamiento en el último mes. Ha pasado de ser un chico feliz y bien ajustado, a alguien cuya conducta oscila entre el lanzamiento de berrinches y la retirada. ¿Cómo podemos investigar esto sin empeorar las cosas?'

¿Hable sobre el comportamiento que él está mostrando y pregúntele (de una manera no amenazadora) lo que está sucediendo? *'No es que tengas rabietas y estés tan enojado. ¿Qué te ha enfurecido tanto?'*

Hacer lo mismo para los síntomas de abstinencia. Usted puede encontrar que él está enfrentando serios problemas ya sea en la escuela o con su grupo de pares. Estos comportamientos a menudo pueden ser una señal de que alguien en la escuela está intimidando al niño. La ansiedad suprimida y la ira podría ser demostrado como berrinches en casa. Este es probablemente un ambiente en que el siente más seguro al expresar su ansiedad, frustración y enojo. Sabiendo que te preocupas por él, te iniciará a ambos en el camino hacia la solución del problema.

Hable con el maestro e incluso con sus amigos acerca del comportamiento para que sepa qué problemas ocultos existen para su hijo. No deje que la situación se deslice, o el comportamiento es probable que empeore. Considere obtener asesoramiento profesional si los intentos anteriores no corrigen el comportamiento.

'Mi hijo lanza juguetes, tiene rabietas y es generalmente un tirano. Mis amigos han dejado de traer a sus hijos, porque él es tan violento con ellos. Me temo que se está convirtiendo en un matón.'

La mayoría de los niños tienen berrinches para llamar la atención o para expresar frustración. Esta es la razón por la *"dos terribles"* es a menudo el momento en que los niños comienzan a recurrir a berrinches. Los padres deben informar al niño que su comportamiento es inaceptable. El niño debe ser enviado al aislamiento (lo contrario de lo que esperaban obtener con su diatriba) y se les debe decir que pueden regresar cuando estén listos para comportarse correctamente. No los envíe a su dormitorio. En su lugar, envíelos a otra área de su hogar. Esto es porque pueden asociar su dormitorio con el castigo y pueden resistir el ir a la cama. Después ellos de haberse calmado, hablar con ellos sobre su comportamiento y averiguar lo que estaba detrás de su explosión.

Si los padres observan a su hijo mostrando sentimientos de dolor o enojo o destruyendo intencionalmente artículos, o si demuestran cólera excesiva hacia otros - el niño es posiblemente un matón. Niños muestran

Tratando con Situaciones Difíciles

esta tendencia lanzando cosas, rompiendo los juguetes de otros o golpeando o mordiendo a otros. Es importante analizar lo que está detrás del comportamiento destructivo del niño. Cuando un niño se deleita en torturar animales u otros niños o si el acoso se manifiesta en la edad temprana, es una señal segura de que se necesita ayuda profesional. Si no se aborda el comportamiento de los niños antes de entrar en el sistema escolar, su patrón destructivo puede aumentar hasta que otros (maestros) insistan en que reciban ayuda profesional.

Cuando la destrucción de un artículo por un niño es deliberada, tu puede ayudarles a manejar los resultados haciendo hincapié en los derechos de los demás. Para empezar, el niño debe disculparse con la persona que sufrió o cuya propiedad fue destruida. Luego, identifique los costos de reparar el artículo roto. Los niños deben reemplazar o arreglar lo que rompen. Dar valor a las tareas que pueden realizar en la casa o patio, para que puedan pagar por los daños que han causado. (Este es un fuerte argumento a favor de dar subsidios por el trabajo que han completado).

'Mi hijo de ocho años está ansioso e infeliz. Se queja de dolor de estómago sin causa médica, se niega a ir a la escuela, y sus calificaciones están cayendo. Él está teniendo pesadillas y llorando en el menor incidente. Finalmente explicó que un niño de la escuela lo estaba empujando y empujándolo y tratando de hacer que luchara. ¿Cómo puedo ayudarlo a lidiar con matones?'

Los matones disfrutan emocionalmente dañando a otros y golpeándolos. Sus víctimas son a menudo tranquilas, sufren en silencio, y no buscan ayuda. Los matones son visibles, por lo que a menudo reciben consejos, pero sus víctimas son el problema invisible.

Comience hablando con los maestros de su hijo. Si el maestro no coopera, hable con el director. Muchas escuelas elementales ayudan a estos niños intimidados ofreciendo clínicas especiales para ellos. Actúan en partes *"matón"* donde están sujetos a llamadas de nombre y burlas, para que puedan aprender medidas efectivas al tratar con compañeros de juego agresivos. A menudo, las situaciones de juego de roles provienen de problemas experimentados por uno de los miembros del grupo.

Las clases se enfocan en la construcción de la autoestima de los niños, lo cual les ayuda a enviar el mensaje de que *"no soy alguien con quien ustedes puedan fácilmente victimizar"*. Los hace más fáciles de decir a otros estudiantes para dejar de burlarse o alejarse de situaciones amenazantes sin sentirse como un fracaso.

Tratando con Situaciones Difíciles

Otro enfoque es hablar con los padres del matón. Desafortunadamente, los niños que son agresores a menudo vienen de hogares disfuncionales y sus padres pueden no cooperar y ayudar a resolver este problema.

Una ciudad canadiense tiene oficiales de policía que hablan en las escuelas explicando las consecuencias de la intimidación. También animan a los estudiantes que han observado intimidación, para detener la intimidación, o al menos para informar a un maestro o director. Ya no es aceptable intimidar o pararse y mirar. Los observadores deben intervenir para detener el acoso o al menos denunciarlo. Los estudiantes que pelean en la escuela deben firmar un contrato con el oficial de policía, la escuela y los padres. Este contrato indica que cambiarán su comportamiento, de lo contrario serán cobrados por la policía.

Otros firman contratos que harán su tarea, se comportarán en el país y escribirán un artículo sobre ser asertivos sin ser violentos.

Un último recurso para los padres de niños intimidados es contemplar la participación de la policía en la presentación de cargos de agresión contra el matón. A menudo, tener un oficial de policía hablar con el matón dará lugar a cambios positivos en el comportamiento de intimidación. Haga todo lo que pueda, antes de recurrir al cambio de escuelas para su hijo.

Modales

'Muchos niños que veo hoy no parecen tener las modales me que esperan en los niños ¿Por qué los padres no enseñan a sus hijos lo básico?'

Es desafortunado, pero muchos de nosotros guardamos nuestras modales diarias para los extranjeros, pero no los utilizamos con la gente importante en nuestras vidas - miembros de nuestra familia. Por desgracia, esto establece el escenario para las acciones de los niños con los demás. Compartir y cuidar unos a otros, toma una paliza cuando las familias dejan de usar la cortesía común y las costumbres cotidianas entre sí.

¿Por qué no tratar a los miembros de la familia con la misma cortesía tu que dan a sus amigos o incluso extraños? La idea, *"A mi familia le gustará no importa cómo me actúa",* se convierte en su patrón de comportamiento. A menos que identifiques y corrijas este hábito negativo, continuará incesantemente y es probable que la familia se separe.

Quédense juntos para nuestros hijos

'Mi esposa y yo siempre estamos luchando, pero hemos decidido quedarnos juntos hasta que nuestros hijos sean mayores.'

Las parejas que se quedan juntas *"a causa de los niños"* a menudo se sorprenden por la reacción de sus hijos cuando finalmente deciden separarse. Sus hijos se preguntan por qué sus padres se quedaron juntos porque su falta de cortesía entre sí ha desaparecido mucho antes de que la ruptura se hizo oficial.

Los niños, adolescentes y adultos jóvenes se ven fuertemente afectados por la forma en que sus padres se tratan entre sí. Están más molestos por las expresiones no verbales de la ira, como el sarcasmo y el tratamiento silencioso que lo esperado. Los niños ven cómo sus padres muestran su enojo y cómo actúan cuando y después de pelear.

La ira no resuelta molesta a los niños, y son muy rápidos para recoger la tensión entre sus padres. Los niños tan jóvenes como de nueve meses de edad sentido cuando sus padres están luchando y se angustia.

Argumentos que los padres no han resuelto durante un enfrentamiento, se sientan allí como bombas de tiempo y los niños esperan ansiosamente que vuelvan a estallar.

Los argumentos que expresan la ira de una manera física, usando golpear y empujar son mucho más dañinos y difíciles de olvidar para la mayoría de los niños. Ellos aprenden que golpear y empujar durante los argumentos son aceptables por lo que utilizan este comportamiento en sus amigos y compañeros de escuela. Este comportamiento produce problemas adicionales.

Los niños necesitan saber que los argumentos tienen su lugar. Los padres necesitan mostrar signos evidentes de que un argumento está resuelto y estar dispuestos a negociar o comprometerse. Argumentos que concluyen con padres que se disculpan el uno al otro, ayudan a los niños a entender que todos los argumentos no están equivocados. Este tipo de argumento no tiene un efecto duradero en los niños. Aprenden que argumentos están bien si se resuelven pacíficamente y terminan sin ganadores ni perdedores.

Comportamiento exagerado

'A veces grito a mis hijos sin pensar.'

Lamentablemente, los padres comentan en el calor del momento, poco dándose cuenta de que sus comentarios pueden dañar gravemente a sus hijos. Imagine una situación en la que un niño ha tropezado, caído y roto

Tratando con Situaciones Difíciles

un objeto doméstico en el proceso. Gritar al niño por romper el artículo es un doble castigo si su hijo está herido. Aquellos que son culpables de gritar a un niño en estas condiciones, deben practicar lo siguiente:

1. Es imprescindible que usted consuele al niño y trate el artículo roto más adelante. Cuando es hora de discutir el artículo roto, no hable por impulso. Si es necesario, alejarse un minuto o distraerse mentalmente por un momento y pensar en algo que no sea el problema. Cuenta hasta diez.
2. No use la violencia física como una forma de disciplina.
3. Desarrollar respuestas a problemas familiares y tratar de usarlos. Si el niño rechaza, considere dar consecuencias firmes si no hacen lo que usted les pide que hagan, y se aseguren de seguir con la acción.
4. Concéntrese en el comportamiento positivo de su hijo. La mayoría de los niños quieren por favor, pero si la única manera que tu perciben que pueden obtener su atención es ser malo, eso es lo que obtendrá de ellos. Trate de hablar tranquilamente sobre la situación. Si eso no funciona, en lugar de gritar o golpear, darles aislamiento por su mal comportamiento o eliminar los privilegios.
5. Utilice el humor siempre que sea posible para controlar su ira. Por ejemplo: imagínese arrojando un pastel de crema imaginario en la cara de su niño si él / ella hace algo para tu enojarlo. Esto desactivará su ira y mantendrá su objetividad. No digas ni hagas algo de lo que te arrepentirás más tarde.

Divorcio

'Mi esposa y yo hemos decidido separarnos y divorciarnos. ¿Cómo vamos a explicar a nuestros hijos que hemos decidido poner fin a nuestro matrimonio?'

Siempre que sea posible, ambos padres deben dar la noticia a sus hijos. Cuanto antes mejor, en lugar de ellos aprendiendo sobre él de otra persona. Mantenga sus comentarios cortos para disminuir la ansiedad.

Asegúrese de que saben que no son la causa del divorcio. Es importante que los padres se den cuenta de cómo piensan los niños. Los niños de alguna manera creen que son responsables de todas las situaciones buenas y malas que ocurren a su alrededor. Los padres pueden tener que discutir esto, porque a veces sus hijos ni siquiera han formulado la idea en sus mentes lo suficiente para hablar de ello. Puede ser sólo un sentimiento que tienen, qué de alguna manera, eran responsables. Cuando se le pregunta por qué tu no se aman, no dejes que tu antagonismo entre sí sea obvio. Podrías decir: *'Luchamos demasiado'* o

'No somos felices viviendo juntos.' Vigila que no refuerzas la idea de que ya no te ames más; de lo contrario sus hijos podrían sentir tu que podría dejar de amarlos también.

Problemas de vacaciones de verano

'En dos semanas, mi familia va de vacaciones por dos semanas. Será una unidad de cinco horas a una casa de campo que hemos alquilado. Si es como el año pasado, mis hijos comenzarán a lloriquear cinco minutos después de que entren en el coche y pasar la mayor parte de su tiempo diciendo: "¿Qué puedo hacer"? ¿Cómo voy a sobrevivir las vacaciones?'

Como cualquier padre estará de acuerdo, la conducción no es el desafío - ¡conducir con los niños es! La cercanía (estar al alcance de los hermanos) el confinamiento en sí mismo (falta de movimiento) y el aburrimiento de tener que sentarse y *"no hacer nada"* puede agregar a una experiencia horrible para todos los involucrados. Añadir una mascota a esta escena y hay caos.

Muchos padres (pasajeros solamente) recurren a tomar tranquilizantes y desean tener el valor de dar algo a sus hijos también. Algunos planean su viaje para que sus niños pequeños puedan dormir a través de él.

Entonces, ¿cómo pueden los niños sobrevivir después de los muchos juegos nuevos (comprados especialmente para este viaje) han seguido su curso? Tenga el par más joven y más viejo para arriba, más bien que sus rivales se sientan juntos. Intente jugar un juego llamado auto bingo que proporciona un elemento de sorpresa dependiendo de lo que está sucediendo fuera de la ventana del coche. Aquí es donde se dan puntos al primer niño que ve:

- Un coche rojo, una camioneta azul, un coche con cuatro personas, uno con tres personas
- La primero vaca, caballo, oveja
- Un granero, un pajar, un granjero, etc.
- Cada niño cuenta el color de los vehículos durante 15 minutos.

El que cuenta más - gana un premio. Haga una lista antes de salir del viaje o compítalo mientras está en tránsito. Cada niño tendrá una copia de la lista y obtendrá puntos adicionales por artículos especiales como detectar un coche de policía, una ambulancia o un camión de bomberos. Esta actividad nunca se vuelve mundano porque el paisaje sigue cambiando.

Tratando con Situaciones Difíciles

Antes de salir, involucrar a los niños en la planificación del viaje. Un niño mayor podría sentarse delante con el conductor y ayudar a navegar.

El resto de la carta y la comida se detienen a medida que avanza. Considere embalar una cesta de la comida campestre para una pausa rápida del almuerzo del borde de la carretera. Deje los juguetes afilados, duros y pesados en casa o en el cargador - pueden ser peligrosos en lugares pequeños.

Al llegar a ciertos puntos en la carretera, introducir nuevos juegos. Lleva libros, juegos, bolígrafos, papel, libros para colorear, crayones y meriendas para cuando comienzan a ponerse inquietos. Los juguetes de construcción pueden mantener las manos pequeñas ocupadas como pueden los videojuegos de mano. Los tableros magnéticos del pueden proporcionar horas de la diversión. Los adolescentes pueden escuchar su música favorita y los niños más pequeños pueden escuchar libros con cinta de audio o películas en DVD con sus propios auriculares. Si usted tiene una grabadora portátil, comprar un micrófono de bajo costo y la cinta de sus hijos cantando junto con la música de la radio del coche.

Pack pelotas de fútbol u otro equipo de deportes de acción para el juego activo en las paradas de descanso. Sea consciente de la necesidad de que los jóvenes se detengan para un descanso en el baño dentro de una media hora a una hora después de comer. Mantenga los tejidos húmedos o un paño húmedo envuelto en plástico para los dedos pegajosos. Y no olvide las bolsas de basura.

Cuando llegue a su residencia de verano y sus hijos preguntan, *'¿Qué podemos hacer?'* Lluvia de ideas con ellos para ver qué alternativas pueden llegar a. Semanas antes de salir en su viaje, comience enumerando las alternativas que usted puede sugerir y asegúrese de tener los elementos necesarios para los proyectos. Para los niños más pequeños, las cajas de huevos vacías, limpiadores de pipa, pompones, pedacitos de fieltro, pegamento, ojos, tijeras a prueba de niños y otros elementos innovadores se pueden utilizar imaginativamente para hacer cualquier número de criaturas. Aproveche esta oportunidad para enseñar a sus hijos a tejer, crochet, macramé, atar nudos, y tallar madera. Haga guirnaldas de Navidad, desde nueces y conchas encontradas cerca.

Conseguir que otros niños en el área de su cabina involucrados. Pídales que se visten con ropa vieja y pongan una obra de teatro. Otro placer es atar una cuerda al tronco de un árbol, con alguien sosteniendo el otro extremo. Haga que los niños vean lo alto que pueden saltar mientras suben la cuerda - dando premios a todos los participantes. Luego, invierta el proceso y haga que se vayan bajo la cuerda haciendo el limbo (divertido de hacer con la música).

Para los niños mayores, atar una cuerda a una rama fuerte de un árbol (con nudos cada ocho a 12 pulgadas) y ver quién puede subir el más alto, el más rápido. Pídales que usen guantes para esta actividad. Coloque un colchón barato de doble soplado (o un colchón viejo que se puede sacar de la cabina) debajo de la cuerda para que no se lastimen si caen.

Sea creativo - anime a sus hijos a ser creativos y las vacaciones pueden ser divertidas. Sin embargo, no planear todo para ellos. Deja un montón de *"colgando alrededor"* de tiempo para que puedan hacer su propia diversión a su propio ritmo, con sus propios amigos.

Hay generalmente tres etapas a las vacaciones de verano para los niños. Cada etapa tiene sus propias cualidades únicas:

Etapa 1: Cuando escuela ha terminado y ellos necesitan relajarse, pero todavía necesitan un ambiente estructurado. Es un momento ideal para registrarlos para campamento pueden usar su exceso de energía. Si esto no es posible, los niños pueden acoger la posibilidad de participar en clases de natación, arte o computación.

Etapa 2: Este es un momento más tranquilo, sobre el medio de sus vacaciones. Las familias deben planificar su tiempo de vacaciones para esta etapa si es posible. Este tiempo no debe ser excesivamente programado, dando a los niños el tiempo de ajustarse al tiempo más lento. Tendrás que pensar en proyectos para que lo hagan, pero probablemente no tendrás que mantenerlos entretenidos, especialmente si hay otros niños alrededor.

Etapa 3: Esta es la última semana o dos de vacaciones donde prepararse para la escuela es de interés primario. En este momento, deben estar listos para volver al ritmo acelerado de las actividades escolares.

Relaciones madre / hija

'Mi relación con mi hija sigue corriendo caliente y fría. Un minuto somos almas gemelas y los otros adversarios y en la guerra. ¿Qué sucede además de que las hormonas están fuera de control?'

A lo largo de la historia, ha habido una relación de amor / odio entre la mayoría de las madres e hijas. Cuando la hija es un bebé, su relación es cercana y constante debido a la falta de defensa del niño. Pero a medida que el niño se vuelve más y más independiente, ocurren cambios sutiles.

Tratando con Situaciones Difíciles

Los espectadores a menudo observan, pero pierden el significado detrás de estos cambios.

Desde que las niñas son tan jóvenes como dos o tres, muchos son conscientes del poder que tienen sobre una de las personas más poderosas en sus vidas - sus padres. Aprenden a ser muy manipuladores para encontrar maneras de ser criticados o castigados por sus malas acciones. Se convierten en *"la niña de papá"*. Algunos utilizarán este poder contra sus hermanos masculinos. Debido a que ella papá piensa que no puede hacer nada malo, cuando ella está en conflictos con sus hermanos por lo general pueden contar con sus padres para ver su lado de la historia.

Algunas chicas están celosas de la atención que sus padres pagan a sus madres y lo expresarán de muchas maneras. En medio de la noche, roban en las camas de sus padres y asegúrese de que están entre la pareja. Cuando los padres están viendo la televisión, suben entre ellos. Si el padre y la madre están teniendo una conversación, suben en sus vueltas y hacen constantes esfuerzos para desviar la atención de sus padres de sus madres. Logran esto pidiendo a sus padres que los ayuden con algo (cualquier cosa). A menudo las madres se ponen en la situación poco envidiable de preguntarse si se están poniendo celosas de sus propias hijas.

Cuando llegan a sus primeros años de adolescencia, las chicas de hoy se les anima a ir a los extremos para *"conseguir a su hombre"*. Muchos están hambrientos de afecto masculino (padres ausentes). La presión de los compañeros y la imagen del romance permean las vidas de estas mujeres en ciernes. Sus hormonas están fuera de control; un minuto se sienten muy crecido y al siguiente se sienten como las niñas indefensas. La sociedad les muestra que ser un adulto incluye tener un novio, pero los chicos de su edad no están interesados en las niñas. Tener madres simpáticas durante este período puede ayudar a estas mujeres en ciernes.

Durante la adolescencia, la mayoría de las hijas se convierten en adversarias, no sólo de sus madres, sino también de ella padre. Ellos ganan autoridad y creen que sus padres (y especialmente ella padre) viven en las edades oscuras.

Las madres pueden mantener el vínculo fuerte si empatiza con sus hijas. También necesitan ayudarles mantener ambos pies en el suelo si evitan sus responsabilidades diarias en la escuela y en casa. Si no se maneja correctamente, esto puede alienar a la madre ya la hija.

Tratando con Situaciones Difíciles

Cuando mi hija estaba en su adolescencia, hice un esfuerzo para saber dónde estaba cuando salió. Ella se negó a decirme porque a menudo no se conocía a sí misma. Ella no podía entender por qué dejé información exacta sobre dónde estaría, especialmente cuando estaba fuera de la ciudad. Cuando una emergencia familiar la obligó a ponerse en contacto conmigo sin demora, más tarde dijo que no sabía lo que habría hecho si no podía llegar a mí inmediatamente. Entonces ella comprendió, que yo no estaba controlando a dónde iba, sino que simplemente quería saber dónde estaba en caso de emergencia. Después de ese tiempo, ella cambió su actitud acerca de por qué quise saber dónde ella.

Algunos muestran una sensualidad diferente en torno a ella hombres (especialmente las fechas de su madre). Si son adolescentes mayores, pueden sentir una sensación de poder si detectan un destello de interés en los ojos de las fechas de su madre. Estos hombres no son ajenos a la sensualidad del adolescente y lo confirman diciéndole a sus madres: *'Vas a tener que vigilarla.'* Afortunadamente, tan pronto como los adolescentes asegurarse de que son vistos como deseable, la mayoría encontrar otras actividades a ser más importante, como ir a una película con amigos.

Cuando las hijas crecen y encuentran a sus propios compañeros, la cercanía reaviva entre madre e hija. De repente, sus niñas son ahora mujeres - mujeres que necesitan saber las habilidades que mantendrán a sus hombres felices - y mamá está ahí para proporcionarlo. Y cuando las hijas producen su propia descendencia, la cercanía aumenta diez veces. Sus madres se convierten en las abuelas aburridas que están disponibles para intervenir para aliviarlos de sus responsabilidades de la maternidad. Este es el momento en que las hijas comienzan a apreciar plenamente los sacrificios que sus madres han hecho para ellos durante su vida y el ciclo se repite.

Mi hija ha empezado a salir con chicos

'Mi hija ahora está saliendo con chicos y me doy cuenta de que estoy aterrorizada de dejarla salir chicos. Recuerdo todos los sentimientos que tuve cuando era joven cuando era un adolescente. ¿Cómo puedo dejarla salir sabiendo, que tiene una buena oportunidad de ser forzada a ir más allá de donde quiere o debería ir sexualmente?'

Este es un momento en que los papás parecen entrar en pánico. Recuerdan los sentimientos que tenían cuando eran hombres jóvenes y saben que la mayoría de los hombres jóvenes se están enfocando en una cosa: sexo, sexo y más sexo.

Tratando con Situaciones Difíciles

Esperemos que, a una edad temprana, que ha establecido una línea de comunicación entre usted y su hija. Si la base está en su lugar, la comunicación continuará, aunque habrá cambios importantes en la necesidad de privacidad de su hijo. Continúe usando la empatía (un ingrediente importante en la comunicación) y trate de ver las cosas desde la perspectiva de su hija. No fuerces sobre ella, los valores que tenías cuando eras un adolescente. La vida ha cambiado, y los padres deben cambiar con los tiempos.

La mayoría de los padres (especialmente los papás) están tentados a *"parrilla"* las fechas de su hija para decidir por sí mismos si el joven es adecuado y digno de confianza. Ellos harán preguntas como: *'¿Dónde se reunieron usted y mi hija? ¿A qué escuela vas? ¿En qué grado estás? ¿Qué esperas ser cuando te gradúes?'*

Hoy en día, muchas hijas simplemente no traen sus fechas a casa, debido a este miedo. La mayoría de los jóvenes dates se reúnen en un restaurante de comida rápida y luego ir a donde quieran ir, ya sea como pareja o como parte de un grupo. Esto aterroriza a la mayoría de los padres, porque no saben dónde están sus hijas o con quién. Es a menudo las madres que intervienen y suavizar las aguas entre el padre y ella hija y le permiten más libertad y establecer las reglas básicas.

¡Los padres de los chicos están principalmente temerosos de que algunos jóvenes gal coaccionar a su hijo en el sexo, quedar embarazada y él tendrá que casarse con ella!

Anime a su hija a invitarle las fechas a su casa para la cena y hacer (o comprar) algo que ella probablemente pedir por sí mismos, como la pizza. No asar al joven. En su lugar, trátalo como lo harías con cualquiera de tus amigos adultos. Discuta algo de interés que le sucedió en el trabajo, lo que está sucediendo en la arena deportiva o cualquier otra cosa que no sea una sesión de parrilla. Es probable que se abra para responder preguntas, tales como: donde él y su hija se conocieron, en qué escuela fue, en qué grado estaba, qué esperaba que fuera cuando se graduó, y así sucesivamente. El joven no es probable que ofrezca mucha información privada sobre sí mismo o lo que quiere fuera de la vida, si se siente incómodo visitando tú casa.

Observe que no establece demasiadas reglas y regulaciones - esto solo hace que los adolescentes sientan como tú no confiaran en ellos. Sin embargo, explique que desea que sean seguros y lo que necesitan estar al tanto de las relaciones. Cuando surja la oportunidad, pregúntele a su hijo (a) sobre lo que haría si... Identifique lo que cree que podría ser

Tratando con Situaciones Difíciles

situaciones peligrosas. Por ejemplo: estar fuera con una fecha que está demasiado borracha para conducir (o ella está demasiado borracho); su fecha se está volviendo demasiado amable y quiere un viaje a casa o cualquier otra situación potencialmente peligrosa.

Abstenerse de dar conferencias ellos y explique que usted está allí para ayudarlos si se meten en situaciones difíciles. La única regla que realmente debe aplicar es cuando su hijo debe estar en casa, pero estar preparado para extender el toque de queda normal en situaciones especiales.

Despreocupación

'He intentado sin éxito que mi hijo de trece años recoja sus pertenencias cuando regrese de la escuela. Siempre sé dónde está siguiendo el rastro de ropa, libros, zapatos y envolturas de comida. Ha estado tomando represalias y me ha llamado "aguja" y la batalla está en marcha. Trabajo todo el día y pierdo mi valioso tiempo paseando por su lío o limpiándola después de ella.'

Cuando ella aprendió la habilidad de la retroalimentación, su enfoque cambió a: *'Martin, trabajo duro todos los días y me molesto mucho con tus acciones. Para ser específico, estoy cansado de molestarle a recoger sus pertenencias todos los días. Te he recordado el lunes, el martes y este es el miércoles... ¿Puedes decirme por qué sigues haciendo algo que tú sabes me molesta?'*

Martin gruñó y dijo: *'Deja de exasperarme mamá.'*

Su madre respondió: *'Bueno, la situación no puede permanecer como está, porque todos vivimos en esta casa, todos tenemos ciertas responsabilidades, y una de sus responsabilidades de ahora en adelante es recoger después de ti mismo. A partir de mañana, recogeré todo lo que encuentre y pondré esos artículos en una bolsa de basura. Usted no podrá tener esos artículos de vuelta por lo menos una semana, o voy a eliminar algunos de sus privilegios.'*

'¿Qué privilegios?'

'Bueno, necesitas que te lleve a tu práctica de fútbol dos veces por semana, pero no te tomaré más.'

'De acuerdo, entiendo tu punto. Si recojo después de mí, tu todavía me llevará a mi práctica de fútbol, ¿verdad?'

'Derecha. ¿Puedo contar contigo para hacer tu parte aquí?'

'Sí, en el futuro recogeré mis cosas.'

Martin empezó a ser más considerado. Su madre se dio cuenta de que no le había dado responsabilidades adecuadas para su grupo de edad y todavía pensaba en él como un niño más joven. También se dio cuenta de que había tenido poco tiempo, si es que había, para hacer lo que ella quería hacer.

Pasa demasiado en la ropa

'Mi hijo me sigue pidiendo que gaste demasiado dinero en su ropa. No puedo entender la diferencia entre comprar una sudadera por diez dólares y una que cuesta sesenta dólares (excepto el nombre en ella). ¿Qué les pasa a los adolescentes en estos días que tienen que ser clones de los demás? Simplemente no puedo pagar sesenta dólares por una sudadera.'

Hay mucha competencia en la escena adolescente. Si una persona tiene sudaderas de diseño, también lo hacen todos sus amigos. Si los amigos tienen un teléfono móvil, por supuesto, también quieren uno. Esto es parte de crecer.

Los padres que saben que esta situación está llegando, deben decidir lo que van a pagar y no lo van a pagar, antes de hablar con sus hijos. De esta manera, los adolescentes no son propensos a enfrentar a uno de los padres contra el otro. Desanimarlos de fastidiarle. Sin embargo, escucha atentamente lo que dicen, así que no te faltan mensajes importantes. Dígales lo que está dispuesto a hacer. Si desean comprar algo más caro, tendrán que ganar el dinero ellos mismos.

Responda su súplica, *'Todo el mundo puede hacer esto... tiene que... es capaz de...'* con *'Estamos hablando de lo tu que puede hacer... lo que puede tener... y lo que ustedes son capaces de... no todos los demás.'* Entonces, diles lo que estás dispuesto a hacer o hacer que hagan. Ponga un buen ejemplo explicando los artículos que le gustaría tener, pero no puede pagar. Hágales saber que usted también, se sienten envidiosos de lo que quiere, pero necesita ser realista en lo que puede y no puede tener.

Deje que su hijo ayude con la resolución de problemas. Cuando sienta que no puede permitirse esa sudadera, pídale a su hijo que ayude a una la lluvia de ideas sobre cómo puede ganar el dinero para comprar una. Tener una venta de garaje funcionó para una familia y todo el mundo terminó comprando algo que necesitaban de los ingresos de la venta de sus pertenencias indeseadas. Sea creativo - hay soluciones.

Tratando con Situaciones Difíciles

Loco por chicos

'Soy una madre soltera. Mi hija sólo tiene catorce años, pero pasa la mayor parte del tiempo mirando a los chicos. Ella es demasiado joven para concentrar todos sus esfuerzos en eso.'

Las niñas hoy en día carecen a menudo de afecto masculino (padres ausentes). Intente su mejor para cerciorarse de que haya un hombre maduro conveniente en su vida que puede proporcionar el modelo que ella necesita. Tenga cuidado de asegurarse de que este hombre puede ser confiado para ayudarle a través de este período difícil de ella vida. Esto puede ser un amigo de la familia, uno de sus propios hermanos o un otro significativo en su vida. Este último no se sugiere si usted sabe que el hombre sólo estará en la escena temporalmente.

Las niñas en sus comienzos de la adolescencia se enfrentan a la presión de los compañeros y la imagen del romance impregna la vida de estas mujeres en ciernes. Ella hormonas suelen estar fuera de control; un minuto ellas se sienten muy crecidos y al siguiente ellas se sienten como unas niñas indefensas. Sociedad les dice a hijas que ser un adulto incluye tener un novio. Los chicos de misma edad a menudo no están interesados en las niñas, lo que las anima a buscar (o ser buscados) por los niños mayores. Raramente están preparados para manejar las presiones sexuales que los muchachos de dieciséis o chicos de diecisiete años diecisiete pueden poner sobre ellos.

Deje que tenga ideas románticas, pero observe que ella no pierde contacto con la realidad. Hable acerca de cómo ella vida está caen casa o en la escuela imbiando. Déjela saber lo que está reservado para ella, pero también ayúdela a mantener ambos pies en la tierra si ella evitando sus responsabilidades en casa o en la escuela.

La hija quiere anticonceptivos

'Mi hija vino a mí el otro día y me preguntó si ella podría tener pastillas anticonceptivas. Le dije que tenía que pensar en ello y le daría mi decisión la próxima semana.

No sé qué hacer. Si le doy ella permiso para tomar píldoras anticonceptivas, ¿no la estoy condonando y le estoy animando a ser promiscua? Por otro lado, si no apruebo y ella tiene sexo de todos modos, ella puede terminar embarazada. ¿Cuál es la respuesta?'

No hay ninguna respuesta a esta pregunta. Tanto los niños como las niñas necesitan saber que el sexo es una actividad adulta. Es para los adultos - para las personas que tienen la moral para decidir si tener una familia, la capacidad de apoyar a uno y la sabiduría de no utilizar sus cuerpos con el único propósito de ganar la atención y el afecto de los demás.

Tener una conversación de corazón a corazón con su hija. Asegúrese de explicar todos los aspectos de la situación y que dude en darle su permiso porque parecerá que la está animando ella a tener relaciones sexuales. Señale todas sus preocupaciones, incluyendo el temor de que ella esté expuesta a enfermedades de transmisión sexual (preparar mediante la obtención de panfletos que explican lo que son).

Pregúntele por qué se siente listo para el sexo. Explique que, si tiene que dormir con un chico para mantenerlo el, entonces el no vale la pena tenerlo.

Si ella todavía siente que quiere las píldoras, dé permiso, pero exhorte a que sea cautelosa y siempre use un condón.

Doble estándar

'Mi hija vino a mí el otro día con el comentario, "¿Por qué la sociedad tiene un doble estándar? Soy una adolescente de dieciocho años. Tengo impulsos sexuales también, y mi novio me excita. ¿Por qué la sociedad insiste me en que no se supone que tenga sentimientos sexuales?" ¿Cómo debo tratar con esto?'

Muchos adolescentes se encuentran desgarrados entre permanecer fieles a los valores que sus padres han inculcado en ellos y ganar la aceptación de los pares al ir junto con la actividad cuestionable. A esto se suman las hormonas que las incitan a tener relaciones sexuales. Mantener fuera de problemas, y mantener amigos, toma la confianza en sí mismo y habilidad.

Los valores de la sociedad no han seguido la realidad de la vida actual. Durante siglos, la sociedad ha tenido un doble estándar para los hombres y las mujeres. Las niñas, más que los chicos, reciben mensajes contradictorios de la sociedad moderna. Por un lado, se les dice que no deben desordenar y por el otro son asaltados por la publicidad que da un claro mensaje de que el sexo pavimenta el camino hacia la felicidad. Los medios inundan a las mujeres jóvenes con imágenes de mujeres como juguetes sexuales.

Anímelo ella que no se moleste con las creencias de los demás y reconozca que es natural que tenga deseos sexuales. Sin embargo, esto no significa que ella necesita actuar sobre esos impulsos. Proporcionarle ella la información que necesita para elegir la ruta que va a tomar. Ella sola debe tomar la decisión final.

Otra madre soltera no sólo estaba angustiada, sino muy ofendida por una situación que ella y su hija se enfrentaban cuando iban en fechas. Ella identificó el problema de esta manera, *'Hace un tiempo me di cuenta de que mi muy atractiva hija de 22 años, Barbara, estaba saliendo sólo de vez en cuando. Barbara salió principalmente con su mejor amiga, Karen. Por lo general se unían a un grupo mixto, pero rara vez las dos mujeres salían solas en una cita.'*

Le pregunté a Barbara sobre esto y ella admitió que era reacia a salir solo con los hombres debido a los problemas que enfrentó. Ella explicó que parte de su renuencia era debido al terror que su amiga Karen tenía hacia la datación. Dos veces, Karen había sido víctima de violación - cuando tenía diecisiete años y hace dos meses atrás cuando tenía veintitrés años.

'¿Cómo pasó esto?' Yo pregunté. Karen le había dicho a Barbara que ellas les habían gustado a los dos hombres y no quería perderlos haciéndolos enojar con ella por exigir que *'No'* significaba *'No.'* Ellas esperaba que los hombres escucharan cuando ella dijo *'No.'* Desafortunadamente, ambos hombres la empujaron más y más sexualmente hasta que se negaron a detenerse. Karen dijo que se sentía sucia después de que los hombres la obligaron a tener sexo que no quería. Ella no había acusado a los hombres, pero no los volvió a ver.

'Mi hija Barbara, por otra parte, había insistido varias veces en que 'No' significaba 'No,' y encontró que esto terminaba con la mayoría de sus relaciones con los hombres. Ella decidió que simplemente no valía la pena las molestias, por lo socializado exclusivamente en grupos.

Este fenómeno todavía me asombra. Soy una madre soltera y me he encontrado con el mismo problema, pero con hombres que deberían saberlo mejor. Se podría pensar que a medida que los hombres maduran y sus hormonas se han disipado, estarían menos inclinados a empujar a una mujer más lejos de lo que ella quiere ir. Demasiados hombres tienen la opinión equivocada de que lo que les hace sentirse bien, debe hacer que las mujeres se sientan bien también.'

He tenido que soltar varios de estos "pulpos" porque simplemente no me escucharon cuando les pedí que dejaran de tocarme sexualmente. Algunos parecían tener un cordón invisible que iba de la boca a las manos. Incluso un simple beso de buenas noches resultó en una o ambas manos automáticamente aterrizando en mis pechos o entrepierna. Otros comenzaron un avance más serio en la segunda o tercera fecha y actuaron como si hubiera algo mal conmigo, porque no me metería en la cama con ellos. No consideraron qué si tuviera relaciones sexuales con ellos en la tercera cita, probablemente lo haría con todos los hombres con los que salí. ¿Cómo podrían quererme sexualmente con el susto de AIDs, si consideraban eso?

Si los abrazos y las caricias de un hombre progresan a un contacto sexual íntimo antes de que me tenga la oportunidad de conocerlo de verdad, me retiro, en lugar de dejar que se acerque. Si sólo retrocedieran, encontrarían que, como la mayoría de la gente, me gusta que me abrazaran y acariciaran y me probablemente querrían tener sexo si no me obligan a hacerlo. Cuanto más empujan, me huyo.

Estos hombres no han aprendido la diferencia entre la amistad sensual y la lujuria sexual. La amistad sensual es cuando la pareja sostiene las manos, los abrazos, acaricia el pelo de la otra persona y los abrazos mientras que mira la televisión. La mayoría de la gente está muriendo de hambre por este tipo de caricia. Desafortunadamente, la sociedad alienta el mito de que cuando las parejas se tocan, siempre es un preludio de las relaciones sexuales.

Los hombres que insisten en el sexo antes de que la mujer esté lista, están en un viaje machista y quieren que sus deseos reemplacen a los de su pareja *"más débil"*. Estos hombres a menudo resultan ser esposa y niños batidores. Tú y tu hija tendrán que ser pacientes. Hay muchos hombres buenos que no encajan en este molde, que vale la pena esperar.

Hijo privado

'Mi hijo ha estado muy reservado últimamente y que él quiere más privacidad. Necesito saber qué está pasando en su vida. ¿Cómo puedo hacerle saber que respeto su aislamiento, pero me necesito tener cierta información para garantizar su seguridad?'

La obsesión de los adolescentes con la privacidad puede hacer que los padres se sientan incómodos. Sus puertas cerradas, las posesiones cuidadosamente guardadas de la escuela hacen que muchos padres se sientan rechazados y no confiados en sus adolescentes. Este secreto aumenta el temor de que sus hijos estén ocultando algo.

Los padres deben tratar a sus hijos adolescentes como les gustaría ser tratados. Esto significa que usted no espía en el o leer el correo de su hijo o documentos personales. La única excepción a esto es, si usted siente seriamente que él está usando drogas o ha robado bienes. Él debe saber que su derecho a la privacidad no incluye el derecho a involucrar a su familia en actividades ilegales.

Celos y envidia

'Hay una gran diferencia entre mis dos hijas adolescentes. Mi hija mayor, Sharon, es muy celosa de su hermana Sarah debido a su estrecha relación con su novio y su popularidad en la escuela. Sharon es bastante simple y nunca ha tenido un novio, mientras que Sarah es una chica encantadora que atrae a los niños a sí misma por su personalidad extrovertida y agradable. Sharon es muy incómoda cuando se comunica con los demás y mantiene a las personas alejadas de ella. Acepto a mis hijas como son, pero estoy preocupada porque Sharon está llena de celos y envidia contra su hermana y está empezando a actuar en consecuencia.'

Sharon probablemente no es consciente de por qué repele a otros. Comience por tener su describir por qué ella piensa que su hermana es tan popular y por qué ella no cree que ella es. Tendrá que trabajar con ella para mostrarle cómo su comportamiento invita o rechaza a otros. Pregúntele cómo piensa que los demás se sienten cuando actúa de cierta manera y por qué otros responden de manera diferente cuando están cerca de Sarah. Asegúrese de alabar a Sharon sobre las áreas de su vida donde ella sobresale. Ella su baja autoestima ha venido de algún lugar, Es necesario que usted determine dónde se originaron esos sentimientos. ¿Podría ser ella elección de amigos? ¿Podría ser la humillación ella que ha soportado en la escuela?

No dejes que te desanime, si se ella niega a discutir el tema contigo. No sugeriría que fueras tan contundente, si ella no tuviera una reacción tan negativa al comportamiento positivo de Sarah. Esto demuestra que ella está confundida acerca de lo que debe hacer para obtener la aprobación de los demás. Utilice las situaciones de *"qué pasa si"* para describir cómo otros pueden sentir en diferentes situaciones. Usa situaciones en las que has observado a Sharon rechazar a otros.

CAPÍTULO 9

SITUACIONES DIFÍCILES - SENIORS

¡Quiero quedarme en mi casa!

'Vivo en la casa que mi esposo y yo hemos compartido por más de treinta años. El murió el año pasado. Últimamente he necesitado más ayuda con las tareas cotidianas Lo que me preocupa es que varios de mis amigos han caído y estoy mortalmente asustado de que yo también podría caer. Tengo miedo de perder mi independencia, pero creo que es inevitable que yo debería ser transferido a un asilo de ancianos.'

Eso no es necesariamente cierto. Aunque muchas personas mayores necesitan ayuda para bañarse, vestirse, caminar, comer y usar el baño, esto no parece ser el caso con usted. Los estudios principales han demostrado repetidamente que los programas del ejercicio pueden hacer a gente más vieja de todas las edades más cabidas y mejorar su equilibrio. A los sesenta años, la pérdida de fuerza muscular comienza a ocurrir. Los ejercicios que involucran pesos pueden reducir esta pérdida. Usted puede aumentar el tamaño del músculo y ayudar con el equilibrio, subir escaleras, levantarse de la cama y levantarse de una silla.

Por lo general, el hogar es donde está el corazón, por lo que, si puede manejar, le animo a permanecer en su propia casa. Si necesita más ayuda y no quiere involucrar a su familia, considere la posibilidad de contratar a un asistente a tiempo parcial que puede hacer su tareas más pesadas y compras. Otra solución es compartir su casa con otra persona mayor. De esta manera tendrás a alguien disponible si caes o enfermas. Esto también disminuirá la necesidad de que su familia se involucre en el día a día.

Siempre tenga en cuenta que cuanto más pueda hacer por sí mismo, más independencia mantendrá. Un buen programa de ejercicio debe ser el primero en su lista de *"hacer"* para asegurarse de mantener lo suficientemente activo para mantener su independencia. Otra clave para una buena salud e independencia es mantener un estilo de vida activo. ¡Salir socialmente y vivirlo!

Enfermedad de Alzheimer

'Estoy seguro de que mi vecina (que vive sola) tiene la enfermedad de Alzheimer. Ella parece tener una mirada "en blanco" sobre ella y ha comenzado a barajar cuando camina. Apenas el año pasado, ella participó en las clases de aguasase, cocinadas para los niños del barrio

y era muy activa en la comunidad. Pero últimamente, he notado que ella se queda principalmente en casa.

La última vez que la visité, me di cuenta de lo desaliñada que estaba y cómo desatada su casa ahora aparece. Ella tiene un perro y lo ella oí gritar con el frío cuando tuvimos nuestra última ventisca. Tuve que ir y llamar a ella timbre para dejar entrar al perro. Estoy preocupado por ella bienestar. ¿Podría ella tener la enfermedad de Alzheimer o se está poniendo vieja? ¿Cómo me puedo ella, ayudarla si tiene enfermedad de Alzheimer?'

Doctoras todavía no puede determinar completamente si una persona tiene enfermedad de Alzheimer hasta que la persona muere. Pueden adivinar, pero no lo saben hasta que se completa la autopsia. Pero hay muchas señales que ese punto en esa dirección. Por ejemplo, las personas que sufren de la enfermedad de Alzheimer tienen dificultades para comunicarse con los demás. Pueden no ser capaces de hacerse entender o no entienden lo que otros están diciendo. Pueden enfadarse o ser defensivos si no pueden encontrar las palabras para responder a las preguntas de otros.

Algunos olvidan en cuestión de segundos, la información que pudieron haber entendido en el momento en que se habló. Otros pueden entender lo que otros dicen si están justo delante de ellos, pero no entienden lo que otros dicen al hablar con ellos por teléfono. Algunos pueden leer palabras, pero no entienden el significado de las palabras. Aquellos que eran muy articulados o tenían la capacidad de poner palabras al papel de repente no saben cómo encontrar las palabras e incluso si encuentran las palabras, se olvidan de cómo escribirlas.

Otro problema serio surge cuando pierde ellos sentido de la dirección. Muchos se pierden incluso en sus propios vecindarios o hogares. La ruta que llevaron a la tienda de la esquina es de repente desconocida para ellos. Se olvidan de dónde encaja su dormitorio en el diseño de sus casas. Ellos tratan de poner pasteles en el lavavajillas para hornear, la leche en el armario y el azúcar en la nevera. (Todos hemos hecho los dos últimos, pero con los pacientes de Alzheimer, esto puede ser parte del patrón general - no sólo un incidente aislado).

Algunos se vuelven peligrosos para sí mismos y para los demás. Una mujer que vivía en un apartamento se vio obligada a obtener la ayuda de su vecina porque se había perdido en su apartamento cuando se había levantado por la noche para ir al baño. De alguna manera, había atravesado la puerta de su apartamento y se cerró detrás de ella.

Dos veces otro mayor casi incendió su apartamento, primero dejando algo en la estufa, luego cuando dejó caer un cigarrillo encendido en el sofá. Afortunadamente, alguien lo había visitado en ese momento.

Los pacientes de Alzheimer a menudo viven en el pasado y piensan que sus hijos (que pueden parecerse a sus padres) son sus maridos largados desde hace mucho tiempo y hablar con ellos como si lo fueran. Otros pierden las cosas y pueden sentirse muy agitados porque creen que alguien los ha robado. Después de que una mujer fue diagnosticada, su familia empacó sus pertenencias y encontró dinero escondido en todo el apartamento. La

madre insistió en que otros le habían estado robando.

En el armario de esta mujer había quince cajas de té. El comerciante local declaró que cada vez que ella entraba en la tienda, compró té (porque se olvidó de que ya había comprado el día anterior). Desafortunadamente, muchos de los que se ocupan de los que sufren de la enfermedad; olvidar que pueden entender más de lo que parecen entender. Tenga cuidado de no hablar de ellos como si no estuvieran allí.

Si los síntomas anteriores describen a su vecino, ella puede estar en serios problemas y puede no ser capaz de protegerse o ayudarse a sí misma. Haga todo lo posible para asegurarse de que ella recibe la ayuda que necesita poniéndose en contacto con su familia, su médico o cualquier otra persona que pueda tener un interés personal en su bienestar. Si no hay nadie cercano a ella, comuníquese con su Sociedad de Alzheimer local o Clínica de Salud Mental para obtener una evaluación de ella condición.

¡Después de todo lo que he hecho por ti!

'Mi esposa está tratando de hacer que nuestros hijos se sientan culpables porque ella siente que no hacen lo suficiente por ella o pasar suficiente tiempo con ella. Ella actúa como si nuestros hijos le debían una gran parte de sus vidas por "todo lo que hizo por ellos". ¿Nuestros hijos realmente deben tanto? Creo que mis hijos tienen dificultades con las demandas de sus carreras, sus compañeros y sus hijos sin tener que asumir la carga de cuidar de ella necesidades también. ¿Qué puedo decir para que deje de hacer esto?'

Algunos padres tienen recuerdos largos y traen a colación los acontecimientos que sucedieron hace años o intentan transferir su responsabilidad a usted o intentan conseguir la compasión de usted intentando hacerle la sensación culpable. Hacen comentarios como:

'Si me amas más, vendrás a verme más a menudo.'

Este hijo debe responder diciendo: *'Mamá, ¿por qué estás tratando de hacerme sentir culpable? Sabes que tengo un horario demasiado ocupado para verte más de una vez a la semana.'*

Los abuelos pueden tener un tiempo considerable en sus manos y no entienden cuán poco tiempo tienen sus hijos para compartir con ellos. Sus hijos adultos a menudo no tienen más remedio que repartir su tiempo en pequeñas dosis mientras están ocupados construyendo su propia unidad familiar y cuidando a sus propios hijos.

Los niños no deben nada a sus padres. Si los padres hacían un buen trabajo al criar a sus hijos para ser adultos responsables, los niños voluntariamente darían su tiempo, esfuerzo y energía. La vieja expresión: *'Lo que viene alrededor va alrededor'* es a menudo verdad. Anímela a ponerse en el lugar de sus hijos. Su esposa puede tener un tiempo considerable en ella manos, así que ella no entiende cuánto tiempo sus niños tienen que compartir con ella. Si es capaz, su mejor contribución podría ser ayudar a sus hijos ocasionalmente con su carga.

Pronto sus nietos crecerán y sus hijos podrán dedicar más tiempo, energía y esfuerzo no sólo a sus propias necesidades sino también a las suyas. Los estudios demuestran que alimentar a los padres que dan porque quieren dar (no por lo que esperan recibir a cambio) es probable que reproduzcan la misma actitud amorosa y cariñosa en sus hijos. Pero los niños también son individuos. Algunos son muy afectuosos en la naturaleza - otros no lo son. Los padres no pueden esperar el mismo tipo de cuidado para todos sus hijos. En lugar de animarla a quejarse de lo poco que recibe, animarla a que ayude a sus hijos más y vea si la situación no mejora.

Cómo manejar el retiro

'Mi esposo se retirará pronto. Siento que no él ha preparado lo suficiente para adaptarse a los cambios drásticos que esto hará en nuestras vidas. Él vive para su trabajo y no es el tipo del manitas que podría mantenerse ocupado alrededor de la casa. También me preocupa que él tendrá que ser bajo los pies y que necesite que esté con él constantemente cuando no estoy en el trabajo. Tengo una vida ocupada y no quiero que el dependa de mí para mantenerlo ocupado durante todo el día. ¿Hay algo que pueda hacer para que la transición sea mejor para él?'

La jubilación puede ser una transición difícil para algunas personas de la tercera edad. Para otros, ellos están siendo recompensado por años de trabajo duro. Suena como si su marido tendrá que hacer un ajuste importante cuando se retira. El debería comenzar ahora - antes de retirarse.

Usted puede ayudar a su esposo a lidiar con los muchos cambios que enfrentará. Muchos jubilados (especialmente aquellos que igualan su valor con cuánto ganan o cuánto trabajo hacen) pueden enfrentar un nivel bajado de autoestima. Su esposo puede extrañar tener algo para levantarse, algo que lo hace sentirse productivo. Animarlo a mantenerse activo y productivo puede ser el mejor consejo que usted puede darle.

¿Cuáles son el pasatiempo? ¿Ha el practicado deportes - jugar al golf o pescar? ¿Podría el involucrarse en el trabajo comunitario? ¿Ser un voluntario con la Cruz Roja? ¿Podría el seguir trabajando a tiempo parcial como consultor (si es un hombre de negocios) o seguir arreglando coches (si era su antigua ocupación)? ¿En qué intereses él podría ahondar? Por ejemplo, él era un contador - ¿podría el aprender más sobre las inversiones para que pueda invertir su dinero más sabiamente?

Las estadísticas ahora demuestran que los hombres pueden jubilarse antes y con menos cuidados que las mujeres, porque el 70 por ciento de los hombres y sólo el 51 por ciento de las mujeres tienen planes de pensiones. Las mujeres que trabajan no planean retirarse o retirarse tan pronto como los hombres, a menos que estén casados y sus maridos tengan un buen ingreso. Esto se debe a que tradicionalmente las mujeres entran en la fuerza de trabajo más tarde que los hombres y se han acumulado menos en sus fondos de pensiones.

Una tendencia emergente muestra que cuando los maridos se retiran, muchas de sus esposas deciden permanecer en la fuerza de trabajo. Las razones de las mujeres para hacerlo se relacionan con el dinero (o falta de él) continuó los beneficios médicos y de jubilación familiar, su propia satisfacción laboral y un sentido de identidad. Sus esposos pueden haber estado en la fuerza de trabajo durante 45 años, pero muchas esposas son cinco a quince años más jóvenes que sus cónyuges y sólo han trabajado durante 20 o 25 años. La mujer promedio ahora pasa 35 años de su vida adulta trabajando a tiempo parcial o a tiempo completo antes de la jubilación. Muchas de estas mujeres simplemente no están listas para jubilarse. Las mujeres que se casan con hombres mayores o se casan por segunda vez todavía pueden estar en el centro de sus trayectorias profesionales cuando sus maridos se retiran.

Las mujeres divorciadas pasan tres años más en la fuerza de trabajo que las mujeres casadas o viudas. Esto demuestra que las mujeres suelen salir de un divorcio peor económicamente que los hombres. Las viudas pueden cobrar del fondo de pensiones de su marido, así como de su propia. Desafortunadamente, los fondos de pensiones no son tan amables con las mujeres divorciadas. Ellos terminan con su propio fondo de pensiones para contar, a pesar de que, en su matrimonio, que puede haber permanecido en casa y cuidó de sus hijos durante muchos años. Muchos están exentos de recibir beneficios del fondo de jubilación de su excónyuge. El gobierno canadiense corrigió esta inequidad para los que obtuvieron un divorcio después del año 1977, pero las mujeres que se divorciaron antes de esa fecha no reciben ninguna porción de la pensión de su exmarido.

Muchos maridos se oponen a la inversión de roles tradicionales donde son la ama de casa y sus esposas son el sostén de la familia. Esto puede afectar el ego del hombre y las luchas de poder a menudo ocurren. Las parejas que se acercan a este hito en sus vidas deben mirar cuidadosamente la agitación que esto podría causar en su relación. ¡Tienen que tomar medidas para disminuir los problemas percibidos - antes de la jubilación! Tenga una charla seria con su marido para que pueda discutir estos problemas y resolver cualquier problema potencial antes de que sucedan.

Entrada del edificio

Una pareja de ancianos vive en un edificio de condominios de gran altura y se da cuenta de que cuando entran en su edificio, otros tratan de *"a cuestas"* y seguir a través de la puerta. Esto viola las prácticas de seguridad en su edificio. Como la mujer es pequeña y anciana, no sabe si debería correr el riesgo de ponerse en peligro o a ellos no debería decir nada.

Si la persona parece accesible, ella debe explicarles que no puede permitir que otros ingresen al edificio, lo cual es un incumplimiento de los estándares de seguridad del edificio. Pídales que llamen a sus amigos en el intercomunicador si quieren visitar a alguien en el edificio.

Si la persona o personas parecen amenazantes, ella debe ir inmediatamente a ella gerente residente. Si estas personas toman un ascensor, ella debe mirar para ver a qué piso van a, por lo que tienen una idea de dónde han ido en el edificio. Si el gerente residente no está allí y ella siente que la gente podría estar en el edificio por razones criminales, debe llamar a la policía inmediatamente.

Inaccesibilidad Peligrosa

'Me pasó una situación espantosa el mes pasado. Vivo en un complejo de apartamentos que tiene un intercomunicador para la entrada en el edificio. Debido a que los jóvenes jugaban con el intercomunicador durante la noche y nos molestó tan a menudo, la dirección decidió tener la puerta principal del edificio cerrada a las 11:00 pm. Esto significaba qué si alguien quería visitar a alguien en el edificio después de ese tiempo, no podían contactar con ellos a través del intercomunicador. En cambio, tendrían que llamar a sus amigos desde una cabina telefónica y amigos tendrían que bajar y dejarlos físicamente entrar en el edificio.

Esto parecía funcionar bien, hasta que me enfermé después de la medianoche una noche, mientras el resto de mi familia estaba lejos en vacaciones. Llamé para una ambulancia. Me mantuvieron en la línea y se preocuparon cuando encontraron que los conductores de la ambulancia no podían entrar en el edificio. Se tardó más de media hora para que la entrada al edificio y esto fue sólo porque un inquilino llegó a casa y abrió la puerta para ellos.

Al día siguiente, nuestros gerentes de edificios instalaron una caja de cerradura con una llave para el edificio, justo fuera de las puertas principales. El personal de los servicios de emergencia era el único grupo con las llaves de esta caja de cerradura.'

Para aquellos de ustedes que viven en las instalaciones que cierran las puertas principales por la noche, usted debe considerar esta alternativa en caso de una emergencia.

Problemas del corazón

'El mes pasado mi esposa tuvo un ataque al corazón. Ella está ahora en casa desde el hospital, pero me parece que no duermo bien por la noche. No le he hablado de ello, pero me temo que me despertaré una mañana y la encontraré muerta en la cama a mi lado.'

Esto es comprensible en esas circunstancias. Hable con su médico para ver cómo ella realmente está y si tus miedos están justificados. Tome un RCP (reanimación pulmonar coronaria) curso por lo que puede actuar ella tiene otro ataque al corazón. Entonces si es necesario, usted puede hacer su mejor para revivirla ella.

Si su esposa está sola por cualquier período de tiempo, puede que le den un sistema de alerta que usa alrededor de su cuello que puede pedir ayuda en cuestión de segundos. Esto no sólo te hará sentir mejor, sino que hará que se sienta como si ella tiene más control si hay otra emergencia.

Español como Segunda Lengua

'Mi vecino más viejo es chino y él proviene de una cultura que es decididamente diferente de la mía. Trato de entender lo que dice, pero a menudo no puedo entenderlo. Él tiene el mismo problema de entenderme. ¿Qué puedo hacer con esto?'

Aquellos cuyo segundo idioma es el español por lo general pasan por un proceso complicado hasta que se vuelven completamente fluido en español:

Etapa 1: Escuchar lo que dicen en español.

Etapa 2: Traducir lo que dijo en su idioma nativo.

Etapa 3: Construya su respuesta en su propio idioma.

Etapa 4: traducir mentalmente al español.

Etapa 5: Usted da una respuesta verbal en español.

Usted puede ver que este proceso toma tiempo, así que si está hablando con alguien cuyo segundo idioma es español, pruebe:

1. Usar lenguaje común. No se puede esperar que aprendan jerga o lenguaje técnico de inmediato.
2. Darles tiempo para pasar por las etapas de la interpretación para determinar lo que han dicho. La *"pausa embarazada"* entre el final de su conversación y cuando responden puede tomar tiempo.
3. Vigile su lenguaje corporal. Si te dan una mirada de impotencia o se encogen los hombros, los has perdido. Repite lo que dijiste, intentando más simplistas palabras.

Su vecino también tiene la responsabilidad de tratar de disminuir el problema. Anímelo a hacer su parte asistiendo a clases de *"español como segundo idioma"*. ¿Por qué no averiguar dónde se celebran y ver si él estaría interesado en asistir a un curso?

¡No importa más!

'Mi vecino Bob me preocupa. El lenguaje corporal me dice que él está deprimido. Él arrastra sus pies cuando lo veo ir a la tienda y rara vez lo veo trabajando en el jardín como lo hizo antes de que su esposa muriera. Su chispa para la vida parece haber salido de él. ¿Hay algo que pueda hacer para animarlo el?'

Sólo levantarse por la mañana es una tarea para muchas personas mayores. La causa principal es que sienten que no tienen sentido para sus vidas, que no tienen nada por qué levantarse y no tienen nada que los estimule a actuar. La depresión es a menudo el resultado.

Cuando la depresión se establece, desencadena otras respuestas. De repente la gente siente cada dolor que puede convertirse en discapacidades graves. La vida adquiere un significado especial cuando las personas mayores les gusta lo que están haciendo y tienen una buena relación con sus amigos y familiares. Rara vez se quejan de sus dolores.

Las personas mayores felices son personas mayores ocupadas. Esta actividad mental y física resulta en una mejor salud mental y física que inevitablemente elimina la mayoría de los dolores y dolores diarios que afectan a muchos ancianos. La sociedad necesita dar un esfuerzo considerable para mantener a las personas mayores activas, felices y productivas. Aquellos empleados en las áreas recreativas y de viajes encontrarán sus ocupaciones cada vez más valiosas. Esto se debe al aumento del porcentaje de personas de la tercera edad que realmente están viviendo y disfrutando de su jubilación.

Algunos ancianos viven en el pasado. Hablarán durante horas de su infancia, pero quizá no den la atención necesaria para vivir en el presente. Algunos creen que su pasado siempre influirá en lo que sucede en su futuro. Ellos pueden usar esto como una excusa para evitar cambiar su comportamiento. Aunque puede ser difícil superar el aprendizaje pasado, no es imposible. Necesitan darse cuenta de que el pasado es importante, pero no tiene que afectar su futuro.

Si la vida no llega a expectativas, (debido a la falta de visión) consolarlos con la idea de que nunca es demasiado tarde para que las condiciones cambien. Aunque algunas oportunidades de la juventud pueden haber pasado, cada fase de la vida trae sus propias compensaciones para los que las buscan. En lugar de pensar en el pasado, necesitan concentrar su energía en construir una vida mejor y más feliz y aprovechar al máximo el momento presente.

Muchas personas en este grupo declaran: *'Soy demasiado viejo... No lo suficientemente inteligente... No es bueno en eso'*. Estas personas están diciendo: *'Soy un producto terminado en esta área y nunca voy a sé diferente.'*

Tratar con este tipo de persona por tener una conversación de corazón a corazón con ellos la identificación de lo que ves está sucediendo a ellos.

Tratando con Situaciones Difíciles

Pida ellos su permiso para llamar su atención cuando usted los oye vivir en el pasado.

Para ayudar a su vecino con sentimientos negativos, sugiérale eso el ponga una cinta elástica suelta alrededor de su muñeca y tire de ella cada vez que usa este tipo de pensamiento destructivo. Este refuerzo negativo le impedirá él pensar en el pasado. Anímelo a no hibernar: salir, mantenerse activo e involucrado.

Si sabe que él es bueno en algo, pida consejo y sugiera que otros puedan querer tener ayuda en esa área. Necesita algo digno de levantarse por la mañana.

Manejo del dolor

'La esposa de mi vecina falleció recientemente y su esposo está teniendo un tiempo terrible para adaptarse a ella muerte. Aunque está en buena forma física, está sufriendo emocionalmente. ¿Cómo puede nuestra familia ayúdalo el a través de esto?'

La mayoría de nosotros no sabemos cómo consolar a un amigo afligido. Primero preste atención a lo que dicen sus instintos. Si su primer impulso es llamar o visitar, no deje que el temor de que usted se está inmiscuyendo en la privacidad le impida hacerlo. Probablemente apreciará tu preocupación. Dile que lo sientes por su pérdida, pero no use frases como *'Sé exactamente cómo se siente,'* a menos que haya perdido recientemente un ser querido cercano.

Escuche atentamente lo que dice. Si él revela que él no sabe cómo él conseguirá con los días sin su amó uno - resista el deseo de animarlo para arriba o de ofrecer consejo. Lo que él requiere ahora es la oportunidad de hablar sobre él preocupaciones - no en que usted proporcione respuestas.

Resista la declaración tal como *'No sienta de esa manera.'* O, *'Este sentimiento es solamente temporal; la situación mejorará con el tiempo.'* Muchas personas en duelo sienten que deberían haber hecho algo para prevenir la muerte del ser querido, por lo que hay un elemento de culpa. Diciéndole que sus sentimientos son malos, sólo puede hacer que él entierre sus sentimientos en lugar de resolverlos.

La gente se aflige, no sólo porque un amigo cercano o pariente ha muerto, sino debido a cualquier pérdida grave. Se entristecen porque un buen amigo se aleja; son despedidos de un trabajo que aman; pierden una extremidad, su vista u oído; tienen un desastre financiero; rompe una relación romántica; se divorcian o pierden la custodia de sus hijos. El dolor puede ser intenso, pero no importa lo que la pérdida, el proceso de duelo sigue siendo el mismo. La única parte que cambia es el grado de dolor que la persona sufre.

Las seis etapas del proceso de duelo pueden durar varios períodos de tiempo. Estas etapas son:

- Un abrumador sentimiento de pérdida.
- Choque y negación *('¡Esto no puede estar pasando a mí!')*
- Trastornos emocionales (cambios de humor y depresión).
- Retiro (lamer sus heridas en soledad).
- Comprensión de la pérdida (aceptación).
- Esperanza (mejorarán).

Aquellos que sufren de dolor pueden poner barricadas para ocultar sus sentimientos de los demás y pueden necesitar palabras tranquilizadoras antes de que deje que los demás los conforten físicamente. Por ejemplo: En un funeral, un amigo cercano de la familia trata de consolar al viudo afligido. Tratan de darle un abrazo, pero lo encuentran rígido y no responde y parece que los empuja lejos. ¿Qué está pasando aquí? Si usted estaba ofreciendo condolencias, usted podría sentirse herido por este signo percibido de rechazo. Usted se pregunta si usted debe perseguir y continuar ofreciendo su ayuda o si usted debe retroceder.

Lo más probable él es que se sienta demasiado vulnerable para confiar en los demás con sus sentimientos. Tiene miedo de que *"se desintegre"* si el siente otra emoción más fuerte. Por lo tanto, el parece repeler a otros y físicamente empujarlos lejos o permanecer rígido cuando otros tratan de consolarlo. Si usted es un amigo cercano o miembro de la familia, por favor, no se dé por vencido; vigile por signos no verbales de que él está preparado y necesita consuelo.

En visitas posteriores con él, trate de nuevo para ver él ha pasado su agitación emocional. Observe él lenguaje corporal y las reacciones. Si usted percibe que él todavía está sufriendo y parece necesitar el consuelo, pon tu mano en su brazo. Si no se aleja, ponga tú mano en el hombro. Una vez más, si él no se aleja, intente de nuevo darle un abrazo expresando tu deseo de consolarlo. Cuando él esté listo para ser consolado, te mostrará por sus reacciones. Él puede finalmente permitirse sollozar y llorar, sabiendo que hay alguien más disponible para ayudarlo a través de su dolor.

Alguna gente puede nunca permitir que otros los conforten físicamente - no son cómodos con abrazos y muestras físicas del afecto. Sin embargo, siga expresando su apoyo y hacer todas esas pequeñas cosas que muestran lo mucho que te preocupas por él. Sólo tener su fuerza cerca puede ser lo que el necesita para progresar a través del proceso de duelo. Nadie debería tener que manejar esta transición solo. Esté allí cuando él lo necesite.

¡Perder su licencia de conducir!

'Lo lamentamos, pero no podemos renovar su licencia de conducir. Su visión periférica y percepción de profundidad se han deteriorado hasta una etapa en la que no es seguro para usted conducir.'

El doctor Teale tuvo la desagradable tarea de informar a un caballero alegre e independiente de setenta y dos años de que su visión periférica y su percepción de profundidad se habían deteriorado hasta el punto en que no era seguro para él conducir. Había sido contactado por la hija de George, quien expresó su preocupación por que la capacidad de su padre de conducir había disminuido significativamente en el último año. Ella Se había acercado al tema con su padre, pero él se había burlado de su sugerencia de que dejara de conducir. Su diagnóstico médico confirmó que la visión de George no era lo suficientemente aguda como para permitirle conducir.

¿Cómo podría el Dr. Teale decir a este hombre altamente independiente que iba a tener que depender de otros para la mayor parte de su transporte? Le habían advertido que George sería hostil y enojado e incluso podría negarse a cumplir.

'Lo sentimos, pero no podemos renovar su licencia de conducir porque usted no es capaz de conducir.' Esta es la sentencia que significa la pérdida de la independencia de muchos ancianos. Es la señal final de que realmente están envejeciendo. Muchos se hunden en una profunda depresión, o se vuelven rebeldes y se niegan a cumplir.

La eliminación de los privilegios de conducir, para aquellos que han tenido esta valiosa independencia toda su vida adulta, es comparable a ponerlos en la cárcel. ¡Muchos se retiran en sí mismos y se convierten en ermitaños, porque afirman que, *'No voy a depender de otros para conseguirme alrededor! ¡Prefiero quedarme en casa!'*

No puedo culpar a los ancianos por sentir desesperación cuando esto sucede. Ser capaz de dirigir, deletrea independencia e independencia fue eliminado de ellos. Sin embargo, hay muchas maneras de lidiar con esto. Si están discapacitados, podrían considerar el uso de un autobús de discapacidad. Si son móviles, pero no tienen buen servicio de autobús, en su área, podrían considerar mudarse a un condominio del centro donde podrían tomar un autobús a sus destinos.

Tratando con Situaciones Difíciles

Siempre animo a los hijos de ancianos que han perdido su independencia, a hacer regalos tales como, *'Este certificado vale tres viajes al centro comercial.'* O, *'Esto le da derecho al usuario a un mes de ser conducido a las compras y eventos sociales.'* En intercambio, los ancianos podrían pagar el favor, dando certificados de su propia declaración *'Una sesión de cuidado infantil gratuito.'* O, *'Un suéter de punto para tres paseos.'* O: *'Una casa de pájaros para cinco paseos.'*

Otra opción es tener una cuenta de cargo con una compañía de taxi que puede utilizar a su conveniencia. Trate de los padres comparten la conducción para ir de compras y visitar con un conductor mayor que todavía tiene una licencia de conducir. Asegúrese de pagar su parte.

¡Quiero ir a una isla desierta!

'¡Hay veces que me gustaría ir a una isla desierta, en lugar de enfrentar todos los problemas que tengo con mis hijos, sus cónyuges, sus hijos e hijastras! ¡Ojalá pudiera divorciarme de todos!'

Ha habido algunos casos históricos que han permitido que un niño se divorcie de sus padres o padres han dado a sus hijos para la adopción, pero la mayoría de nosotros estamos *"pegados"* con los familiares con los que hemos nacido. ¡Entonces, cuando nos casamos, heredamos todos los parientes de nuestro nuevo cónyuge! Si nuestro matrimonio se rompe, estos parientes probablemente seguirán siendo parte de nuestras vidas debido a los hijos de nuestro sindicato. Por eso es tan importante hacer ese esfuerzo extra para llevarse bien con parientes y suegros difíciles. (Ver mi libro: ***Tratar con Parientes Difíciles e In-Leyes***.)

Los abuelos también tuvieron que adaptarse al cambio en los papeles tradicionales. Ahora tienen unidades familiares que incluyen niños, hijastros, hijas y yernos, sus padres y madrastras y todos los problemas que acompañan a esas relaciones. Con el cuarenta por ciento de los matrimonios que terminan en divorcio, el papel de los abuelos está cambiando. Desafortunadamente, algunos abuelos pierden el contacto con sus nietos cuando el padre de la custodia se aleja o un hijo o nuera no permite que los abuelos tengan acceso a sus nietos.

Otros abuelos tienen lo contrario y se encuentran de nuevo en el rol de padres que sentían que había terminado cuando sus hijos crecieron. Estos abuelos se encuentran en medio de la rutina de abandonar y recoger cuando el padre que tiene la custodia necesita cuidados diurnos o cuidado después de la escuela de sus hijos. En muchas culturas, las familias extendidas son la norma y los abuelos proporcionan este cuidado, ya sea el divorcio de los padres o permanecer juntos. Sin embargo, en muchas sociedades modernas, esto simplemente no es una opción, debido a la distancia entre los abuelos, sus hijos y nietos o los propios abuelos de trabajo durante el día.

Hijastros

'Soy el padre de un niño que se ha casado y ahora tiene hijastros, no sé cómo tratar con estos niños.'

Los abuelos pueden encontrarse en el medio cuando su hijo o hija vuelve a casarse y descubre que realmente no les gusta el nuevo socio. Más y más padres pueden encontrarse luchando con los hijos del nuevo cónyuge (sus bisnietos), así como sus propios nietos. Permanecer imparcial a las necesidades de todos sus nietos y nietos paso puede ser un desafío sustancial.

Las vacaciones son especialmente difíciles para muchos abuelos de familias divorciadas o extendidas. Son a menudo las situaciones que deben ser las más felices donde surgen los problemas. Aquí hay algunos consejos sobre cómo suavizar las aguas cuando las reuniones familiares reúnen grupos familiares mixtos en su hogar:

1. Mantenga sus sentimientos negativos de malestar, celos (o lo que sea) en jaque.
2. No ir por la borda y tratar demasiado duro. Porque se necesita un grupo familiar, cinco años para hacer clic - no esperes milagros. Aceptar a la gente por lo que son, no lo que usted desea que fuera.
3. Esté dispuesto a comprometer; doblar con las necesidades de todo el grupo.
4. Tratar de determinar el momento de las visitas mucho antes de las vacaciones.
5. Trate de conocer a los nuevos miembros de su familia. Recuerde tener una mente abierta.
6. Tener un juguete o una caja de actividad que incluya actividades que ayuden a divertir a todos los niños durante las visitas.
7. Encontrar algo para alabar en cada miembro (auténtico sólo - siempre hay una cualidad entrañable que debería ser capaz de identificar).
8. No se extienda demasiado - pida ayuda ajena y asegúrese de reconocer su ayuda.
9. Si la visita es prolongada, separe el grupo de vez en cuando. Todo el mundo necesita *"tiempo privado"*. Asegúrese de que hay un lugar donde usted y sus visitantes pueden ir a tener un tiempo para sí mismos.

10. Si surgen discusiones entre miembros adultos de la familia, darles tiempo para resolver su disputa (si es posible en privado, lejos de los miembros más jóvenes de la familia que pueden ser traumatizados por sus discusiones). Si es necesario, intervenga y diga: *'Si usted desea discutir, por favor hágalo en otra parte. Me estás molestando y estoy seguro de que estás molestando a otros también.'* Si siguen discutiendo, pídales que se vayan.

Nietos indisciplinados

'Vivo con mi hijo, su esposa y sus tres hijos. Esto se hizo necesario cuando me rompí la cadera el año pasado. Estoy haciendo mucho mejor ahora, y he contemplado probarlo por mi cuenta de nuevo. Mi problema actual es tratar de tratar con mis nietos indisciplinados. Vienen a mi habitación sin llamar y cuando no estoy allí saquean mi habitación. Han roto varias de mis pertenencias, pero no parecen mostrar ningún remordimiento. La semana pasada en la cena, decidí decir algo al respecto. Les grité por su destructividad y les prohibí que entraran a mi habitación a menos que yo los invitara. Mi hija-en-ley ha sido muy guay para mí desde entonces. ¿Me equivocaba al proteger mis pertenencias y esperar que los niños respetaran las posesiones de otros?'

No puedo culparte por proteger tus posesiones. Yo mismo he sentido lo mismo cuando los padres traen niños desordenados a mi casa. Si los niños derraman su leche o rompen algo accidentalmente, yo soy el primero en perdonarlos. Pero si es un comportamiento deliberado o descuidado, hablo. Si los niños necesitaban orientación y sus padres no la proporcionaban, tenías todo el derecho de castigarlos porque eran difíciles con tus posesiones.

Habla con tu nuera. Dile ella exactamente lo que pasó. Mantente atento a los hechos y dile ella lo que ellos rompieron, cuándo y cómo. Luego pregúntele qué piensa que sería una solución para el desprecio de los niños por la importancia de respetar las posesiones de otros.

También podría preguntarse si ella frialdad podría no ser el resultado de la agitación acumulada debido a otras dificultades en la relación con ella. ¿Has tratado de ayudarte ella lo suficiente o de haberle ayudado demasiado (interfiriendo con su *"espacio"*)? Podría haber problemas subyacentes aquí, y la única manera de traerlos a la superficie es a través de una discusión abierta. Como último recurso, usted podría seguir su plan y probarlo por su cuenta de nuevo.

¡Ella robó a mi hijo!

'Mi esposa acusa a la esposa de nuestro hijo de "robar a su hijo" de ella, y no pasa suficiente tiempo con ella. Puedo ver que él está ahora se extiende tan delgado con las responsabilidades empresariales y domésticas, que simplemente no puede darle más tiempo. ¿Cómo puedo lidiar con este problema?'

Su hijo debe enderezar su espina dorsal y hablar con ella. Debe explicar que su esposa no lo "robó"; que él esposa es su socio a tiempo completo, y simplemente está tomando ella lugar de derecho a su lado. Si él no habla, entonces depende de usted hacerlo.

Usted podría agregar, 'Cuando usted se queja sobre la cantidad de tiempo que nuestro hijo pasa con usted, él debe sentir estirado como una venda elástica. Por lo que he observado de las responsabilidades, esa banda elástica se ha estirado hasta dónde puede llegar. Tiene obligaciones para con los demás, tanto en el trabajo como en casa, que él debe cumplir primero. Esto no tiene nada que ver con el tiempo que pasa con usted. Él tiene un montón de amor para ir alrededor y cada amor es diferente. Por ejemplo, él tiene su amor por ti, su amor por su esposa, sus hermanos y hermanas, sus hijos y su amor por sus amigos. Uno no eclipsa al otro y todos son personas importantes para él. Si sigues sofocándolo, solo harás que sus limitaciones de tiempo sean mucho más difíciles para él y acabará resentido por tu interferencia.'

O usted o su hijo deben considerar darle a su esposa un itinerario de lo que él necesita hacer (incluyendo conducir a Jimmy al hockey, Susie a Brownies) y lo difícil que es pasar más tiempo con ella.

Usted puede ayudar encontrando actividades que la mantendrán ella ocupada. Suena como si ella estuviera canalizando todas sus energías hacia sus hijos. Este podría ser el verdadero desafío, y tanto usted como su hijo se beneficiarían si ambos atacan este problema.

Quejosos, manifestantes y recolectores de ni

'La mujer de la habitación que está a mi lado en el hogar de ancianos es una persona de pensamiento negativo que constantemente se queja de algo. Me canso de oír ella quejosos. pero porque ella vive tan cerca, tengo que soportar su comportamiento sobre una base diaria. ¿Cómo puedo hacer que vea cómo afecta a la gente que la rodea?'

Este tipo de persona es parte de un grupo de agresores crónicos que se quejan de todo - públicamente y en privado. Son bebés que lloran protestas prolongadas sobre lo poco importante. Impulsados por la

Tratando con Situaciones Difíciles

inseguridad infantil, se quejan incluso cuando todo va bien. Les encanta exagerar las condiciones injustas - ese ellos pueden culpar en a alguien más.

Aquí están los pasos que puede tomar la próxima vez que ella queja.

1. Obtener ella permiso para ayudarle a encontrar soluciones a ella problemas. 'Te he oído hablar de estos problemas varias veces y no parece haber encontrado soluciones para ellos. ¿Quieres que te ayude a encontrar soluciones?' Si ella se niega a aceptar su ayuda, decir: 'Bueno, si no me dejas ayudarte, no quiero discutir esta cuestión de nuevo.' Si ella está de acuerdo en dejarle ayudarla, tenerla:
2. Escriba el problema incluyendo todos los detalles necesarios. Haga una lista separada para cada problema (probablemente habrá varios). Tratar sólo con un problema a la vez.
3. Anote todas las posibles soluciones al problema. En este punto usted puede sugerir soluciones adicionales.
4. Escriba los pros (beneficios) y los contras (desventajas) en cada solución. Anímelo ella a no sentir emoción. Haga que ella pretenda que la situación le está sucediendo a otra persona y ella les está ayudando a determinar los beneficios y las desventajas de cada solución.
5. Pídale ella que elija la mejor solución. Esta es la etapa ella probablemente preguntará: '¿Qué crees que debo hacer?' Si sugieres una solución y no funciona, ella probablemente dirá: '¡Te dije que no funcionaría!' (Este tipo de persona le encanta culpar a alguien por sus problemas.) ¡Así que ella debe elegir la mejor solución - no tú!
6. Ayudarla ella a establecer algunos objetivos concretos que harán que la solución suceda. Incluya plazos para su finalización. Esto evitará que ella procrastine. Después del paso 6 ella tiene que actuar. Si ella se queja de nuevo sobre el problema:
7. Diga, '¿Por qué estamos discutiendo esto otra vez? Usted sabe exactamente lo que necesita hacer para resolver este problema y ha optado por no hacer nada al respecto. No quiero oír otra palabra sobre esta situación, excepto para saber que has resuelto el problema.'

Este proceso evita que los quejosos y manifestantes hablen sobre el mismo problema de nuevo. También les obliga a resolver sus problemas - no sólo se quejan de ellos. Si te encuentras quejándose demasiado, intenta este proceso por ti mismo. Le ayudará a tener una actitud más positiva hacia su capacidad de manejar los problemas de la vida.

Cambio de roles

'Mi padre murió recientemente y mi madre enferma ahora vive con nosotros causando muchos problemas, mi esposo y yo no tenemos privacidad y no tenemos tiempo para nosotros.'

A menudo aquellos en sus cuarenta años que todavía son responsables de los niños en crecimiento, encuentran que tienen la responsabilidad adicional de cuidar a los padres envejecidos también. Estos padres ancianos podrían haberse casado tarde en la vida y encontrar que sus propios hijos todavía están viendo sus polluelos salir del nido. Estos niños de mediana edad pueden sentirse atraídos por ambos extremos por las necesidades de sus hijos y sus padres. Ellos pueden preguntarse cuándo tendrán tiempo para gastar en actividades que quieren hacer ellos mismos. En otras familias, cuando los nietos han crecido, los padres pueden dedicar más tiempo, energía y esfuerzo no sólo a sus propias necesidades, sino también a las de sus padres.

El cambio de papeles - los niños que cuidan a los padres y los padres que se vuelven dependientes de los niños, es una transición para todos los involucrados. De repente, ha desaparecido el apoyo de los padres que los niños adultos esperaban y esperaban durar a lo largo, de su vida. Algunos sienten que la vida les ha engañado y se sienten a la deriva sin este sistema de apoyo.

Como dijo una mujer: *'Sabía en mi corazón que tener a mi padre viudo venir a vivir con nosotros hace un año no funcionaría. Esto se debe a que, con los no miembros de la familia, siempre parece feliz, pero con su familia inmediata siempre ha sido una persona difícil de tratar.'*

Desde el principio, se sintió atraída por las necesidades de sus hijos y su esposo, su trabajo y las demandas extras de su padre, que pensaba que él hija estaba allí para satisfacer todos sus deseos. Aunque podía ayudar, la única contribución que hizo en al buen funcionamiento de su hogar fue una pequeña parte de su cheque de pensiones, pero nunca su tiempo y esfuerzo. ¿Por qué el debería hacerlo? Nunca había levantado una mano para ayudar en la casa durante su matrimonio, así que ¿por qué debería empezar ahora?

Su hija le había hablado a menudo sobre su falta de cooperación, pero se negó a escuchar. Debido a su actitud obstinada, no es de extrañar que finalmente tuvo que hacer arreglos alternativos para su cuidado.

Las mujeres hacen la mayor parte del cuidado de los padres ancianos, independientemente de si estos son sus propios padres o los de sus cónyuges. La mayoría tiene empleos a tiempo completo y sus propios hijos. A medida que aumentan las demandas, la parte de ella vida que más sufre es su tiempo de diversión con los amigos, sus hijos y su cónyuge. También puede tener un fuerte costo financiero en la familia si la mujer tiene que renunciar a su trabajo a tiempo completo o parcial a convertirse en un padre a tiempo completo de cuidador. Incluso cuando la carga de la *"atención práctica"* es más y el padre está en un asilo de ancianos, ella sigue siendo el perro guardián de los padres.

Algunos cuidadores de padres ancianos encuentran las presiones tan intensas que son conducidos a prácticas abusivas tales como:

- Engañarlos financieramente;
- Maltratando, emocionalmente o físicamente; y
- Cortarlos de ver a sus amigos.

Para muchos cuidadores el único respiro que pueden tener es llevar a sus padres a guarderías para adultos o tener Comidas en Ruedas para proporcionar algunas de sus comidas. Los médicos deben controlar sus propias acciones y pedir ayuda profesional si las presiones causan cualquiera de las complicaciones graves mencionadas anteriormente.

Afortunadamente, muchas compañías han comenzado a explorar los tipos de ayuda que pueden ofrecer a los empleados que deben cuidar a los padres ancianos. Algunos consideran horarios de trabajo flexibles o licencia sabática para los empleados que necesitan tiempo libre para cuidar de parientes mayores.

¡No lucharé, pero tampoco me rendiré!

'Mi suegra es una mujer manipuladora. ¡Lo he tenido con ella! ¿Por qué esto hace esto?'

Helen (una manipuladora) vive en la casa de su hijo Bob y su nuera Emily. Emily quiere redecorar su habitación familiar mediante la compra de sillas de cesta tejidas con grandes almohadas. Podían usar las almohadas para sentarse en el suelo en frente de la chimenea. Helen (la madreen-ley) prefiere una suite cómoda salón.

La siguiente conversación tiene lugar.

Emily: *'Algunas de esas telas en las almohadas que vi ayer son hermosas.'*

Helen: *'¿Están hechas de algodón?'*

Emily: *'Sí, lo son.'*

Helen: *'Pronto se ensuciarán y probablemente se encogerán cuando se laven.'*

Emily: *'Bueno, ¿podríamos buscar otros tipos de tela y cubrirlos nosotros mismos?'*

Helen: *'Deberías hacerlo profesionalmente, y cualquier cosa que se sienta en el piso comenzará a parecer horrible pronto.'* (suspiro) *'Pero, si eso es lo que quieres, cómpralo.'*

Emily: *'Bueno, me gustan las almohadas grandes. ¿Hay algo que quieras en particular?'* (Dejando la puerta abierta para que Helen diga lo que ella realmente quiere.)

Helen: *'No exactamente. Los muebles deben ser sensatos y hechos para durar. Pero es tu casa para hacer lo que quieras, siempre puedo sentarme en la sala de estar.'* (¡Pobre de mí!)

Más tarde, Helen informó a una amiga que no era la clase de suegra que molestó a sus hijos con sus opiniones. Sin embargo, Helen no apoyaba las ideas de nadie, a menos que fueran iguales a ella suyas.

Emily necesita hablar con Helen sobre su manipulación y animarla a ser más directa cuando se le pregunta si quiere algo hecho a su manera. Cuando Helen trató de lanzar el viaje de culpa sobre ella, *'Es tu casa. Has lo que quieras; Siempre puedo sentarme en el salón.'* Emily debería haber respondido con: *'Estás tratando de hacerme sentir responsable de cómo te sientes. ¿Por qué sientes que te gustaría sentarte en el salón?'*

Trata con este tipo de persona, explicando lo molesto que es cuando ella intenta manipularte. Explique qué le sucede tu cuando ella actúa de esa manera y asegúrese de escuchar atentamente lo que responde.

La víctima - o '¡Después de todo lo que he hecho por ti!'

'Mi esposa Jill se rinde a nuestros hijos cuando le piden que haga cosas por ella. Sé que ella no quiere hacer estas cosas, pero las hace de todos modos. ¡Sin embargo, ella suspiros y expresiones martirizadas me llevan alrededor de la curva! Si ella no quiere hacer los favores, ¿Por qué no lo dice?'

La víctima obtiene lo que ella quiere enviando mensajes indirectos. Esta es una forma de resistencia pasiva. Estas personas pasivas están tratando de ser más asertivo en su comportamiento - pero no saben cómo. Por lo tanto, pueden jugar al mártir, actúan sobrecargados, perseguidos o totalmente dependientes. Suspiran mucho y emiten quejas indirectas. Están tratando de decir: *'Si me apreciabas o siquiera notaste todo lo que hago por ti, querrías hacer más por mí.'*

Por ejemplo: la hija de Jill, Susan, les telefoneó a las ocho de la mañana para decir que toda la familia había dormido y que necesitaba que ella llevara a su hijo a la escuela esa mañana. Susan sabía que su madre vivía a sólo un par de manzanas de distancia y tendría tiempo de hacer esto por ellos.

Jill contestó: *'Susan, he llevado a Joey a la escuela dos veces este mes.'*

Susan, *'¡Oh mamá! ¿Por favor?'*

Jill (soltando un gran suspiro), *'Está bien entonces.'*

Ella tono de voz y su discurso insinúan: *'Mira los sacrificios que hago por ti. Si me amabas más, ¿me apreciarías más?'*

Si usted tiene que tratar con este tipo de persona, recuerde que usted tiene una opción en cuanto a si usted hace o no acepta la culpabilidad que están intentando darle. Describa lo que usted la ve haciendo y pida que sea más directo cuando ella comunica con usted. Diga: *'Sus comentarios me muestran que usted está tratando de hacerme sentir culpable por... ¿Es cierto?'* Si hay algo de verdad en sus declaraciones, trate de rectificar la situación.

Explique qué dice el lenguaje corporal de su esposa a los demás. Anímelo ella a asistir a un curso de entrenamiento de asertividad para que pueda defenderse. ¡Sin embargo, prepárate para hacer que ella se levante a ti también, si le pides que haga algo que no quiere hacer!

La esposa no puede despertar

'Mi esposa no puede despertar por la mañana y está desperdiciando la mitad de su día pasado en cama. Ella admite que esto es un problema serio para ella. ¿Cómo puedo ayudarla ella a sentirse motivada para levantarse por la mañana?'

La investigación muestra que millones de personas tienen serias dificultades para despertarse por la mañana; algunos no tienen nada por qué levantarse y otros porque son *"búhos"*. El primer problema ocurre en demasiadas personas mayores que sienten que la vida ha terminado para ellos. Literalmente ponen en el tiempo hasta que mueren. Estos ancianos deben recuperar la chispa en sus vidas así que tienen algo para levantarse para. Para algunos, esto puede ser simplemente ayudar a otros más desafortunados que ellos, o mantenerse ocupados con proyectos.

En el caso de los búhos (como los llaman los expertos del sueño) no son más perezosos que nadie, pero son diferentes. Necesitan más o mejor calidad de sueño de lo que están recibiendo. La razón más común para no poder levantarse es que todavía no han terminado de dormir.

El *"síndrome del noctámbulo"* es una de las causas más comunes del mal funcionamiento de la mañana. Sus víctimas frustradas no necesitan más sueño que otras personas, pero lo necesitan a veces (normalmente de 3 am a 11 am) que no son compatibles con el mundo laboral. Para la mayoría de los individuos, la temperatura corporal está en su nivel más bajo durante el sueño, comienza a elevarse alrededor del amanecer, picos en la tarde, luego desaparece. Por 11 pm o medianoche, la somnolencia se establece pulga Los noctámbulos, por otro lado, por lo general no alcanzan la temperatura máxima y los niveles de rendimiento hasta la noche; por lo tanto, esta baja temperatura inducida por el sueño no llega hasta las primeras horas de la mañana.

Los noctámbulos pueden criar la hora de acostarse en un horario progresivo donde se acuestan una hora antes de la noche anterior por siete noches sucesivas y levantarse una hora antes de lo habitual por la mañana hasta que finalmente trabajan para ir a la cama a las once o más. Una vez que haya restablecido su reloj interno de esta manera, debe atenerse a ella.

Encontrar otros problemas para dormir puede ser difícil. Por ejemplo, tome el siguiente caso. La llamaremos Marge. Ella durante años había estado despertando agotada sin importar cuánto sueño había grabado durante la noche. Ella médico no encontró nada malo, ni tampoco las pruebas en un centro de investigación de sueño mostrar ninguna pista sobre su fatiga. Finalmente, un médico le preguntó si su marido roncaba. *'Sí'* ella dijo, *'tengo que darle un codazo él una o dos veces por noche'*

Aquí por fin estaba la llave. Marge sólo recordaba despertar una o dos veces, pero su cerebro se despertó de su patrón de sueño normal cada vez que su marido roncaba. Ella estaba, en efecto, *"despertando"* 300 a 400 veces por noche. Ella resolvió su problema al insistir en que su marido obtener tratamientos con láser para combatir su problema de ronquido.

Algunos investigadores del sueño creen que dormir en una habitación que es demasiado oscura también puede causar dificultades. Normalmente, el cambio de la noche al brillo diurno actúa como despertador de la naturaleza. Por eso puede ser tan difícil levantarse en esas mañanas negras de invierno.

Muchos de los factores que nos dejan cansados después de una noche de sueño son tan pequeños. Por ejemplo, una habitación caliente, congestionada asegura la inquietud, mientras que una fría hace difícil levantarse de la cama y enfrentar el día. La temperatura de la hora de acostarse más cómoda oscila entre 18 y 20°C. Los expertos dicen que dormir en una habitación que es demasiado brillante puede confundir el cerebro, eso quiere dormir, aún se da la señal para despertar. Continuación noche tras noche, estas señales mixtas pueden resultar en el agotamiento de la mañana.

El ruido es otro culpable y no tiene que ser muy fuerte. Un compañero lento de mi mía solía dormir con música. Aprendió que durante la noche fue despertado muchas veces por los cambios en el volumen de sonido de su radio. Entonces comenzó a apagar la radio cuando se sentía somnoliento y en pocos días saltó de la cama sin mirar hacia atrás.

Aunque la actividad física regular promueve un mejor sueño y un despertar más fácil, el ejercicio inmediatamente antes de acostarse es un estimulante. La excepción a esta regla es hacer el amor, el mejor gorro de noche de todos.

No todos los problemas de despertar son tan fáciles de tratar. El estrés de casi cualquier tipo, incluyendo la dieta, puede aumentar los requisitos de sueño. Una ruptura en una relación o cualquier circunstancia que cause dolor, ira o depresión puede causar un mayor antojo de sueño. Si usted puede dormir en tales casos, los expertos aconsejan tratar de dormir más, pero instan a los pacientes a no utilizar el sueño como un medio para ignorar los problemas.

Siempre llamando

'Mi anciana madre me llama cada noche y me encuentro en el teléfono durante media hora. Esto interfiere con lo que mi esposa y yo hemos planeado para la noche. Odio ser grosera con ella, porque creo que soy la única con la que habla todo día.'

He encontrado que cuando la gente no tiene algo para levantarse para cada mañana, son letárgicos y dependen de otros para divertirlos y mantenerlos compañía. Por favor, ayude a esta mujer a canalizar su comunicación impulsos en otras direcciones:

- Ayudar a una vecina mayor que no puede salir de casa para hacer sus compras.
- Preséntela a otra persona sola que está sola.
- Sugerir que ella visite a personas mayores en una casa de retiro que no tienen visitantes.
- Conseguir una mascota para mantener ella compañía y darle algo para levantarse para cada día.
- Dar ayuda a una joven madre de 2 a 3 hijos que tiene que llevar a ella hijos a hacer compras.

- Ayudar a la familia joven que no puede permitirse una niñera para tener un cierto tiempo privado social para sí mismos.
- Involucrarla ella en actividades de clubes comunitarios.
- Ayudar a los recién llegados a encontrar sus caminos alrededor del sistema monetario, cómo moverse en nuestra ciudad, las agencias que pueden ayudarles a ajustar, cursos para ayudarles a hablar mejor nuestro idioma.
- Que se una a un grupo de personas mayores.

Alergias

'Soy alérgico a los gatos, pero mis padres los tienen. Puedo tolerar el estar en el hogar para las visitas cortas, pero cuando el gato viene cerca de mí, tengo un tiempo terrible respirando. ¿Está bien que pida que guarden la mascota en otra habitación mientras yo la visita?'

Esto es algo que debe discutir con ellos en detalle antes de decidirse a visitarlos. Explique su problema y pida su cooperación. Es probable que sea alérgico a la caspa del gato, que sería en toda la casa de sus padres. Las únicas alternativas podrían ser que conocerlos en un lugar neutral como un restaurante o deshacerse del gato. deles las alternativas y deje que decidan cuál desean tomar.

CONCLUSIÓN

Ahora tiene muchas herramientas, técnicas e ideas sobre cómo manejar situaciones difíciles tanto en el trabajo como en casa. Estas herramientas pueden ayudarle a lidiar con personas iracundas, groseras, impacientes, emocionales, trastornadas, persistentes y agresivas. Estas habilidades de personas cruciales le permiten hacer frente a todo tipo de personas y circunstancias difíciles. Aprenda estas habilidades y no puede ayudar sino mejorar sus relaciones con los demás.

Su habilidad en las habilidades de la gente le ayudará a controlar sus estados de ánimo y mantenerlo fresco bajo el fuego. Comenzarás en el camino hacia la comprensión de por qué la gente interpreta las situaciones de manera diferente.

¡Estas técnicas funcionan! Pero como cualquier nueva habilidad, tendrás que usarlas indefectiblemente hasta que se conviertan en espontáneas y automáticas. Si lo hace, puede mirar hacia adelante a ser capaz de controlar cómo lidiar con y reaccionar a los demás.

Ya no permitirás que otros te manipulen, ni decidas qué clase de día tendrás. Ellos no:

- hacernos perder la calma;
- fuerza obligarnos a hacer cosas que no queremos hacer;
- evitar que hagamos lo que queremos o necesitamos hacer;
- utilizar la coerción, la manipulación u otros métodos de socavar para conseguir su manera;
- hacen sentir culpables si no cumplimos sus deseos;
- hacen sentir ansiosos, trastornados, frustrados, enojados, deprimidos, celosos, inferiores, derrotados, tristes o cualquier otro sentimiento negativo;
- esperen que hagamos su parte del trabajo.

Debido a que ha ganado este control, su nivel de autoestima aumentará en consecuencia. Cuanto más seguro esté usted, menos tensión y aprensión sentirá, lo que le dará más resistencia y entusiasmo. El resto depende de usted. Utilice estas habilidades y prepararse para el éxito que inevitablemente seguirá.

Encontrarás más técnicas e ideas en mi primer libro que ha sido un mejor vendido internacional desde 1990:

Tratando con gente difícil: tratar con clientes difíciles, gerentes exigentes y colegas no cooperativos

Y otras secuelas:

Tratando con frente a situaciones difíciles: en el trabajo y en el hogar

Tratando con cónyuges difíciles y niños

Tratando con parientes difíciles y en las leyes

Tratando con frente a la violencia doméstica y el abuso infantil

Tratando con la intimidación en la escuela

Tratando con frente a la intimidación en el lugar de trabajo

Tratando con frente a la intimidación en aldeas de jubilación

www.ingramcontent.com/pod-product-compliance
Lightning Source LLC
Chambersburg PA
CBHW071311110426
42743CB00042B/1257